万川
reflections

一
步
万
里
阔

一个女人的世界史

伊丽莎白·马什

The Ordeal of
Elizabeth Marsh

A Woman
in World History

的磨难

[英] 琳达·科利 著 侯奕茜 译

Linda Colley

中国工人出版社

图书在版编目（CIP）数据

伊丽莎白·马什的磨难：一个女人的世界史 /（英）琳达·科利著；
侯奕茜译 . — 北京：中国工人出版社，2023.10
书名原文：*THE ORDEAL OF ELIZABETH MARSH: A WOMAN IN WORLD HISTORY*
ISBN 978-7-5008-8120-9

Ⅰ.①伊… Ⅱ.①琳…②侯… Ⅲ.①世界史—通俗读物 Ⅳ.① K109

中国国家版本馆 CIP 数据核字（2023）第 207162 号

著作权合同登记号：图字 01-2020-5342
Copyright© Linda Colley 2007

伊丽莎白·马什的磨难：一个女人的世界史

出 版 人	董 宽
责任编辑	陈晓辰　董芳璐
责任校对	张 彦
责任印制	黄 丽
出版发行	中国工人出版社
地　址	北京市东城区鼓楼外大街 45 号　邮编：100120
网　址	http://www.wp-china.com
电　话	（010）62005043（总编室）（010）62005039（印制管理中心）
	（010）62001780（万川文化项目组）
发行热线	（010）82029051　62383056
经　销	各地书店
印　刷	北京盛通印刷股份有限公司
开　本	880 毫米 ×1230 毫米　1/32
印　张	13.5
字　数	350 千字
版　次	2024 年 2 月第 1 版　2024 年 2 月第 1 次印刷
定　价	92.00 元

目录 ───────

写作说明

自伊丽莎白·马什出生以来，地名发生了翻天覆地的变化，尤其是世界上那些曾经被殖民或被强国争夺过的地区，许多名字仍然存在争议。在本书中，我通常采用如今最常用的名称。就一些现已停用但具有重要历史意义的地名，我认为不宜采用它们的新名字。

我在音译阿拉伯语术语和词汇时，参考了《伊斯兰百科全书》（*Encyclopedia of Islam*）和专家朋友们的建议。芝加哥大学在线《英语-印地语词典》（*Hobson-Jobson*）帮助我更好地理解伊丽莎白·马什印度游记中出现的此类词汇。

为了传达本书主要人物的命运起伏，我有时会根据今天的购买力估算他们的身价，计算时我参考了网站 EH.net 上的"那值多少钱？"（How much is that?）

1752 年之前英国人采用儒略历，将 3 月 25 日而不是 1 月 1 日定为新年的开始。米尔伯恩·马什从朴次茅斯（Portsmouth）出发前往牙买加（Jamaica）时乘坐的是金斯敦号，根据这艘船的航海日志，它在 1731 年年初作好了启航准备。但按照现代公历，金斯敦号是在 1732 年准备就绪。我在全书包括尾注中均使用了现代公历。当我在书中引用原始手稿时，我会根据读者的理解需求对拼写进行现代化处理、补充缩写、更改标点符号。尾注中引用的书籍均在伦敦出版，除非另有说明。

引 言

我努力去了解伊丽莎白，ㅤㅤㅤㅤㅤㅤㅤㅤㅤㅤ[xix]

我不断发现、不断理解她的一些特质……

但是，是什么力量塑造了那个完整的她？

ㅤㅤㅤㅤㅤㅤ阿贝·瑞纳尔（ABBÉ RAYNAL）

　　这部传记讲述了三段故事，它们跨越时空、相互联系。第一段故事的主角名叫伊丽莎白·马什（Elizabeth Marsh，1735—1785），一位了不起但又默默无闻的女性，她乘船跨越了四个大洲，她的航海距离和途中面临的危险超越了同时期任何一位女性。第二段故事有关伊丽莎白的家族，她的父母、叔叔、兄弟、丈夫、孩子、同辈堂亲和远房亲戚。这些人的职业、旅行经历和价值观体系深刻影响着伊丽莎白那颠沛流离的一生。正是因为他们，伊丽莎白得以接触她所处时代的变革力量，这些力量一方面成就了她，另一方面也伤害了她。此外，这部传记还描述了一段世界史。伊丽莎白的时代充满动乱，各大洲、各大洋之间的联系日益广泛，沟通方式在多个方面发生转变，这一时代背景不断影响、塑造着伊丽莎白的成长。可以说，本书不仅通过伊丽莎白的一生探索她所生活的世界，也站在时代洪流的高度探索伊丽莎白的一生，它独特的视角证明了传记同样可以加深读者对历史的认知。

马什的一生

[xx]　　和同时代其他女性相比，伊丽莎白的一生异乎寻常，同时兼具代表性和启发性。她的母亲在非洲牙买加怀上了她，她可能是混血儿。她在子宫里就跟随母亲从牙买加首都金斯敦漂洋过海前往英格兰，完成了人生中的第一次跨洋之旅，从此以后她的汪洋人生便拉开了序幕。陆地和海洋对她的影响同样大，而且即使是在陆地，她也是辗转于国际性港口和海滨城市。童年时期，伊丽莎白往返于英国朴次茅斯和查塔姆（Chatham）之间，多次乘坐皇家海军战舰的底层甲板。1755 年，她跟随家人移居地中海地区，最先安顿在西班牙梅诺卡岛（Menorca），但法国的入侵迫使他们一家搬到直布罗陀。1756 年，她被俘去非洲摩洛哥（其中也有她自己的原因），在那里她作为第一批欧洲人和时任代理苏丹西迪·穆罕默德（Sidi Muhammad）进行了长时间的接触。那时，她深入

马拉喀什（Marrakech）的皇宫，差点沦为他的情人。伊丽莎白的父亲是一名船匠，他未能给女儿提供良好教育，但她依然成为首位发表关于马格里布地区的英语作品的女性。

18世纪50年代后期至60年代中期，伊丽莎白因为结婚生子而暂时安定下来。她的丈夫是生意人，业务遍及东欧、西欧、北非、北美大陆、加勒比地区以及南美和亚洲部分地区，她也密切关注着丈夫的国际贸易生意。这对夫妻曾计划移居美洲的佛罗里达州，但丈夫因生意破产不得不逃亡印度。1771年，伊丽莎白乘坐当时唯一一艘两次环游世界的轮船前往南亚次大陆与丈夫团聚，途经里约热内卢和好望角。他们的新家位于孟加拉国首都达卡（Dhaka），然而她只在那里短暂停留便又踏上旅途。1774年12月，伊丽莎白将年幼的儿子送去了波斯，将女儿送回了英格兰，之后她便坐船前往印度港口城市马德拉斯（Madras）。

在接下来的18个月里，伊丽莎白踏上了探索之旅，她的 [xxi]
足迹遍布印度东部和南部的聚落、城镇和寺庙。她笔下的南亚次大陆之旅，比起其他任何人所写的更为与众不同和激动人心。在此期间，一名未婚男子几乎全程陪伴着她。1776年年中，伊丽莎白和丈夫在达卡又一次短暂相聚。1777年年末到1780年年中，她再次扬帆起航，先从加尔各答出发前往英格兰，然后经过一年多的计划，又绕行了1.2万多海里后重返南亚次大陆，以躲避战乱。当时，美国打响了独立战争，法国和西班牙的军舰和私掠船站队美国一起对抗英国，大西洋沿岸硝烟四起。美国独立战争波及范围之广，她丈夫在南亚的生意岌岌可危，她和孩子也受到牵连。

乍一看，颠沛流离似乎成了伊丽莎白生命中最瞩目的标签，但这样的解读会让人错过她人生历程中的高光时刻和背后种种。颇为诡异的是，伊丽莎白一次又一次地卷入区域性的重大事件和冲突之中，她的个人生活中的各个重要阶段也受到影响，包括她的出生（父母的邂逅和婚姻）、成长、第一次婚约遭到破坏、结婚生子、夫妻生活、中年危机、抚养子女的方式以及她自己的旅途和创作。伊丽莎白遭受磨难的根本原因在于周遭世界的不断演变，而她无法遗世独立。在她50年的生命中，她所遭受的磨难大多为环境使然，身不由己。

[xxii]她无法摆脱身边的男性的职业带给她的影响，同时，她没有收入只能依附于他人，因此而脆弱不堪。此外，她本人、她的家族和英国及其打造的日不落帝国之间存在千丝万缕的联系。最为重要的是，她的命运根植于她所生活的时代。然而，伊丽莎白的磨难也由她的性格和人生选择导致。

马什家族

伊丽莎白的父亲、父亲的父亲和祖父以及她的众多堂兄弟都是船匠、水手以及海图和地图绘制者。正是因为这些男性，她的一生都与英国皇家海军交织在一起。皇家海军是当时为数不多的能被称为国际组织的机构之一，苏格兰哲学家和经济学家亚当·斯密（Adam Smith）将它比喻为"世界各国之间进行交流的重要枢纽"。[1]伊丽莎白的叔叔和弟弟替英国政府管理、收集信息，他们靠纸笔记录历史。她的丈夫詹姆斯·克里斯普（James Crisp）是生意人，同时从事合法和非法的长途贸易。他的生意版图覆盖了世界两大海上帝国（西班牙帝国和大英帝国）的港口和制造中心，以及国际需求巨大的一些大宗商品——盐、糖、棉纺织品、海产和茶叶。他跟当时最重要的跨国贸易公司——英国东印度公司也有联系，后来伊丽莎白的儿子、女婿、众多堂亲以及具有一半印度血统的孙子也纷纷和东印度公司产生了交集。

她的丈夫参与了殖民地土地投机生意，同她一样多次漂洋过海。她的亲生兄弟和众多"堂兄弟"都是军官，为大英帝国及其参与的战争服务。西非奴隶的跨大西洋贸易活动带 [xxiii] 来了当时规模最大、人数最多的人口迁徙，西非奴隶离开家乡跨越海洋去往其他大陆，伊丽莎白·马什的母亲也在这一过程中出生。当然，马什的丈夫也以其他形式与奴隶贸易产生了牵连。而伊丽莎白自己则以"受害者"和"主人"的双重身份直接参与到奴隶制中。

通过家族，伊丽莎白·马什深刻接触了那个时代的全球变化动态：英国海上势力扩大、跨洋及跨洲商业活动更加活跃、知识和文字信息的传播更加流畅（从而更好地为英国服务）、帝国侵略和殖民节奏加快、长途迁徙、战争、奴隶制和奴隶贸易。数以百万计的人卷入了其中一股或多股力量，而伊丽莎白·马什则被每一股席卷，这要归因于她的性别以及不稳固的社会地位。作为一个在经济上依赖男性的女人，她经常要被各种各样的男人拖着走。因此，他们的职业、他们的迁移以及他们与社会的其他接触都深刻影响着她。

在许多方面，伊丽莎白·马什和与她同时代的奥劳达·埃奎亚诺（约 1745—1797）非常相似。他是非裔英国人，曾是一名奴隶，后来通过旅行和写作让自己变成了一位"世界公民"。[2]伊丽莎白和埃奎亚诺都与皇家海军、奴隶贸易有关，都出版过游记。此外，他们都渴望重塑自我。他们的生活表面不同但本质相似，他们都去过许多不同的地方、体验过许多不同的文化，这引出了他们的另一个共同点——既主动选择了旅行，又不得不旅行。他们天生热爱旅行，同时也因为自己从属于他人的身份而被迫旅行。埃奎亚诺的被迫旅行是因为他曾经是一名奴隶，马什的被迫旅行是因为她是一个没有独立经济来源的女人。

[xxiv]

这两位白手起家的旅行家兼作家的在世时间高度重

叠，他们都和英国及大英帝国有关联，但他们都不属于特权阶层。

马什的世界

在伊丽莎白·马什所生活的时代，即18世纪中后期，整个欧洲、美洲部分地区及其他地方的人越来越清楚地看到，世界不同地区和民族之间的联系日益频繁。对于受过传统教育、更有见识的男男女女来说，他们察觉到"全球化"在历史的更早阶段就已经开始加速了。古希腊历史学家波利比乌斯（Polybius）在谈到公元前3世纪时写道："正如人们所说的那样，在以前，世界各个地方的活动是独立分散的。但是因为罗马帝国的扩张，历史成了一个有机的整体，意大利、利比亚的活动与亚洲、希腊的活动交织在一起，这些活动都指向同一个目标。"[3]之后的历史学家也发现了其他此类"全球化迹象"：13世纪末的某个时段，印度、中国部分地区、黎凡特、波斯湾以及欧洲各个港口和城邦的商人通过贸易连接在一起；1571年西班牙征服马尼拉后，它在亚洲、美洲和欧洲开创了新的商业、移民和金银交易系统。[4]1825年至1850年及之后，多种全球联系快速发展，虽然西方世界内部及外部的观察者们捕捉到了这些迹象，但他们却将其视为全新的事物。正如阿贝·瑞纳尔在他的《两个印度的历史》(*The History of the Two Indies*，1770)中所陈述的那样："一切都已改变，而且必定会再次改变。"在这本书中，他讨论并谴责了那个时代欧洲在亚洲、非洲和美洲的扩张，极具影响力。又如埃德蒙·伯克(Edmund Burke)1777年所写的那样："人类世界的宏伟地图一下子铺开了，它可能同时进入了了我们的视野。"[5]

生活在英国本土的人也能明显感觉到世界越来越紧凑、联系越来越频繁，这在很大程度上决定了伊丽莎白·马什的一生。1760年一位作家认为，大海是连接世界的主要工具和标志，是"一个强大的聚会所"。此外，英国拥有最强大的海军、数量最多的商船，马什也清楚英国的实力。在她的一生中，这些海上优势让英国、法国和俄罗斯越来越频繁地探索、入侵太平洋。太平洋占地球表面积的1/3，此前欧洲人对它的了解非常有限。[6]从马什出生之前一直到她离世之后，英国与法国多次交战，战争波及的范围不断扩大。最终，伦敦打造了世界上最大、殖民地分布最广的帝国。正如1775年德国地理学家约翰·克里斯托夫·加特勒所言，英国成为唯一一个入侵过所有大洲的强国，尽管它的侵略并不总是成功或深入的。[7]

此外，英国的贸易不断扩张，奴隶贸易规模大到可怕，英国人不断移居海外，印刷业蓬勃发展，消费主义盛行。这些都影响了伊丽莎白·马什的经历，让她亲身体验到世界的广阔以及民族的多样性，她的阅历大大超出了许多统治阶层人士。假如在 18 世纪 60 年代，当伊丽莎白住在伦敦时他们一家的财富没有缩水，她也许会购买一个袖珍地球仪，这种装饰在当时很流行。她也许还会购买一系列新地图册、百科全书、公报和儿童读物，这些印刷品能帮助他们一家了解"袖珍世界"。[8] 从多种意义上讲，这类商品产量的激增表明世界变得更加容易掌控：人们甚至可以将世界装进衣服口袋。 [xxvi]

　　除了大英帝国，还有其他力量影响了伊丽莎白·马什的人生轨迹，导致她的身份发生了转变。除了英国和其他西方强国，其他力量也在促进不同大陆、不同民族、不同海洋之间的联系。数百万名西非奴隶被迫跨越大西洋迁移到其他大陆，这间接（也可能直接）地将马什带到这个世界：因为一些奴隶的反抗，她才得以出生在英格兰而不是牙买加。英国船只、军队和商人出现在世界各地，影响力与日俱增，这持续影响着伊丽莎白。因为一位摩洛哥统治者，她的生活轨迹发生了重要转向。这位摩洛哥君主立志打造自己的世界体系，该体系将连接撒哈拉以南的非洲、马格里布、奥斯曼帝国、西欧、东欧、亚洲乃至美洲的商业。伊丽莎白的故事背景除了涉及伦敦、巴塞罗那和里窝那（Livorno），也涉及巴士拉（Basra）、波士顿、达卡和马尼拉，这些城市都是洲际贸易中心。发生在欧洲外部的一系列事件及其影响，以及从不同角 [xxvii]

度看待世界的人物，导致伊丽莎白的一生都在经历转变。她的磨难也可以归因于她自己以及她的人格。

马什其人

我在写上一本书《俘虏》（*Captives*）的时候，第一次偶然了解到伊丽莎白·马什。一开始我只知道她去过地中海，随着我对她这段经历的深入调查，我才逐渐发现了她在其他地区的故事。据我了解，加利福尼亚州的一个图书馆藏有她的印度游记以及她的摩洛哥游记手稿。接着我又偶然发现了一些档案，揭示了她与牙买加和东佛罗里达州（East Florida）之间的联系。通过进一步查找，我了解了马什家族的其他成员，了解了她曾到达过的地方，包括西班牙、意大利、设得兰群岛（Shetlands）、中美洲、中国沿海地区、新南威尔士、爪哇岛、波斯、菲律宾群岛，等等。

我成功地完成了这次涉及多个国家的史料收集工作，收获颇丰。我逐渐意识到，这些丰富的文献资料恰好进一步体现了这位女性所经历的变化。伊丽莎白·马什在社会上默默无闻，偶尔一贫如洗，行踪成谜。在古代、中世纪和现代社会早期，这类人很少在档案上留下详细记录，女性尤甚，除非他们不幸卷入一些特殊的悲惨事件中，比如谋杀、异端审

[xxviii]

判、大规模叛乱、大屠杀、谋反、奴隶贸易等。但我幸运地在图书馆和档案馆追踪到了伊丽莎白·马什，不仅仅是她的风流韵事和危机时刻，还有她的大部分生活经历，其中一些揭示了她所处时代的世界经历的一些变迁。在她的一生中，各国的领事、行政官员、牧师、外交官、船长、口译员、地图绘制员、传教士和间谍数量激增，加上东印度公司等跨大陆组织的出现，各个国家和帝国更为迫切，也更有能力监控和记录各个地区"小人物"的生活，甚至包括女性。

在我们生活的这个时代，全球通信正经历爆炸式发展，这也让我能够重新建构伊丽莎白·马什的生活和一些外貌特征。随着万维网的到来，史学家（以及其他所有人）可以在世界各地查阅手稿、图书馆馆藏目录、网络文献、宗谱网站。在 10 年前，如此深入广泛的调查是不可想象的。虽然通信变革和其他变革一样都侧重于世界上更富裕的地区，但倘若需要追踪历史上某个在多个国家和地区生活过的人，现在还是比以前要容易不少。信息大爆炸对历史研究和传记写作产生了持久的影响，而且随着时间的推移，这种影响只会更大。[9]

虽然我可以重构伊丽莎白·马什的生活和她经历的磨难，虽然我可以通过她看到那个时代世界各地之间的联系更加紧密，但这并不意味着和她相关的史料十分丰富且容易获取。[xxix]的确，她是一位沉迷于写作的女性，即使当她待在军舰的下层甲板、漂浮在印度洋上、蜷缩在摩洛哥的监狱里，她都在忙着写信。但这些信件和她的其他信件无一留存，就连她与丈夫和父母的通信也无一留存。此外，她没有留下任何肖像，也没有史料详细描述她的外貌。到目前为止，我们仍无从得知伊丽莎白·马什的眼睛和皮肤的颜色，她的身高、声线和体态，也无从知道马什本人和其他人如何看待她的肤色。

在本书中，我多数时候会称呼她的全名伊丽莎白·马什，偶尔也会称呼她的姓氏马什。之所以称呼她为伊丽莎白·马什（婚前姓），而不是伊丽莎白·克里斯普（夫姓），一是为了简洁，二是因为她独特的一生。如果我在传记中一直称呼她的名字伊丽莎白，读者会感觉我在称呼小孩子，同时会觉得我和她之间比较亲密，这不符合事实，她的很多基本信息我都不知道。我不仅不知道她的长相，也不知道她的生活和思想的某些角落，尽管有时她会给人留下清晰的印象。

为了了解她的性格和行为，我研读了她本人以及她几位亲戚编写的、留存至今的数量惊人的日记、剪贴簿和记叙：伊丽莎白·马什本人撰写了摩洛哥游记和印度游记；她的弟弟约翰·马什（John Marsh）撰写了一本回忆录，讲述他的职业生涯；她的叔叔乔治·马什（George Marsh）编写了一本200页的家谱，内容围绕他自己及其他家族成员，他还编了两本札记，同时在日记中记录了他人生中的辉煌时刻。从表面上看，以上史料讲述了个人经历、家族故事、功名成就和天灾人祸，其实它们还揭示了发生在世界范围内的变化。伊丽 [xxx] 莎白·马什的父亲绘制了一些地图，它们的含义也比表面上看上去更丰富。我反复阅读这些史料，尝试寻找这位神秘女性不断变化的思想、情感和渴望。

这一尝试至关重要，虽然马什坚持将她人生中的某几个阶段视为磨难，但她很少直接呈现出受害者的形象。她之所以数次漂洋过海、经历苦难，不仅是因为她处于社会边缘且脆弱不堪，也不仅是因为她的许多男性亲属从事和海洋相关的职业、她的丈夫两次破产、大英帝国卷入一系列战争，还因为她自己的行为和决定。如果不去仔细研究这些关于她个人和家族的史料，就很难理解她生命中的五段重要历程，它们分别发生在1756 年、1769 年、1770—1771 年、1774—1776 年 以 及 1777年之后。在这五段历程中，伊丽莎白·马什在不同程度上违背了自己的家庭职责，打破了传统社会对女性的期待，同时被深度卷入了横跨大洲和大洋的变化和政治事件之中。

马什的故事与世界史

这本书介于传记、家族史、英国史、帝国史以及全球史之间。鉴于当今时代的发展趋势，历史学家们倾向于将世界视为一个整体，所以他们对宏大变革深感好奇，这在情理之中：气候变化对世界历史的影响，生态系统随时间的变化，自愿和被迫移民的规律，资本、商品或疾病在全球的流动，知识和印刷品的传播，陆上和海洋贸易网络的运作机制，帝国竞争的影响，等等。[10] 无论是在过去还是在现在，上述变革以及其他类似的横贯大陆的重大变革都非常重要。但是这些变革并不是单独存在的，它们会施加影响，它们会影响人类。不管我们是否可以理解它们，是否可以适应它们，我们终归会从不同的角度阐释它们。但有时候，世界历史和全球历史的相关著作（我对它们的贡献深表感激）就像全球化本身一样不接地气。

[xxxi]

相比之下，我在这本书中聚焦于一小群人，尤其是一位知识不多但并非没有洞察力的女性。我探索了那个时代发生在多个国家、多片大陆甚至整个世界的变化，探索了这些变化如何以前所未有的程度影响了这一小群人。我力求将他们的故事放在世界历史的框架中观察。[11] 大约 50 年前，美国社会学家 C. 赖特·米尔斯（C. Wright Mills）认为"如此多的人以如此快的速度暴露在地震般的变化之中"，这在以往任何时代都未曾发生过。在他看来，20 世纪 50 年代发生的"地震"首先归因于旧殖民帝国的崩溃以及新的、更加隐晦的帝国主义形式的出现，其次归因于原子弹的可怕影响以及政客们对个体生活的影响增强，最后还归因于失控的现代化以及婚姻和家庭承受的巨大压力。米尔斯认为历史学家有必要理解这些"最客观和最宏大的转变"与"人类个体特征"之间的关系，因为处于巨变深处的普通人往往无法看清道明这种关系：

> 我们的生活与世界历史进程之间存在错综复杂的联系，普通人很少能够认清这种联系。他们往往不知道这种联系将如何影响他们的人格和生活，也不知道将会如何影响他们所生活的世界。他们的认知尚不足以阐释个人与社会、个人与历史、个人与世界的相互作用。 [xxxii]

在他看来，不管是男性还是女性，当他们"突然遇到一个更宏大的世界，突然要去应对一个更宏大的世界"时，他们都会有一种"掉进泥潭的无力感"，这是他们的宿命。[12]

对伊丽莎白·马什而言，米尔斯对那些经历过全球"地震"的人们的反应的描述，既正确又不正确。有时，马什的确会有一种"掉进泥潭的无力感"，她的感觉合情合理，我在后文会谈到。但不管是伊丽莎白还是她的亲人，都会尽量去理解这些跨越海洋和大陆的变化，因为他们身在其中、受其影响。18世纪中叶，伊丽莎白·马什经历的全球"地震"的范围和性质与米尔斯在20世纪50年代观察到的大不相同，尽管米尔斯也经历了帝国扩张、国家权力增强、军事暴力失控、现代化、家庭和婚姻给个人造成的压力。此外，伊丽莎白·马什经历的"地震"也与我们在 21 世纪初经历的大不相同。她一生经历多次磨难，她年纪轻轻时就频繁暴露在横贯大陆的变化之中，她面对"最客观和最宏大的转变"时感到惊讶和恐惧，但她也会努力爬出泥潭寻找新的机会。这就是她的故事。

第一章　离开加勒比

故事的开始在很大程度上也预示了它的结局。伊丽莎白 [1] 迎难而上来到这个世界，她出生的地方死亡率极高，当时的世界正在经历大范围变革。

1732 年 7 月 20 日，她的父亲米尔伯恩·马什（Milbourne Marsh）首次来到牙买加，当时他的轮船金斯敦号停靠在牙买加罗亚尔港（Port Royal）。[1] 那年春天，金斯敦号和其他皇家海军中队的轮船一起驶往加勒比海地区，奉命打击该地区的走私活动、抵御西班牙武装海岸警卫队对英国商船的袭击、镇压牙买加境内的奴隶叛乱。自 1655 年英国从西班牙手中夺取该岛以来，鉴于其地理位置和面积，英国以及整个大英帝国一开始都非常重视该岛的防守。牙买加位于古巴以南 90 英里处，地理位置优越，既便于与美洲的西班牙殖民据点进行合法或非法贸易，又便于突袭这些殖民据点和西班牙的运宝船，这些船只装载着大批从新世界挖来的宝藏驶往西班牙塞维利亚（Seville）。牙买加东西直线距离约 140 英里，它的面积是英属其他加勒比海岛屿面积总和的 10 倍。虽然牙买加内陆陡峭多山、森林潮湿，但是这里地处热带、土壤肥沃、水源充足（起码最开始是这样的），能够为大规模涌入此地的白人小农场主们提供充足的耕地。当米尔伯恩到达时，低收入人士、契约佣工、店主、技工、厨师、小贩、退役或逃跑的水手、牧师、奶农、驻军等占牙买加白人人口的 1/3 到 1/2。但是，在大型不动产和农作物种植崛起之前，岛上的小农户便开始撤退。直到 18 世纪 60 年代至 70 年代，牙买加的蔗糖业才登上盈利的顶峰。截至 18 世纪 30 年代，该岛拥有 400 多家蔗糖工厂，轻松取代了巴巴多斯（Barbados）成为大英帝国最大的蔗糖产区。[2]

[3]

几个世纪以来，牙买加的蔗糖种植技术从未改变，但在蔗糖相关领域，创新却层出不穷。年复一年，工人们无休无止地种植、收割、切割、碾磨甘蔗，熬制糖浆，将成品、朗姆酒、糖蜜和各种糖类运送到码头装船，这一过程促进了分工明细化和大批劳动力同步化，创造了轮班制度和严苛的作息制度。[3]蔗糖产业的发展需要建造蔗糖工厂、熬制房等固定设施，这需要大量资本投入。种植园主们严重依赖远洋贸易和通信来销售产品，招募和输入劳动力。历史学家大卫·埃尔蒂斯写道：

奴隶贸易可能是前工业时代最国际化的活动。首先货物在两大洲（亚洲和欧洲）完成组装……随后它们被运输到第三个洲（非洲），用于购买奴隶，之后买来的奴隶被运输到第四个洲（美洲）。

1700 年至 1760 年，英国贩奴者从西非购买了 120 万名男性、女性和儿童，并通过英国船只贩卖到其他地方。其中，1/3 到 1/2 的奴隶很可能被卖到了牙买加。当米尔伯恩到达这里时，岛上有近八万名黑人奴隶，其中大多数来自加纳黄金海岸（Gold Coast）、比夫拉湾和贝宁湾。[4]

在其他方面，牙买加也充当着创造新型生活方式和新型 [4] 人类的实验室，罗亚尔港就相当典型。米尔伯恩在罗亚尔港东南海岸登陆。英国人发现，罗亚尔港近海水域深度合适，同时它位于一段长达九英里的沙嘴尽头，恰好将金斯敦港与加勒比海隔开。对于从欧洲和北美远道而来的商船来说，这里是装卸货物的绝佳场所。占领牙买加后不久，英国人还发现罗亚尔港的位置不仅便于进行海上抢劫，还便于与古巴、伊斯帕尼奥拉和西属美洲大陆进行违禁贸易，或者对这些地方发动突袭。1688 年，有 213 艘船停靠在罗亚尔港，几乎与当年停靠在新英格兰所有港口的船只总数持平。罗亚尔港生活着近 7000 名奴隶、店主、商人、水手、簿记员、律师、船长、工匠、家庭主妇、儿童、走私者以及"普通的妓女和卑鄙的妓女"。这一时期，罗亚尔港的人口密度已经超过了它在英属美洲的主要竞争对手——马萨诸塞州的波士顿。虽然罗亚尔港面积仅 50 英亩，但却建有 2000 栋房子，许多房子由砖砌成，有些有四层楼高，它们密密麻麻地建在砾石和沙子之上。除伦敦以外，这里可能是人口密度最大、生活成本最高的英国人聚居地。[5]

1692 年 6 月 7 日上午 11 点 43 分，地震来袭。10 分钟内，罗亚尔港 2/3 的陆地和 2000 位居民沉入海底。在接下来的几天里，又有 3000 人死于受伤和疾病：

> 牙买加上方原本清澈宁静的天空变成一片模糊的红色。地下传来隆隆巨响，一直从山野传到平原；岩层断裂，山体坍塌；湖泊中的水变成巨浪吞噬了整座山脉；巨大的森林也开始移动，离开原地好几英里；建筑消失不见……这一可怕的灾难教会欧洲人一个道理，此刻正在他们脚下震动的大地不仅从未臣服于他们，反而正在摆脱他们的贪婪之手的掌控。

[5]　　阿贝·瑞纳尔和他的合著者在描述这场浩劫的时候，体现出一种反殖民旋律。地震之前，英国人会习惯性地美化自己国家的殖民行径。[6]这个失落的小镇好比海上版的庞贝古城，曾经是一个充满活力和创造力的地方，也是一个充斥着腐败和剥削的地方。地震后人们多次尝试重建它，然而 1704 年的一场

大火和一连串飓风让这一计划"流产"。米尔伯恩到达时，罗亚尔港只剩下"三条漂亮的街道、几个十字路口、一座精美的教堂"，此外还有驻扎在附近的军队、查尔斯堡和一个小型海军造船厂，英属牙买加舰队的船只就在这里进行检修和补给。小镇的商业和奴隶贸易均已转移到附近的金斯敦，那里是避风港，天气状况更好。罗亚尔港的白人居民仅剩下 500 名，其中的大部分男性要么是皇家海军，要么是镇守查尔斯堡的士兵。[7]

罗亚尔港最棒的物质遗产可以说是牙买加欣欣向荣的蔗糖单作栽培业，对于想要购买土地和奴隶的种植园主来说，小镇上的犹太商人和非犹太商人是重要的信贷来源。[8]牙买加曾一度因为种族差异和暴力而四分五裂，但从某些方面来说，它又是一个国际化程度高、包容性强的地方。这种世界主义通过当地华丽的消费主义得以体现。1692 年之前，中国陶瓷出现在罗亚尔港及牙买加其他地方的居民家中的概率，超过了出现在英国及其在美洲大陆的殖民地的概率。从某个层面上讲，英属牙买加好比一个"奇幻空间"，充满了"来自不同种族的元素，远非原住民所生活的那个地方"。[9]同米尔伯恩一样，绝大多数涌入此地的白人男子来自英格兰南部，他们是新教徒，年 [6] 轻且单身，但也有苏格兰人、信奉新教和天主教的爱尔兰人、来自巴西和苏里南的讲葡萄牙语的西班牙裔犹太人、胡格诺人、荷兰人、法国和西班牙的间谍、来自附近圣多明戈（Saint

Domingue）和古巴的走私者和商人、美洲大陆殖民者（主要来自波士顿、纽约和费城）。到 18 世纪 30 年代初，这些白人数量达到 8300 人，与当地多文化背景的黑人比例为 1∶10。[10]

许多非洲黑奴在到达牙买加之前就已经丢了性命，他们或死于反抗，或死于船上传播的疾病，或为了痛苦和屈辱而自杀，或出于相信死亡会让他们的灵魂重返故里而自杀。那些活着到达牙买加的人，有一部分被再出口到西属美洲或荷属西印度群岛，还有一部分则留在当地。这些人中可能有半数活不过两三年，当地白人将奴隶的这一适应期称为"作料"（the seasoning）。在牙买加人中，无论是黑人还是白人，奴隶还是自由人，很少能在岛上活过 15 年。[11]

米尔伯恩·马什和金斯敦号上的其他人抵达罗亚尔港港口后不久，他们就看到"几内亚人带着奴隶"驶往港口，这还是他们人生中头一回看到这样的场景。托马斯·特里弗上尉被这场面和船上传来的奴隶的哀号所震撼，他在航海日志中特地记录了这一事件。[12] 这一举动表明他并不了解加勒比海地区，他以及金斯敦号上的大多数水手都不了解奴隶贸易，这一行业无论是对船上的奴隶还是对岸上的旁观者而言都可能是致命的。在牙买加，肆虐的暴雨和疟疾夺走了很多条生命，外来者的生存更是难上加难。如果他们选择在多雨的夏季登陆——就像金斯敦号那样——更是凶多吉少：

[7]

伊丽莎白·马什的磨难：一个女人的世界史

新来的白人，

眼看他病倒，

眼看他高烧，

眼看他断气，

眼看他归西。[13]

　　贩卖奴隶的船只带来更多风险。它们通常携带着天花病毒，船上的水桶和水箱中生活着传播黄热病的西非蚊子。一旦到达港口，这些蚊子就会寻找新的人类宿主和繁殖地。没有免疫力的新白人移民很容易成为受害者，挤在载着水桶的潮湿木船里的奴隶也是这些蚊虫的目标。

　　在从朴次茅斯出发的三个月航行中，金斯敦号上的327名水手的身体都很健康。但刚一踏上罗亚尔港，他们便暴露在传染病、糟糕的气候、恶劣的卫生条件之中，情况发生了变化。上岸两周后，金斯敦号船员的身体"每况愈下"，不断有人死亡。当它离开罗亚尔港在加勒比海巡逻时，死亡率开始降低，但当它停泊在牙买加另一个海军基地安东尼奥港（Port Antonio）附近时，死亡率又会上升。该基地位于牙买加东北海岸，当时正值暴雨时节，有时连续几周都见不着太阳。1733年年初的几个星期里，金斯敦号无法出海，许多船员都死了，幸存者的身体素质大打折扣，体力和敏捷性都无法达到木质战船船员的要求。[14] 这个时候，那位名叫米尔伯恩·马什的男人开始施展他的才华。

来牙买加之前，他已知晓其中凶险。1726 年，也即金斯敦号抵达牙买加的六年前，海军少将弗朗西斯·霍西尔率领一支 4750 人的海军中队从朴次茅斯出发，在西印度群岛拦截西班牙运宝船。不到一年，霍西尔以及 4000 名手下便因感染黄热病死在牙买加。[15] 英国报纸、民间故事和民谣让这场灾难传遍大街小巷，尤其在米尔伯恩的家乡朴次茅斯。所以在登上金斯敦号驶往加勒比海之前，他已作了万全准备。1732 年，米尔伯恩 22 岁，单身未婚，没有接受过正规教育，靠自己的手艺谋生。金斯敦号装有 60 门大炮，由准将理查德·莱斯托克指挥，但他很快就被海军上将查洛纳·奥格尔爵士取代。此前的米尔伯恩要么在离家较近的造船厂打工，要么参与一些短途航行。自从以木匠副手的身份登上金斯敦号，他的工资和地位不仅都提高了，还有机会获得海军中有影响力的人物的注意，这给作为贫穷白人的他打开了机会的大门。只要他能够保住性命，一切皆有可能。

米尔伯恩·马什活下来了，还有了女儿伊丽莎白·马什。一来他运气好，二来他的智商和自信始终在线，三来他有手艺加持。皇家海军军舰上的木匠的地位相当于准尉，同炮手和水手长等级别一样。这些人和"绅士"一词都不沾边，只

[8]

伊丽莎白·马什的磨难：一个女人的世界史

有指挥官才能用这个词汇形容。直到18世纪末，船上的木匠才穿上了正式的海军制服，才能和船长同桌吃饭或者在军官餐厅用餐。他们是专业领域的人才，在船上发挥着不可替代的作用并享有公认的地位。虽然米尔伯恩只是木匠副手，但他的地位大致等于海军学员。根据海军部印发的规定：

> "木匠"负责照管和维护船体、桅杆、船坞、舱壁和舱室等，负责按照所签订契约验收海军验船师交付给他的海上物资。在海上航行时，每天须巡视军舰的各个部分，观察港口是否安全，甲板和舷侧的填缝是否完好、是否存在渗漏，泵是否处于良好状态。时常检查桅杆和帆船的状况，向船长汇报所有情况。[16]

对于在加勒比海航行的船只来说，船上木匠能否有效履 [9] 行上述职责至关重要。即使木船船身有铜层保护，船只也很难在高温、暴风雨、蠕虫肆虐的水域中坚持三年以上。即使能达到这一时限，也需要不断维护才能保证船只正常航行。因此，米尔伯恩·马什的专业技能确保了他的特殊地位，他似乎也在刻意利用这一优势让自己活下去、向上爬。1733年1月，他离开了饱经风霜的金斯敦号，替补一名亡人成为迪尔城堡号的木匠。这是一艘新的小型护卫舰，只有24门火炮，维修人员数量有限，所以米尔伯恩的工作量较之前增加了，好在他升职加薪了，而且这里的工作环境更健康。8月，迪尔城堡号载着船员前去镇压奴隶起义，但米尔伯恩及时跳槽到了鲁珀特号，继续在那里做木匠，这是一艘上了年纪的930吨战舰，有350名船员。[17]

　　夜间，大多数船员每四个小时就会被叫醒一次站岗，米尔伯恩·马什则不用。当"所有人到甲板集合"的命令响起时，他也不必前往。虽然他的工作辛苦且危险，经常需要爬到甲板上方50英尺至70英尺的索具上工作，但和其他来自牙买加的同行相比，他的处境好太多。他休息得更好、压力也更小，他在船上的不可替代性让他心情愉悦。在登上鲁珀特号后的19个月中，他大部分时间都在海上度过，因此患病概率较低。此外他都在加勒比海域内航行，可以定期回到罗亚尔港。随着女儿伊丽莎白的到来，他开始珍惜回到罗亚尔港的机会。

　　她叫伊丽莎白·埃文斯（Elizabeth Evans），米尔伯恩·马什说她比自己小一岁左右。她曾经叫伊丽莎白·布歇尔（Elizabeth Bouchier），是一名生活在罗亚尔港的单身女子，1728年她与詹姆斯·埃文斯相识并结婚。[18]埃文斯也是移民，可能来自宾夕法尼亚，他在停泊在港口的皇家海军军舰上兼

[10]

职修船。在 1734 年 8 月之前，米尔伯恩·马什和伊丽莎白·埃文斯就比较熟了，埃文斯也是在这个月立下了一份遗嘱。对于他这样的人来说，立遗嘱的可能性并不高，一是因为死神会迅速带走许多牙买加人，大多数人根本来不及立遗嘱；二是因为白人工匠和手艺人不太愿意花钱请律师将自己的临终决定和想法写入遗嘱中。然而埃文斯却主动选择了立遗嘱，最后一次行使了"权力"。从他在遗嘱上的签名和他留下的"几本旧书"中可以看出，他还是有些文化水平的。他写道，考虑到"海上的种种危险和短暂生命中的其他不确定性"，他希望写下自己的遗愿，"以避免在我死后引起争议"。[19] 除了遗嘱惯用语，他也留下了一些实质性的内容，还提到一两位他要起诉的人。

詹姆斯·埃文斯在牙买加发迹，他获得了"批发和零售葡萄酒、啤酒、麦芽酒或其他烈酒"的许可证，在罗亚尔港租了个房子开店。[20] 从他的财产清单上看，这家店并不怎么起眼，有六张 18 人座的旧桌子，每张配有一个烛台、一个痰盂、一个带盖马桶，再往里走有一个大箱子、一个角橱和几张床（该店可能兼作妓院），除此之外几乎没有其他东西。但是他有不少平底小货船，有些自留使用，有些租给皇家海军。靠着它们，埃文斯和妻子过上了还算富足的生活。他们拥有"一套新的羽毛被子和枕头"、锡器、精美的亚麻布以及至少九名成

年奴隶。按照全世界奴隶主的惯例，他们给这些奴隶取了新

名字，以抹杀奴隶们的自我，同时标记他们为私有财产。埃文斯为女性奴隶选择了古典主义风格的名字，比如"克利西亚"和她的两个黑人小孩、"帕娅"（或"帕娅斯"）和她的孩子、"维纳斯"和"西尔维娅"，这再次证明了他有些文化水平但不高。女性奴隶都在店里工作但分工不同，而男性奴隶主要在埃文斯的平底货船上工作，或者被他租给海军在码头做苦力、填船缝。男性奴隶的新名字更实用、更男性化，比如"普利茅斯""戈斯波特""布里斯托尔"以及其他英国港口名，仿佛他们并不属于人类，充其量只是马匹或者宠物。[21]无论是男性奴隶还是女性奴隶，他们的新名字都只有一个单词，不像白人那样，名字里往往包含几个单词。

按照牙买加的标准，一名高级工匠拥有这个数量的奴隶并不稀奇。1738 年，罗亚尔港共有 157 名注册奴隶主，平均每人名下有九名奴隶。[22]米尔伯恩·马什初来乍到时除了一个行李箱别无长物，在他眼中，同是船匠出身的埃文斯富得流油。他最初被埃文斯的妻子吸引不太可能仅仅是出于身体和情感原因，或许还出于经济原因。埃文斯在他的遗嘱中对米尔伯恩"小施报复"，尽管米尔伯恩不一定能看到。他规定他"心爱的妻子伊丽莎白·埃文斯"将继承他的所有财产，包括"所有黑鬼"，但"一个名叫马什的黑鬼"除外，他将被送去

费城并且永久性地转让给埃文斯在当地的亲戚。埃文斯的财产清单中列出了他的所有奴隶，唯独没有这个人，他似乎特意将"一个名叫'马什'的黑鬼"作为条款放进遗嘱，以羞辱这个插足自己婚姻、名叫米尔伯恩·马什的英国佬，同时也顺带通过文字向自己的妻子投去轻蔑的目光。年底，詹姆斯·埃文斯终于与世长辞，留下了价值超过 625 英镑的物品和奴隶。1734 年 12 月 12 日，也就是伊丽莎白·埃文斯获准"继承和管理"亡夫所有财产后的第二天，她和米尔伯恩在金斯敦圣公会教堂举行了婚礼。[23] 1735 年 1 月，她怀孕了。 [12]

　　米尔伯恩·马什娶回家的这个女人是谁？在 1728 年嫁给第一任丈夫之前，她是如何来到罗亚尔港的？在这段时间从英国来到牙买加的契约佣工和罪犯名单中，找不到她的婚前名"伊丽莎白·布歇尔"，但这并不能排除她是契约佣工或罪犯的可能性。[24] 牙买加教区的人口登记册从地震中留存了下来，但在上面也找不到她。不过这些登记册有缺损，例如，1722 年之前似乎没有任何罗亚尔港的洗礼记录。米尔伯恩·马什的弟弟乔治·马什撰写了马什家族的家谱，在其中也找不到关于这个女人的任何信息，颇为诡异。乔治·马什习惯在介绍完每位成员后再简短提及下他们的配偶，特别是那些能够给马什家族增光添彩的人。他将表弟沃伦的妻子描述为"非常糟糕的女人"，说自己的父亲娶了天底下"最美好的女人", 称侄女玛格丽特·杜瓦尔嫁给了"最受人尊敬、最明智的好人"。家谱中有几段专门介绍米尔伯恩·马什,末尾可能提到了他的妻子,但内容却因墨迹褪色无法辨认。[25] 马什家族的通信有些留存到了今天,信中偶尔会承认伊丽莎白·布歇尔的存在,但并没有透露关于这个女人的更多信息。根据金斯敦的婚姻登记簿,她第一次结婚后将姓名从伊丽莎白·布歇尔改为伊丽莎白·埃文斯,第二次结婚后更名为伊丽莎白·马什,除此之外她的婚前姓名只能在查塔姆 – 肯特一个教堂的墓碑上找到。米尔伯恩·马什在墓碑上刻下"作为基督徒,她是一位优秀的妻子和母亲",但却未提供她的出身和家乡。[26]

到目前为止,这个女人仍然是一个问号,关于她的身[13] 世至少存在两种以上的解释。根据罗亚尔港教区记录簿,18 世纪 30 年代后期,一位名叫玛格丽特·布歇(Margaret Boucher)的寡妇居住在小镇的出租屋中,她偶尔会收到救济。当时工作人员记录姓氏时比较随意,尤其是穷人的姓氏,这个女人可能就是米尔伯恩·马什的丈母娘。如果真是这样,他的妻子就是白人或者可以被认定为白人,因为 1738 年罗亚尔港编制的"教区白人居民簿"里出现了"玛格丽特·布歇"这个名字。[27] 如果玛格丽特·布歇真是伊丽莎白·布歇尔的寡妇母亲,那么 1735 年这个女人逃往英国时,很显然将母

伊丽莎白·马什的磨难:一个女人的世界史

亲留在了牙买加，而且在为自己的女儿洗礼时，她也没有将"玛格丽特"选作女儿的教名。

这里还存在另一种解释。当时牙买加不仅有姓布歇的居民，还有姓布尔歇尔（Bourchier）的，且后者存在多种书写方式。布尔歇尔家族为种植园主，可能于17世纪60年代来到岛上。如果玛格丽特·布歇真的和这个家族存在血缘关系，那后来成为伊丽莎白·马什母亲的女人不太可能是婚生子，因为加勒比种植园主的婚生女通常不会嫁给船匠。推测起来，她可能是白人地主——也许是死于1726年的查尔斯·布尔歇尔（Charles Bourchier）——和非洲女奴的黑白混血私生子且受过洗礼。[28] 当然他们之间也可能并不存在血缘关系，牙买加的奴隶被解放后有时会保留、采用前主人的姓氏。

人们普遍认为，新来的水手能够和牙买加黑人或黑白混血儿建立更亲切、更平等的关系，岛上的白人做不到也不愿意做到这一点。"水手和黑人永远是最友好的，"一位在牙买加居住过的人写道：

> 这一点可以从他们的交往中看出来，他们相互了解、[14]
> 相互信任，这在奴隶和白人奴隶主之间闻所未闻。和水手
> 交往时，奴隶不用像在主人面前那样刻意约束自己，比较
> 独立自由……在水手面前，黑人才活得像个人。[29]

以上描述过于感伤。新来的英国水手之所以结交牙买加黑人，其中一个原因非常残酷：在港口小镇的工匠和仆人之中，能和水手做伴儿的单身白人女性很少。

尽管如此，水手和黑人之间的社交不完全建立在性、金钱和陪伴之上。水手和黑人都感到自己和其他群体存在差异，所以这两类人能在罗亚尔港和其他加勒比岛屿打成一片。黑人／黑白混血儿因为肤色、文化背景和信仰差异，和当地的克里奥尔人属于两个不同群体，水手也因为其"与众不同"的特质而自成一派。[30] 他们皮肤黝黑，许多蓄着长辫，用墨水或火药在皮肤上涂画粗糙的"文身"，他们的身手异常敏捷，身体一般残缺不全，看上去明显不同于一辈子都生活在陆地上的男人。他们有着独特的走路、行动和穿衣风格，他们像牙买加黑人一样拥有自己的词汇、歌曲和神奇信仰。更为重要的是，他们一生都在扮演过客，远离家人、故乡和祖国，有些人还是被当作壮丁抓走的。奴隶们也有类似的命运甚至更残酷，所以水手能和他们交好。1734 年 12 月，金斯敦教区，也就是米尔伯恩·马什和伊丽莎白·埃文斯举行婚礼的地方，特地将小镇朝西和下风方向的墓地划给"自由有色居民"以及"士兵、水手、各类暂住人士"。[31] 也就是说，在此地去世的水手、黑人和黑白混血儿会葬在同一个地方，和其他人分开。

[15]　　在船上，水手、黑人和黑白混血儿同样相处得不错。就

像牙买加一样，皇家海军一度是一个充满暴力和危险之地，同时也是一个国际化的创新群体，"一股新的足以改变世界的力量"。[32] 海军舰艇是那个时代最复杂、最昂贵的机器，舰艇上的人包容性较强，他们的领导在一定程度上属于精英阶层。由于军舰的维护和驾驶对专业技能要求甚高，在这里，能力的重要性已经超越肤色和社会地位。[33] 包括米尔伯恩·马什在内的大多数海军习惯与自由黑人水手一起工作，他们享有与白人相同的权利、赚取相同的报酬。加勒比海域的海军还雇用黑人奴隶作为水手，他们与白人、自由黑人一起工作和生活，但他们的工资会支付给他们的主人，米尔伯恩的同事兼好友约翰·库乔就是这种情况。作为木匠，米尔伯恩可以拥有两名"仆人"，库乔便是其中之一，军舰上的"仆人"指正在接受培训的学徒。两个"仆人"工资一样，除去生活费每年收入不到14英镑，但库乔的辛苦所得都进了他主人的荷包，即一个在牙买加定居的白人。米尔伯恩和两名"仆人"同住一室，每天一起工作。1733年8月，米尔伯恩从迪尔城堡号跳槽到鲁珀特号，库乔也跟着他一起去了。[34]

米尔伯恩·马什乐意从奴隶制中获利，这一点可以从他选择的结婚对象中看出来。但是，他每天也在亲切、愉快地和黑人、黑白混血儿打交道。他是否故意跨越种族界限与伊丽莎白·埃文斯成婚、伊丽莎白的身份是否导致她在马什家族家谱中的低存在感，这些都无从判断。有人说传记好比一张渔网，它试图捕捉某个人的生活并将其拉出水面。但所有渔网都由绳子编成，都有洞，有些东西难免会溜走，比如生命中的某些片段，再比如伊丽莎白·马什母亲的身世。[35] 判断她的种族尤其困难，因为 1733 年牙买加执政议会通过了一项法令，规定"第三代之后的人不得被视为黑白混血儿……只要他们从小信奉基督教，他们就将享有这个岛上国王陛下的白人臣民享有的所有特权和豁免权"。这一法令是对种族通婚及其带来的多重影响的迟来的承认。[36]

如果伊丽莎白·马什的母亲伊丽莎白·布歇尔真是黑白混血儿，那么在她的两次婚姻之前应该经历过更多变化和动荡。"人口普查的荒谬"，本尼迪克特·安德森在评价当今人口普查时说道，"就在于每个人都不会被遗漏，都会在表格上占据一个——有且只有一个——位置，界限清晰明确。"[37] 米尔伯恩·马什的新婚妻子伊丽莎白·马什可能存在许多身份。出于多种原因，与她同名的女儿伊丽莎白·马什有时候似乎也以这些身份定义自己。其中一种身份或许和奴隶制有关，这一点很重要。

1735 年，米尔伯恩·马什和他已有身孕的新婚妻子的首要任务是活下来。牙买加教区的资料显示，当年在罗亚尔港出生的白人儿童中有 1/4 到 1/3 活不到一岁。1730 年，詹姆斯·

埃文斯和伊丽莎白·埃文斯似乎失去了一个孩子，最多一岁。但牙买加教区的资料严重低估了婴儿死亡率。当时，孩子洗礼需向教堂缴纳登记费，父母往往会等孩子满几个月之后再花钱为他们办洗礼仪式或者对他们投入情感。许多孩子还未来得及洗礼就夭折了，这种情况下教区不会记录他们的死亡。[17] 黑奴的孩子经常活不过生命的最初几周或几个月，这种现象在某些种植园里可能已成常态。即使一个孩子能活到30岁，父母也未必能全程陪伴他们。牙买加的婚姻平均持续不到九年，在那之前夫妻一方或双方就会死亡，所以孩子能长大成人并且父母都健在的情况实属罕见，富裕家庭也不例外。[38] 米尔伯恩只是一个水手，生命受到来自大海和陆地的双重威胁，他能活到多少岁、能守护自己刚积累的财富多久？他那已经经历过一次丧子之痛的新婚妻子伊丽莎白呢？

与此同时，种族动乱不断加剧，给牙买加造成了严重影响，也让人们越发恐惧死亡。奴隶们逃到崎岖的山区里成立武装组织，这是他们最早的反抗形式之一。18世纪30年代初，这些逃亡黑奴数量庞大、组织完善，仿佛另一个殖民地，这威胁到了既得利益集团。牙买加距离其他英属加勒比岛屿数千英里，但却过于靠近西属古巴和法属圣多明戈。截至1735年，英国一共派了包括金斯敦号和鲁珀特号在内的21艘军舰前往加勒比海巡逻。但是，英国海军对牙买加的影响力有限，当地英军数量一向都少得可怜，所以该岛当局有双重理由去拉响警报。1734 年 2 月，牙买加执政议会和种植园主控制下的政府向伦敦汇报了逃亡黑奴的叛乱情况："他们四处制造恐慌"，他们在军事上取得的成功"对其他奴隶产生了非常大的影响，逃跑的人越来越多"，他们"对自由的渴望"正在动摇"我们最信任的奴隶的忠诚度"。[39] 如果奴隶们继续以这种速度逃跑，如果愤怒导致他们掀起大规模暴乱，制糖业可能会摇摇欲坠，白人定居者可能会弃岛。到那时，法国或西班牙或两国联盟会趁火打劫从英国手中夺取牙买加。

[18]

　　恐慌在牙买加白人群体中日益蔓延，酿成了一系列后果，米尔伯恩·马什亲身体验过其中一些。他之前在金斯敦号和迪尔城堡号上的几名同事被卷入与逃亡黑奴的战斗中，双方在海岸上交火。1734 年 10 月 10 日，约翰·库乔的主人要求他离开鲁珀特号。那段时间，逃跑的奴隶人数达到巅峰，库乔的主人要么想要亲自监视他，要么迫切需要他回来工作。米尔伯恩的这位前"仆人"是阿肯人，他碰巧和最著名的逃亡黑奴酋长之一的人同姓，在阿肯语中都叫"库乔"，意思是"周一出生的男子"。1739 年，这位酋长迫使英国签订了条约，这在鲁珀特号上引起了迷信的不安和警惕。[40] 同样在 1734 年 10 月，牙买加宣布戒严，从其教区额外招募了 600 名男性民兵，伦敦派出了六个连来帮助他们镇压奴隶。当时，米尔伯恩和伊丽莎白·埃文斯已经坠入爱河，并于 12 月举办了婚礼，次年 1 月伊丽莎白怀孕。当时，牙买加白人每天都在担心"能否见到明日的太阳"，米尔伯恩夫妇为了保命决定离开牙买加。[41]

米尔伯恩·马什的效率一贯很高，3 月 7 日，金斯敦号抵达罗亚尔港，开始为返回英国的航行作漫长的准备。3 月 10 日，米尔伯恩再次登上老东家的船，那里还有他的朋友和贵人。离开之前，他似乎（并未证实）将自己的酒馆和平底货船出售或转让给了一名海军官员。当时，牙买加皇家海军造船厂在招募男性和女性奴隶，他将帕娅、克利西亚、西尔维娅、戈斯波特等奴隶卖给了造船厂，这样他可以凑够钱带妻子一起去英格兰了。[42] 当然，光有钱还不够，米尔伯恩的专 [19] 业技能也必不可少。从表面上看，皇家海军的军舰是男性的地盘，但有时也允许性吸引力不强的女性上船，尤其是当她们的男人拥有一定影响力时。那年 6 月，金斯敦号离开牙买加，伊丽莎白·马什已经身怀六甲，她的男人是船上最重要的工匠之一。她两次嫁给水手，清楚自己将面对什么。为了绕开金斯敦号的财务工作，她似乎私下和事务长讲好了自己要单独用餐。在接下来的日子里，她或许一直待在下层甲板养胎，那里是船上最安静、最昏暗、最隐蔽的地方。[43] 1735 年 8 月 20 日，他们驶入朴次茅斯港，此时距离他们的女儿出生不到一个月。

他们给女儿取名伊丽莎白·马什，19 岁之前，她在朴次茅斯度过了大部分时光。马什一家在当时波特西岛最北端为工人搭建的简陋住房里暂住下来，从这里步行一会儿便可到达位于朴次茅斯商业街的圣托马斯中世纪教堂。1735 年 10 月 3 日，伊丽莎白·马什在这个教堂接受洗礼。[44]

工人的住房是用公共资金修建的，就位于朴次茅斯海军造船厂的围墙外，以便船匠和其他工人每天可以准时出现，开始 13 小时的工作，这对米尔伯恩来说很方便。尽管米尔伯恩有时在造船厂工作，有时在海上工作，但他会尽可能地合理安排工作时间以多陪伴家人。每当工作遇到障碍时，米尔伯恩·马什就会利用自己的专业技能另谋高就。1735 年 9 月，女儿出生了，他离开了金斯敦号，带着海军上将查洛纳·奥格尔爵士的推荐信回到迪尔城堡号继续担任木匠。迪尔城堡号在战舰中只属六等水平，战争时期不太可能参战，但这类小型军舰仍会被派往非英属水域执行任务。1739 年，当迪尔城堡号奉命前往南卡罗来纳州时，米尔伯恩跳槽到了剑桥号，该军舰有 80 门火炮，当时正在朴次茅斯港进行大修。[45]

[20] 在朴次茅斯生活的这些年可能是伊丽莎白·马什一生中最安稳的时期，这要部分归功于她父亲的聪明才智。尽管朴次茅斯比牙买加安全、卫生得多，但这两个地方存在不少共

伊丽莎白·马什的磨难：一个女人的世界史

同点。它们都深度卷入帝国事业和组织化暴力活动中，都是工业化的先驱，国际化程度都很高，并且都是洲际贸易和移民活动的重要场所。朴次茅斯有时被描述／谴责为地震之前的英国本土版罗亚尔港，"如果一个是索多玛，另一个就是蛾摩拉"，都是罪恶之地。[46]

朴次茅斯位于波特西岛，乍看似乎是一个筑着围墙的古老小镇，镇里大约有 600 座房子，通过一道道城门和一座座桥梁与大陆相连。朴次茅斯是英国军事重镇，同时也是皇家海军的主要作战基地和造船厂所在地，因此这里的城门和桥梁都由士兵守卫。当时英格兰有六个海军造船厂，它们都位于南部海岸：泰晤士河畔的德普特福德和伍尔维奇小型造船厂，肯特郡梅德韦河口的希尔内斯造船厂，梅德韦河上游 12 英里的查塔姆大型造船厂，然后就是合称为西部造船厂的普利茅斯和朴次茅斯造船厂。18 世纪 30 年代，朴次茅斯取代查塔姆成为最重要的造船厂。[47]朴次茅斯躲在高高的围墙后面，从陆地上看并不起眼，但从海上看则是另一番景象：

港口宽敞大气，停泊着大型船只，加在一起得有三四[21]英里长，一座座建筑向港口左右延伸至少一英里，人口密集；水面上满是来来往往的船只，繁忙程度堪比泰晤士河……港口中央的景色不输大型都市。[48]

造船厂的专业化仓库、制绳场、桅杆场和索具场是当时面积最大、投资最高的建筑，功能性很强。1735 年，近 2200名技工在这里工作，他们分为 23 个组，清晨铃声响起他们开始上班，晚上铃声响起他们下班，此外还有 259 人被派往造船厂的制绳场。当时农业仍然主导整个经济体系，朴次茅斯造船厂却已发展为劳动力密集型产业。在之后的 100 年里，世界范围内工人数量达到 500 人的工厂凤毛麟角。[49]

朴次茅斯虽然四面环海但是淡水资源匮乏，整个小镇笼罩在造船厂排出的煤烟中，到处都可以听到金属敲击木头的声音。虽然该镇是英国政府和大英帝国的权力中心之一，但同时吸引了不少海外人士和海外元素。18 世纪 40 年代，造船厂竖立着一对来自中国的七英尺高的龙头宝塔，街上可以看到不同国家的硬币、听到不同国家的语言。国外的外交官若来英国，大多数都会选择在朴次茅斯登陆，然后再走陆路前往伦敦向法庭递交国书。朴次茅斯也是东印度公司在英国本土的第二大仓库，仅次于伦敦。来自加尔各答、马德拉斯、孟买和广州的船只在朴次茅斯卸下纺织品、香料和陶瓷，乘客和一些亚洲水手也会选择在这里下船。朴次茅斯驻扎着军队，成群结队的士兵在远征之前或归来之后都会经过这里。

[22] 它既是商业港口又是海军基地，在这里可以看见来自黎凡特的阿拉伯商人、哈德逊湾和新英格兰的水手和鱼贩、波罗的

海的木材供应商（可以满足皇家海军对木材永无止境的需求）、抛弃民族传统生活方式通过货币贸易和借贷赚钱的犹太人、不知道从哪里冒出来的走私贩子。[50]

如果要回答是什么塑造了伊丽莎白·马什的性格和生活，我们就得分析充满差异性和多样性的朴次茅斯、皇家海军和英国政府对她的童年产生了什么影响。当然，我们也不能忽视她的家族，她曾说"我的父亲是一位绅士"。[51] 然而，真相更加有趣。 [23]

虽然伊丽莎白母亲的事我们知之甚少，但她父亲的背景却有史料可查。1709 年 10 月，米尔伯恩·马什在朴次茅斯的圣托马斯教堂受洗。他的父亲乔治·马什于 1683 年出生，也在皇家海军军舰上当木匠，这很正常，因为造船行业受到严密保护，相关专业技能通常在同一家族的男性中世代相传。米尔伯恩的母亲生于 1687 年，名为伊丽莎白·米尔伯恩（Elizabeth Milbourne），她也与海洋存在某种联系，但联系的性质不太一样。她的父亲约翰·米尔伯恩（John Milbourne）是一位"出色的笔匠"，1713 年后成为朴次茅斯海军造船厂常驻专员艾萨克·汤森爵士的专职文员。[52]

父母从事纸笔工作对后代来说意义重大，所以米尔伯恩·马什采用了母亲的姓作为自己的名，这表明他的家庭清楚文化水平的重要性。米尔伯恩的双亲都是文化人，都热爱文字， [24]

伊丽莎白·马什也一样，他们不讲故事心里就不舒坦。米尔伯恩的父亲乔治·马什给他讲了米尔伯恩祖父弗朗西斯·马什（Francis Marsh）的故事，他也是一名水手。17世纪90年代初，他乘船从里斯本返回南安普顿，途中轮船在怀特岛附近失事。"这艘船连同船上的一切都失踪了，唯独他活了下来"，但是弗朗西斯·马什——反正老乔治·马什是这么告诉米尔伯恩和其他子女的——带着他的钱和一个装着宝贵文件的"油皮袋"跳进了海里，连同"一本小小的家用《圣经》，长不超过七英寸，宽四五英寸，厚约一英寸半"，并"奇迹般地漂到海滩上生还"。米尔伯恩的母亲最喜欢讲她祖父的故事，他叫约翰·米尔伯恩，在诺森伯兰郡卖苏格兰牛。根据她的描述，1650年5月，苏格兰保皇党英雄、第一代蒙特罗斯侯爵詹姆斯·格雷厄姆被英国议会的盟友、苏格兰誓约派追杀，约翰·米尔伯恩冒着生命危险将侯爵藏了起来。敌人将侯爵的藏身之处搜了个底朝天但一无所获，于是去附近一位地主那里打听情况，这个人出卖了侯爵，他最后被敌人带走处决。

马什家族小心翼翼地保存着这些事迹以及相关物品，老乔治·马什两口子在租住过的每一处房子的墙上都挂着蒙特罗斯侯爵的版画。他们还保存着一本《圣经》，声称就是弗朗西斯·马什落水逃生时带走的那本，他们的一个儿子在破旧的纸面上记录了事件经过。从这些家族传说以及家族成员对它们的坚信不疑可以看出，马什一家觉得自己不仅仅是技工，他们的身份其实更高贵。米尔伯恩·马什和他的兄弟姐妹能够长 [25]大成人，全靠父母"合理、谨慎地管理微薄的收入"。他们从父母那里听说并讲给自己儿女的故事，让他们觉得自己家族的地位非同一般。这些故事饱含浪漫主义色彩，上帝显灵了，"奇迹般地拯救了他们的祖先"。此外，马什家族还有一位祖先为英国君主制作出了重大贡献。米尔伯恩·马什的母亲通过一个个家族故事告诉子女们，他们理应富有。她坚称她的父亲约翰·米尔伯恩"英俊潇洒、博学多才"，曾在诺森伯兰郡拥有一座煤矿，"深受当地贵族和绅士的尊敬"。但他将一部分财产 [26]输给了一位贵族（一文不值的贵族屡次出现在马什家族的传说中），剩下的财产又被管家骗走了。这位女管家先是勾引他上床，然后通过伪造他的遗嘱"得到了全部财产"。⁵³

家族成员就这些故事达成了一种认识——他们并非寻常人家，值得更好的生活环境和更高的生活质量。伊丽莎白·马什从小到大都对此深信不疑。从这些故事中，我们还可以了解到她成长过程中的一些情况。和部分学者的观点相反，我认为长途迁移并不是现代化的一个标志，而是一种在家族成员中代代相传的基因，迁徙的距离和周期还会不断拉长。显然，伊丽莎白·马什那颠沛流离的一生在一定程度上受到了马什家族传统的影响。她的父亲米尔伯恩·马什乘船前往加勒比海，他的祖先也是水手和移民。他的父亲和祖父都是熟悉欧洲水域的水手，他的母亲一家先是辗转于英格兰北部和苏格兰之间，后来又搬到了英格兰南部。虽然无法确定伊丽莎白的母亲究竟出生在西非还是英国，但她必定也是移民的后代，她的长辈要么是自愿迁徙，要么是被迫为之。1735年，伊丽莎白的母亲横渡大西洋前往英格兰。

伊丽莎白·马什脸蛋美丽、身体强健，遗传了父亲家族或母亲家族的优良基因。米尔伯恩的父亲老乔治·马什被描述为"玉树临风"："身高至少六英尺……身材笔直、比例匀称，并且非常健康强壮。"18世纪40年代中期，他开始领取海军委员会发放的退休金，但他似乎继续在兼职做船匠。1753年，他在一次劳动事故中丧生，享年70岁。[54] 1707年，老乔治·马什和伊丽莎白·米尔伯恩结婚，婚后生育了九个孩子，其中八个活到成年，这对于那个时代和他们所在的阶层来说非同寻常。

[27] 有五个孩子死于不治之症或轮船失事，未能活到40岁，剩下三个比较长寿，证明了家族基因优良。米尔伯恩·马什生于1709年，活到将近70岁。小乔治·马什生于1722年，活到78岁。玛丽·马什生于1712年，活到80多岁。更让人惊讶的是，这三位都过上了比父辈更富有、更多彩的生活，给家族挣了面子。玛丽·马什最不容易，因为在那个时代女性注定要面临更大挑战。十几岁的时候，她去伦敦找工作，嫁给了法国胡

格诺教徒让·杜瓦尔。他在伦敦东部斯皮塔佛德教区当面包师，这里曾经是一个半乡村化的郊区，一直吸引着大量难民和移民。让·杜瓦尔具有法国背景，法国胡格诺教和英国新教联系紧密。玛丽的婚后生活更加精彩。18 世纪 40 年代和 50 年代初，伊丽莎白·马什住在伦敦时常去拜访杜瓦尔叔叔和玛丽姑妈，并借此机会跟他们学习说、读法语，当时的上流社会以会法语为傲。[55]

当时在整个欧洲、北美乃至其他地方，一个人或一个家族在地位、财富方面的显著攀升被形容为"勤奋革命"（industrious revolution），这种精神鼓舞着米尔伯恩·马什，他的弟弟小乔治·马什更是如此。[56] 作为伊丽莎白·马什的父亲和叔叔，这两位男性的性格和多变的命运对伊丽莎白的成长、行为和性格产生了关键影响。

和航海时代的大多数水手一样，米尔伯恩·马什很早就出海了。他步入中年时回忆道，自己 11 岁就开始在地中海航行，经常被派去处理炸药。他先是乘坐各种类型的船上岸，然后将巨石炸成小石块充当压舱物。[57] 然而，我们不能把他单纯视为一位普通的体力劳动者。在米尔伯恩去世十多年后，英国画家托马斯·罗兰森在一幅作品中画了一位木匠，他一只手拿着锛，另一只手拿着绘图工具，精准地传达了这个职业的性质。锛表示木匠需要从事艰苦的体力劳动，必须按规定尺寸切割木材，必须及时修补、替换烂木头并处理炮弹孔。

[28]

然而这些只是木匠工作的一部分，正如另一只手中的绘图工具所暗示的那样。米尔伯恩是个文化人，这是一位合格木匠的必备素质。木匠必须就船况撰写"详细准确的报告"，并提出针对性的解决方案。他还需掌握基础会计知识，以便估算维修费用、检查木材和其他物品的库存。此外，他还需要懂一些数学和几何知识，这样才能绘制平面图、计算桅杆距离甲板的高度、估算锚的重量以及支撑它们所需的木材厚度。[58]

从这个角度来看，难怪 17 世纪末的英国著名船匠安东尼·迪恩会被封为爵士并成功加入皇家学会。越洋贸易不断发展、帝国版图不断扩张、欧洲和其他洲的海军数量不断上涨、战争日益频繁，不仅英国就连整个世界都需要米尔伯恩·马什这样的人才。生活在现代社会的我们通过互联网知天下事，网络空间对于我们的重要性就好比航海对于米尔伯恩·马什所处时代的重要性。那些拥有更专业的航海技能的人能够快速提升自己的经济地位和社会地位。"轮船上的木匠……必须同时掌握理论和实践，才能站在行业金字塔尖，"1747 年英国最畅销的贸易指南写道，"无论是在国内还是在国外，从事这个行业的人几乎都不会满足于只赚小钱。"[59]

[29]

米尔伯恩·马什的工作对伊丽莎白·马什的生活影响重大。在某种程度上，通过父亲和其他多位在航海及相关领域工作的家族成员，她得以接触到 18 世纪为数不多的真正拥有全球影响力的机构之———英国皇家海军。事实证明，这培养了她的旅行能力。远洋旅行费用昂贵，多亏了亲戚的帮忙，伊丽莎白多年来得以数次免费或以低价搭乘各种各样的海军船只。在这一过程中，她还编织出了一张横跨大洋的人际关系网。该网主要包括两组核心人员，第一组是她的亲戚，第二组是皇家海军。"索尔兹伯里号第一中尉潘顿先生来访，"1775年她在驶离印度次大陆东海岸时写道，"他似乎认识我的大部分家人。"[60]

父亲的职业也对伊丽莎白产生了不太有利的影响。可能她从小就意识到，她的母亲在某些方面有些特别，她不受亲戚待见。她似乎一直因为自己和父母的社会地位而惴惴不安。米尔伯恩·马什出身于崇尚个人主义、信奉逆天改命的航海时代，他是全球贸易中的首席船匠，但同时他也在夹缝中求生存，需要克服来自陆地和海洋的重重困难，需要在劳动群众和海军军官两个阶层中周旋。从他后来遇到的两次危机中可以看出他的难处，如果处理不好整个家庭都会被吞噬。

1741年4月，米尔伯恩在朴次茅斯造船厂的六名同事联名举报他贪污，说他中午趁"所有人都不在的时候"，将工厂里的新床和床上用品偷运到他所在的剑桥号。他们还说米尔伯恩挪用海军的木材制作百叶窗、烟囱甚至栅栏。米尔伯恩的一名手下称在他的办公桌上看到"一块小木板，上面用黑 [30]

色铅笔画着一节栅栏的顶部轮廓",他确信这就是设计图。根据另一名举报者的证词,米尔伯恩命令他将造船厂的橡木劈成柴火,然后偷偷送到马什一家租住的房子里,当时木匠米尔伯恩"全程都在接待客人"。[61]

通常情况下,贪污罪名一旦成立,涉事人员就会被立即开除,但米尔伯恩·马什却设法保住了职位和薪水。倒不是因为他的辩解令人信服,而是因为他的上级认可他的能力("该木匠具备一名优秀领导者该有的品质")。不过从这一事件中我们可以看出米尔伯恩私下的样子,以及马什一家的生活方式。米尔伯恩想尽办法给自家陋室增添一些装饰和亮点(或许还通过出售非法制作的百叶窗等物品赚取外快),这使工人们心生不满,他们嘲讽米尔伯恩的社交("全程都在接待客人"),他们指控米尔伯恩贪污,所有这些糟心事都暗示在那场勤奋革命中,米尔伯恩和他家庭的地位已经明显超越同事,导致这些人心理失衡。米尔伯恩给上司去信解释这些指控,信中措辞令人战栗。它一方面印证了同事的嫉妒心理,另一方面体现了他哪怕即将身陷囹圄也在竭力守护内心对上司的尊敬之情:

> 尊敬的先生,这一切都是有预谋的,目的就是让您对我产生偏见,因为我恶意(他们的用词)吩咐他们完成本应该完成的事。希望您能看到这点,也希望您能看到我此

前的工作以及未来的表现。[62]

虽然他会使用"预谋"这个对文化水平有一定要求的词， [31]
但他的语法揭示出他并没有——也不可能——受过正规教育。
受到如此指控，他当然害怕丢饭碗，他在给上司的信中这样
解释自己违背了工厂规定挪用寝具一事：

> 我太太在（剑桥号）船上病了五个星期，我无法让
> 她上岸，（我）认为在我把床单洗干净之前不能让她睡我
> 床上，所以我借用了工厂的床单。[63]

从信中可以看出，在这个家庭里不仅仅是米尔伯恩·马什在
海洋和陆地的夹缝中求生存，他的妻子以及他们的女儿伊丽
莎白·马什可能也过着这样的生活，那时她才五岁。

米尔伯恩的妻子及女儿（不久之后他们的儿子也将出生）
时刻担心着米尔伯恩的安危，也担心着她们自己的安危。在
整个职业生涯中，他虽然只参加过一场海战，但那次战争规
模相当宏大。1742 年，他被派往地中海，先是在马尔堡号，
之后去了慕尔号。慕尔号是一艘 90 炮二等舰，由托马斯·马
修斯海军上将指挥。米尔伯恩·马什还在英国地中海舰队其
他 30 多艘军舰上工作过，每天负责检修船只。当时法西联合

舰队随时可能从法国重要海军基地土伦（Toulon）出发对他们发起进攻，他们必须严阵以待。[64] 他的家人当时可能跟着他一起去了地中海，可能留在了朴次茅斯或伦敦，也可能去了他住在肯特查塔姆的父母家，目前尚不清楚。后来米尔伯恩·马什出现在海军军事法庭上。根据他的证词，在1744年2月11日这天，他有生之年第一次也是最后一次目睹战争。

"我可以告诉你第一炮什么时间打响，准确到分钟。"他告诉法官，因为"我立马从口袋里掏出表，上面显示1点10分"。交战双方是拥有780名船员的英国慕尔号和西班牙114炮雷亚尔号，它是法西舰队的27艘战舰之一。最初，米尔伯恩作为木匠可以留在下层甲板观战，但之后慕尔号船体遭到破坏，他需要爬到上层甲板发挥自己的技能。"海军上将派我上去，命令我去看看中后桅出了什么问题。"中后桅即最靠近船尾的桅杆。当时，慕尔号和雷亚尔号之间只隔着一发子弹的距离，米尔伯恩不得不冒着炮火爬上桅杆。接下来，米尔伯恩气喘吁吁地继续讲述自己的经历，他用了一大串航海术语，描述了冒着炮火爬过索具的感受以及搞清楚眼前的战况是多么困难：

> 当我向海军上将描述主桅杆的情况时，有人告诉我——但我说不上来名字——右舷主桁端被击中了。我从后甲板方向抬头向它望去，我爬上右舷的静索检查桁端。

伊丽莎白·马什的磨难：一个女人的世界史

但我发现有几处静索已经被击中，我只好放弃右侧试着从左侧上去，我沿着主帆桁的吊索爬到桁端，这时一枚子弹从升降机下方斜掠而过……当我下去时，我没来得及向海军上将汇报这件事，我得赶去舷梯，因为有人告诉我船头斜桅被击中，随即前桅杆也被击中。[65]

从战略高度以及皇家海军的角度来看，土伦战役让英国人感到尴尬。当时，许多附近的皇家海军舰艇没有出战，他们提供的理由激起了相当大的争议，争议至今仍在。考虑到慕尔号的桅杆和索具受损程度，2月11日马修斯海军上将提前退出战斗，并在两天后撤退到意大利。虽然法西舰队被迫返回土伦，但却完好无损。米尔伯恩·马什对这场战役的描述再次揭示了他工作中的一些让人费解的现象。根据他的证词，为了履行职责他必须配备一块怀表，当时的体力劳动者几乎都没有这种待遇。此外，这位技艺精湛的工匠与英国地中海军舰的海军上将托马斯·马修斯交流时展现出的自信，同样让人费解。当马修斯因在土伦战役中失败而被送上军事法庭时，他曾请米尔伯恩为他作证。然而，战斗中发生的事情也证实了木匠一家生存之艰难。 [33]

慕尔号的撤退一度让马尔伯勒号孤军奋战。米尔伯恩·马什曾在马尔伯勒号上工作过，他的许多朋友仍在这艘船上服役。相对安全的他眼睁睁地看着马尔伯勒号船帆起火，主桅杆被炮弹击中后重重栽倒在甲板上。马尔伯勒号虽然没有下沉，但船长和约 80 名船员当场遇难，另有 120 名船员受伤。慕尔号的约翰·拉塞尔上尉以及至少 25 名船员也在这场战役中丧命，拉塞尔是米尔伯恩的贵人。西班牙这边，一艘英国纵火艇撞毁了部分军舰，根据相关报道，"1350 人当场死亡"。这场战役夺取了太多人的性命，米尔伯恩决定改变人生轨迹。他并不是胆小鬼，他在土伦战役中证明了自己的勇敢——"没有顾及危险"。[66] 当时的大多数水手都不满 25 岁且没有成家，但他已经 30 多岁，有妻子和孩子要去照顾，有父母要去赡养，他的哥哥姐姐都去世了，年迈的双亲只能指望他。1744 年，米尔伯恩·马什离开了大海，之后的十年间他在朴次茅斯和查塔姆造船厂维修船只。他终于回到了陆地，回到了他视之为家的地方。

对他的女儿伊丽莎白·马什来说，这个决定让她过上了更稳定、看似更加平凡的生活。18 世纪 40 年代和 50 年代初，她的一些经历就已经与众不同，这点毫无疑问。这一时期，她辗转于朴次茅斯、伦敦和查塔姆之间，多次搭乘船只往返于大海和陆地之间。在某些方面，她的生活方式是对上流社会淑女教育的一种嘲讽。她不仅从杜瓦尔叔叔和玛丽姑妈那里学到了流利的法语，还从父亲那里学会了基础算术和会计，同时还对阅读、音乐和唱歌产生了兴趣。这些消遣挺受水手欢迎并且无伤大雅。此外，她知道如何在男性占绝大多数的环境中活得如鱼得水，如何应付物资困难，如何在海上航行时克服对大海的恐惧，不再将其视为一头猛兽。她学会了与不安和危险共处，她在母亲的影响下培养了独立女性的品质。

水手常年外出，他们的妻子必须格外独立才能扛起家庭 [35]责任。米尔伯恩出远门时，老伊丽莎白·马什不得不独自撑起这个家，管理好家庭开销。[67] 有时她会跟着米尔伯恩一起出海，这种情况下她必须学会应付艰苦的海上生活和拥挤不堪的船舱。他们的两个儿子，弗朗西斯·米尔伯恩·马什（Francis Milbourne Marsh）和约翰·马什似乎都在海上出生。约翰·马什和姐姐伊丽莎白·马什关系很好。1741年，老伊丽莎白·马什在剑桥号上生下大儿子弗朗西斯，当时它就停在朴次茅斯港口，离岸几英里，她被困在船上数周。为了给妻子更换干净床单，米尔伯恩"借用"了海军工厂的床单。[68]

在正常情况下，这些因素组合在一起并不会对他们的女儿伊丽莎白·马什产生太大影响。土伦战役结束后，米尔伯恩于1744年离开大海，当时他们一家人的前景并不乐观，似乎余生都没有什么盼头了。商业造船厂虽然支付的工资更高，但海军造船厂的工作更稳定，有技术的员工往往一干就是一辈子。1744 年回到陆地后，米尔伯恩的收入略有下降，从每年 50 英镑下降到 40 英镑左右。这个数字在当时英格兰中层家庭中处于垫底，正如丹尼尔·笛福（Daniel Defoe）口中的"下层人士中的上层"。[69] 米尔伯恩退休之前似乎修理、建造了一连串战舰，他的两个儿子会在时机成熟时继承他的职业，而他唯一的女儿最终也会嫁给一个从事相同行业的人。除了米尔伯恩·马什，伊丽莎白·马什的生命里还有一位风云人物——她的叔叔乔治·马什。

[36]　　乔治·马什出生于 1722 年，是老乔治·马什和伊丽莎白·米尔伯恩的第八个也是倒数第二个孩子。出生在一个手工业大家族中又排行第八，他的个头更小且更容易生病，偶尔还会发作癫痫。即使如此，他和他的兄长们一样野心勃勃。1735 年，他第一次前往海上工作，因为父亲"无法给我买一个文员职位"。很快，他成了查塔姆造船厂的一名士官的学徒，1744 年他升为德普特福德海军造船厂专员的簿记员。[70] 不久之后，他的人生经历了又一次飞跃。1745 年 10 月，英国下议院要求海军提供一份报告，详细对比过去五年英西战争中的皇家海军开支情况和西班牙王位继承战争（1702—1707）头五年的海军开支情况。由于乔治·马什"比其他任何海军簿记员都更加熟悉造船厂的业务"，他被"选中去完成这一伟大任务"。在伦敦的海军办公楼，他"10 月到次年 1 月末

之间，每天从早上五六点工作到晚上八九点。"为了获得重要数据，他不停地翻阅大批未经梳理的记录，整理、编写可用数据，这加重了他的癫痫。有时候，他几乎看不见任何东西，还"在街上栽倒过几次"。他后来写道："我得在口袋里放一本记事簿，写上我的名字和住址。"尽管如此，他还是"在几个月内"完成了这份报告。[71]

从这个片段中，我们不仅可以看到乔治·马什的一些优秀品质——绝对的实力、强大的野心以及对文书工作的坚定信念，我们还可以看到伊丽莎白·马什如何通过他接触到现代元素及历史变革。虽然她的出生环境和成长环境已经将她与奴隶制、移民、帝国、经济革命、工业革命、海军和海洋联系在一起，但她主要还是通过她的叔叔才得以接触到英国政府不断膨胀的权力，才明白知识和笔杆子也能帮助一个国家扩大其势力范围。套用经济学家J.R.麦克库洛赫对东印度公司的评价，伊[37]丽莎白通过父亲米尔伯恩·马什见识了英国海军的威力，但叔叔乔治·马什却向她证明了笔杆子和账本的力量。[72]

没有什么可以阻挡乔治·马什的进取心。他每天坚持早起，早饭只喝水，一天只吃两顿饭，经常锻炼身体，很少为自己花钱，工作非常卖力。1750年，他搬进了海军大楼，这是一座带三角楣饰、由砖块搭建的高楼，就在伦敦塔旁边，设计师是克里斯托弗·雷恩。1751年到1763年，乔治·马什负责管理水手的工资。之后近10年，他一直担任食品供应专员。1773 年，他升为海军部书记官。他的前任是英国著名作家、政治家和海军大臣塞缪尔·佩皮斯。佩皮斯从 1660 年后开始担任这个职位，他将其作为一个平台，去改革皇家海军的行政管理体系。但佩皮斯认识不少贵族，并且他的智慧和创造力超乎常人，这两种优势乔治·马什都没有。尽管如此，乔治·马什还是在这个职位上干了 20 多年，退休的时候他已经是海军委员会委员了。1800 年，这位船匠的儿子去世了，他留下了 34575 英镑的财产，相当于现在的 300 多万英镑。[73]

乔治·马什的职业生涯可谓辉煌，但他的个人短板也很明显。他的性格得罪了一些同事和有竞争关系的人，他们因此怒不可遏。1782 年，乔治·马什抱怨他自己的书记官：

> 既不会读写又没有文笔，完全干不好本职工作。在我印象中，这个办公室全是一些有能力、有尊严的人……但现在这位海军部书记官既没有能力也没有尊严，他只会把事情复杂化，若他不在，我们的工作效率将提高 10 倍。[74]

在乔治·马什职业生涯的每个阶段，他都受到了争议，根本原因在于他的自命不凡，从上文提到的这些事情就可以看出他的这一性格特点。事实上，他一直坚持写作，不仅仅是在工作中也是在私人生活中。他的文笔证明了他饱读诗书，同时他

[38]

也喜欢写故事，这点很像他的父母和侄女伊丽莎白·马什。比起他的直系亲属，他不仅能够更加敏锐地捕捉到他所处时代正在经历的巨大转变，同时还能通过多种途径理解它们，也许是因为他一辈子都待在一个国家。他喜欢待在幕后，做一名旁观者和记录者，不断收集人们的回忆以及具有历史意义和象征意义的纪念品。最重要的是，乔治·马什喜爱事实和信息，并且知道如何运用它们。"我很清楚自己的能力并不出众，"他在生命的尽头写道，"但是我非常肯定，没有人比我更熟悉海军行政部门的所有业务。"[75] 他不断积累知识，大量的知识赋予了他力量。此外，他知道如何发展贵人，这也铸造了他的成功。

从乔治·马什与历任贵族海军大臣的通信中可以看出，[39]他在与工作上或社会上地位更高的人打交道时充满了虚情假意，有时还会欺骗别人。乔治·马什私下里和他父母一样不喜欢贵族，经常用文字批判优越的"中层生活"，赞美那些（和他一样）通过努力工作获得成功的人。但他懂得互惠互利，所以有时他会向"懒惰且不幸的贵族们"示好，还乐意帮助他们向上爬。"我总是非常乐意，"他写道，"尽我所能，通过一个又一个善举让所有我认为有价值的人快乐。"[76] 他的家人便位于这些他认为值得帮助的受益者之列。正是因为乔治·马什愿意且有能力动用他的权力、关系去提携家人，伊丽莎白·马什的命运才得以改写，她永远地摆脱了船匠女性后代的既定生活轨迹。多亏了叔叔乔治·马什长达几十年的影响力，她过上了更好的生活。在叔叔的帮助下，她有机会接触到英国最有权势的那批人，同时也开启了自己的远洋之旅。

虽然乔治·马什第一次对侄女生活产生实质影响是间接性的，但这改变了一切。1755 年 1 月，乔治·马什利用他在海军委员会的关系，将米尔伯恩·马什安排到梅诺卡岛马洪港做海军军官。[77] 在 18 世纪的英国，"海军军官"并不需要参加战斗，它属于行政岗，在海外造船厂做些文职工作。对于身为木匠的米尔伯恩·马什来说，这显然是一个可喜的突破。首先，他的收入增加了两倍，18 世纪 40 年代末到 50 年代初，米尔伯恩每季度的收入基本不超过 12 英镑，而现在他每年能赚到 150 英镑，并且还有可能上涨。除了收入的增加，他们一家在社会地位和前景方面还发生了其他变化。担任随船木匠的时候，米尔伯恩不得不身兼数职——专业工匠、常驻专家和体力劳动者，常年在大海上漂泊，修船绘图。而现在一切都变了，他大部分时间无须再从事体力劳动。伦敦的媒体在关于他晋升的公告中称他为"米尔伯恩·马什先生"，"先生"这个头衔可是成为一名绅士的门槛。[78]

[40]

在他担任海军军官期间，发生了一件极具戏剧性的事，这影响了他的整个家庭，包括妻子和两个儿子，尤其是 19 岁的女儿伊丽莎白·马什。1755 年 3 月，他们一家告别了朴次茅斯，坐船前往地中海的梅诺卡岛。伊丽莎白·马什踏上了旅途。

　　伊丽莎白·马什的磨难：一个女人的世界史

第二章 被俘非洲 体验异域

梅诺卡岛的地貌、气候、文化、宗教与朴次茅斯截然不
同。整个岛只有 10 英里长，多岩石、少耕地。岛上生活着
2.8 万人，主要讲加泰罗尼亚语，其中天主教徒的人数远远超
过犹太教徒和希腊东正教徒。而朴次茅斯的人口密度大得多，
而且是新教徒的权力中心。梅诺卡岛上有 4000 多名英国人，
大部分都是士兵或者水手。岛上的海军军官、为数不多的文
职人员和商人通常与当地天主教徒保持一定距离（天主教徒
也以冷漠回敬他们），他们努力模拟着家乡的社交模式，但效果
不明显。[1] 在岛上，伊丽莎白的幽闭恐惧症几乎没有机会发作，
她的行为和消费方式发生了转变，这说明她的社会地位提高
了。她似乎学会了骑马，还购买了专业骑马服。她父亲的收
入增加了，于是给她请了一位音乐老师，她学会了阅读活页
乐谱，这可比单纯记忆曲调难度大。她和家人搬进了一处坚
固的毛石独栋别墅，无须再和其他人合租。别墅位于马洪港
附近的离岸小岛，面积 12 英亩。后来她写道，她"正过着幸

福的生活"，因为她终于晋升为精英殖民者中的一员，同时还是岛上屈指可数的、可以被称为淑女的单身新教徒女性之一，她可以在新环境中重塑自我。[2]

[42]　　米尔伯恩·马什的新生活也大变样，他无须再全天从事体力劳动，开始和笔墨打交道。虽然他是低级海军军官，没有制服和佩剑，地位低于那些高级海军军官，但他是一位不可或缺的多面手。他的职责之一是担任支票员，即梅诺卡岛海军造船厂的高级财务官。巨大的马洪港向内陆延伸约6000码，码头两旁建有海军仓库，它们全部由米尔伯恩管理。此外，他还负责支付薪水给英国人和梅诺卡岛人，他们在造船厂担任船匠、制帆工和木匠，或者在海军补给办、面包房、风车磨坊和杂志社工作。米尔伯恩还担任勘测员，负责绘制地图、设计新建筑和防御工事。有时他也是船工工头，负责监督来港英国军舰和其他运输工具的维修和保养。他需要密切留意来港商船，它们装载着支付给军队的供给和金条。在米尔伯恩有限的闲暇时光里，他与妻子、儿子和刚刚过上幸福生活的女儿一起生活在离岸小岛，那里有"岩石、悬崖……散落的房屋"，当地海军指挥官、外科医生和来访的海军上将也住在这里。[3]白天，米尔伯恩要么待在海军造船厂的一排低层简陋棚屋里，要么划着小船穿梭在停泊在港口的船只之间，从船长那里收集信息，召集人员解决冲突，勘测岛

上数不清的大大小小的海湾。

　　梅诺卡岛不是一个避难所和享乐之地。1708 年，英国人从西班牙手中夺取了它。在此之前，腓尼基人、希腊人、迦太基人、罗马人、阿拉伯人和加泰罗尼亚人都入侵过它。19 世纪，美国海军在那里建立了军事基地。这些军事活动都基于同一个原因——梅诺卡岛的战略位置十分重要，从这里可以监视、控制整个西地中海。1756 年，一位英国作家写道： [43]

　　　　如果船只沿直布罗陀海峡航行，前往非洲全域、阿尔及尔以东、意大利全域或跨越亚欧的土耳其全域，或者从这些地方前往任何一个没有海峡口的港口，它们都必须频繁穿越梅诺卡岛和非洲之间的水域。[4]

　　连接热那亚、里窝那、尼斯、西西里、马赛、里斯本、得土安和特里波利的一些主要海上航线都经过梅诺卡岛附近，从西班牙的地中海港口及卡塔赫纳（Cartagena）和加的斯（Cádiz）海军基地出发的船只也会经过该岛附近。英国占领梅诺卡岛后，可以利用强大的军事实力干扰它的三个帝国级竞争对手（法兰西帝国、西班牙帝国和奥斯曼帝国）及其在北非势力范围的商业和军事活动。法国主要海军基地土伦距离由英军把守的梅诺卡岛 220 英里，在攻击范围之内。当然，反之亦然。梅诺卡岛遍地都是商机，同时它具有重要的战略意义，自然成为兵家必争之地。18世纪20年代，一位政治家形容它为"边境驻防地"，在这里所有人都得保持绝对的纪律和警惕，因为"它似乎总是处于战争状态"。[5]

1755年马什一家刚刚到达梅诺卡岛后，就听说了该岛的位置、战略意义以及面临的危险。那年11月，他们经历了里斯本地震的余震，这场地震导致伊比利亚半岛和摩洛哥超过10万人丧生。法国、意大利、瑞士和芬兰也有震感，遥远的戈尔韦（Galway）、爱尔兰和巴巴多斯发生了海啸。除了自然灾害还有人为战乱，法国和英国再次交战。和以往不同，这次战争并非从欧洲开始，最初几场战役发生在亚洲、加勒比部分地区以及北美。美国人称这次战争为法国-印第安人战争，而欧洲人则称它为七年战争（1756—1763）。战争的爆发及其前所未有的波及范围直接影响了梅诺卡岛以及生活在岛上的伊丽莎白·马什。[6]

尽管梅诺卡岛很小，但其海岸线相当复杂。"长长的海湾和岬角使海岸线呈锯齿状"，再加上众多心怀不满的天主教徒，英国驻军难以在战时守住它。在这种情况下，要保住该岛就需要增援大批海军和陆军，但这并非易事。18世纪40年代之前，皇家海军舰艇很少会大规模地驻扎在亚洲或美洲水域。随着七年战争蔓延到各大洲，英国不得不将其海军资源打散，这导致梅诺卡岛等传统欧洲边境军事基地更加危险、更加脆弱。之后，海军部的一份报告写道：

> 我们的殖民地和商业版图在扩大，我们的忧虑和困难也随之增加。这些殖民地和商业版图在世界范围内扩张的同时，必须受到海军的保护……然而如果敌军派出的力量和我们不相上下，那么我们不可能守住所有，甚至可能会痛失所有。[7]

1755 年年末，据传法国军队已经在土伦和马赛集结，而地中海只有三艘英国战列舰，相反，在孟加拉和北美海岸巡逻的英国战列舰却有 15 艘。1756 年年初，法国地中海沿岸有 150 艘船和 10 万名士兵整装待发，而英国这边的处境只是稍微好一点。在英国皇家海军的 100 多艘船只中，一些正在维修，一些正在守卫英国自己的海岸，另有 50 艘在欧洲以外的水域服役，可供派往其他地方的军舰只有 13 艘。[8]

如此一来，1756 年生活在梅诺卡岛的居民基本上只能自生自灭。身为海军军官，米尔伯恩·马什需要从地中海各港口寻找、购买废弃船只，然后将它们改装成可以正常航行的火攻船，以对抗入侵的法国舰队。他监督工人将多余的桅杆和电缆拼接成一个 250 码长的屏障，放置在马洪港狭窄的入口处。4 月初，他们摧毁了梅诺卡岛的军事哨所和外围水井，

[46]

以免它们落入法军之手。岛上大部分天主教徒被解除武装，士兵、士兵家属以及岛上亲英的犹太人和希腊居民带着数百头牛和其他物资开始在马洪港入口处的圣菲利普堡内集结。[9]

假如伊丽莎白·马什一家的地位比现实中低，那么毫无疑问他们也得去圣菲利普堡避难。在接下来的两个半月里，她就得同其他近400名妇女一起躲在圣菲利普堡的地下石头通道中。"驻军不停送来消息，每时每刻都有她认识的人受伤或死亡。"相反，如果伊丽莎白·马什一家的社会地位比现实中更高，她或许就能和那些高级军官的女眷一起被送到附近的马略卡岛。该岛位于巴利阿里群岛，由当时还是中立国的西班牙统治。[10]事实上，她父亲出众的能力以及不可替代的作用再次拯救了伊丽莎白。4月17日星期六，梅诺卡岛的海军指挥官传唤了米尔伯恩·马什：

> 法国人登陆梅诺卡岛后，准将安吉康比向他下达了命令……从梅诺卡岛乘坐国王陛下的路易莎公主号前往直布罗陀，并在那里担任船工工头一职。[11]

[47] 当时，马洪港共有五艘英国皇家海军舰艇，它们"首尾相连停靠在港口入口处"。但区区五艘明显不足以抵抗120艘法国军舰和运输船，它们集结在梅诺卡岛西部的休达德亚海

岸附近，也不足以长时间拖延搭载这些船只的法国军队的进攻。4月21日，其中两艘英国军舰驶离梅诺卡岛，那天米尔伯恩·马什仔细读完并签署了剩余的官文，"同一天敌军在马洪一侧登陆"。第二天是星期四，马什一家登上了装载40门大炮的路易莎公主号，同海豚号和波特兰号一起驶向直布罗陀。[12]虽然伊丽莎白保住了性命，但她却没有得到救赎。

※

现在，伊丽莎白·马什要努力挣脱原生家庭以及国际力量和事件的束缚，掌控自己的生活。1756年4月30日，她到达直布罗陀，之后的两个月里她决定取道里斯本前往英国。当时英国和法国已正式开战，两国军舰在地中海交火，双方都奉命"夺取、击沉、烧毁或以其他方式摧毁"对方的军舰和商船。为了反抗父母，伊丽莎白不顾危险坚持离开直布罗陀，她登上了一艘全是男性的船。

这一决定虽说是为了反抗父母之命，但也经过深思熟虑。到达直布罗陀三天后，米尔伯恩·马什就完成了一份关于梅诺卡岛海军设施和防御工事的报告。出于经济原因，英国长期以来一直不重视这座堡垒，米尔伯恩的报告措辞强硬且令人不安：

绞盘、补板和船架现已变成一堆破烂，械房、船库、螺距室、铁铺和电缆棚都已倒塌且破败不堪。公务艇需要彻底修理，倘若陛下的船只需要修理或填缝，这儿既没有能够用于作业的舷侧工作木排，也没有供军官履行职责的船。位于新摩尔门的修理船帆的棚子、供技工作业的棚子同样都已倒塌且破败不堪。

海军上将约翰·拜恩刚到直布罗陀，米尔伯恩就继续向他汇报梅诺卡岛的艰难处境。拜恩上将奉命率领 10 艘军舰前去解救围困在岛上的英军，其实在他动身前，他就已经开始为失败做打算，因为米尔伯恩此前的报告太悲观了。5 月 4 日，他告诉伦敦的上级："如果我未能成功营救马洪港，我将把保护直布罗陀的安全作为我下一个目标。"[13]

之后，军事法庭审判了拜恩，法官认为他的这些话证明他缺乏作战决心和勇气，但这一指控对拜恩来说是不公平的。直布罗陀是一个长三英里的岩石海角，位于西班牙安达卢西亚以南，当时除了雨水外没有其他淡水资源，仿佛一位"被捆绑住手脚的战神"。[14] 这是一座令人生畏的天然堡垒，虽然优势突出但缺点也很突出。对英国驻军来说，岩石海角的战略位置很重要，因为从这里可以监视地中海和大西洋之间的海峡。如果敌军从海上把它包围得严严实实，那么岛上居民除了西班牙外无处可退。1756 年 3 月以来，许多外交官和间谍在报告中分析，一旦梅诺卡岛陷落（6月底它确实陷落了），法国将会继续进攻直布罗陀，然后会将这两个地方一并交还给西班牙，以租借西班牙的军舰对抗英国。[15] 如果法国真的进攻直布罗陀，如果西班牙真的倒向法国，直布罗陀如何在物资匮乏、设施破败的情况下迎敌？

1756年5月20日，拜恩的舰队遭遇法国加利索尼侯爵领导的海军中队。受米尔伯恩报告的影响，拜恩在胜负尚不明确的情况下就下令撤退，放弃了梅诺卡岛的英军赶去保卫直布罗陀。正是因为这一决定，他受到了军事法庭的审判。对于米尔伯恩·马什来说，拜恩对直布罗陀海军造船厂和防御工事的担忧反倒增加了他的收入。"这里需要一个合适的人去监督和管理这些事务，"拜恩告诉伦敦当局，"我已任命米尔伯恩·马什为船工工头……并已命令他尽最大努力让码头等处于最佳状态，因为很快它们就会被派上用场。"[16] 感谢这一新岗位，米尔伯恩的年薪从150英镑提高到200英镑，这还不包括海军免费提供给他的食宿。7月，米尔伯恩·马什的儿子约翰·马什也进入海军工作，担任父亲的文员，因为父亲已经忙到没有时间写信。伊丽莎白·马什的处境则不一样，她没有工作可做。如果法西联军围攻直布罗陀，这里的人将很难逃走，伊丽莎白作为一名与英国有联系的20岁单身女子更是插翅难逃。战火已经蔓延至欧洲，很多士兵来到直布罗陀，这里越来越拥挤、越来越不卫生。海军医院住了 1000 多人，每天都有人死亡。[17]

　　在这种情况下，伊丽莎白·马什决定说服父母让自己离开直布罗陀回英国，但她受到了过去经历的影响，低估了这趟旅行的凶险。她习惯乘坐船型巨大、人员精良、纪律严明的战舰航行，这些战舰既能防御又能进攻，因此她不惧怕大海。7 月 27 日下午，她登上了安号，这是一艘饱经风霜、没有武器的商船，只有 10 名船员，重 150 吨，载满了白兰地。总负责人叫詹姆斯·克里斯普，英国人，在巴塞罗那经商，认识马什一家。船上还有另外两名乘客，40 多岁的爱尔兰商人约瑟夫·波帕姆和他正值青春期的儿子威廉·波帕姆。[18]由于是战时，安号与其他 14 艘商船在装载有 44 门大炮的戈斯波特号的保护下一起驶向里斯本。由于伊丽莎白自幼信任皇家海军，戈斯波特号的保护让她产生了错觉，误以为自己很安全。不幸的是，上尉理查德·爱德华兹和大多数海员一样讨厌护航任务，而且他也不擅长护航。有一次，戈斯波特号需要护送 34 艘商船从普利茅斯前往直布罗陀，他却好几次跟丢了它们。在这次航行中，地中海大雾弥漫，爱德华兹压力倍增。虽然"刚出发时天气温和晴朗"，但离开直布罗陀的第二天，他们遇到了大雾，视线无法跟上所有商船。爱德华兹命令手下将戈斯波特号的划艇拉到船上以加快速度，并开枪明示他的位置。[19]安号上的人听到了枪声，7 月 30 日早晨，他们最后一次看到戈斯波特号，当时两艘船相距七英里。安号的船长拼命"升起所有的船帆，以跟上戈斯波特号的速度，全然不顾我们的安全，当时船舱已经开始积水了，大家注意到时，水深已有六英尺"。虽然伊丽莎白已经习惯了大海，但她并不了解小商船的缺点，她自己也承认："在一切结束之前，我完全不能认清我们面临的危险。"[20]

所有船只都迷路了，包括安号在内的34艘商船以及护送它们的戈斯波特号。10天后，戈斯波特号才到达里斯本。8月2日下午2点，安号最终驶出迷雾，船上的人看见"一只船帆迎风航行追赶着我们，7点半时，它离我们只有一发子弹的距离"。他们本以为这是一艘法国军舰，没想到却是一艘装载20门大炮的摩洛哥巡洋舰，船上有130多名武装人员。现在逃跑是不可能的，于是克里斯普和波帕姆父子决定划小船前往摩洛哥巡洋舰，打算向对方展示一下他们的地中海通行证，同时表明身份。摩洛哥和英国当时并未交战，他们认为这样做可以避免麻烦。此时的伊丽莎白·马什"还算淡定，但当夜幕降临他 [51] 们未在约定时间回来时，恐惧劫持了我，直到第二天清晨……三位先生还是没有回来，满满一小船的摩洛哥人却登上了安号。作为交换，我们的水手上了他们的船"。伊丽莎白和摩洛哥人一起在安号上待了四天，8月12日，她被小船送到了摩洛哥人的船上。"滔天巨浪"吓坏了她，以前她都是站在军舰上层甲板上观察巨浪，从未近距离感受过。更糟糕的是她是"旱鸭子"，其实当时大多数水手都不会游泳。当所有人都登上了摩洛哥海盗船后，船上形成了一道残酷的地位鸿沟，但不存在性别鸿沟。安号的普通水手被绑在甲板上，但是詹姆斯·克里斯普、约瑟夫·波帕姆父子以及伊丽莎白被关进了一间"小得连腿都直不起来"的小屋。在这个痛不欲生的地方，他们四人"得想办法活下来"。[21]

在被摩洛哥海盗囚禁的三天以及之后的日子里，伊丽莎白经历了磨难，周围的环境不断变化，她既不能接受也不能理解。她习惯了往返于陆地和海洋之间，习惯了与数百名男性一起生活，习惯了没有隐私，习惯了海上航行，习惯了船舱的臭味，习惯了偶尔瞥见男性的裸体，也习惯了他们偶尔瞥见自己的裸体。"马什小姐，"约瑟夫·波帕姆后来承认道，"虽然只是一位弱女子，遭遇了接二连三的不幸，但她在努力给自己打气。"[22]被海盗暴力劫持、同三名男子一起关在散发着恶臭的小房间，这两件事并未压垮她，真正击溃她的是安全感的丧失。她成长于纪律严明、训练有素的群体中，是一名受人尊敬的工匠的宝贝女儿。虽然她身处整个英国社会的边缘，但在海上，她的的确确有一些地位。随着这场陌生的、噩梦般的磨难不断发展，她的安全感逐渐降低，她的性别将她置于巨大危险之中。

伊丽莎白之后写道，在安号上的几天里，她身边全是摩洛哥海盗，他们对她感到好奇，偶尔还举止猥琐，海盗之外只有一位年迈的乘务员。被囚禁在海盗船上时，威廉·波帕姆为了让自己不那么害怕，于是告诉她"摩尔人有多残暴，巴巴里（Barbary）的女性面临着什么样的危险"。8月15日，他们终于在摩洛哥大西洋沿岸的塞拉（Sla）港口下船。伊丽莎白·马什骑着摩洛哥人给她准备的骡子，穿过崎岖不平的小路，走了两英里来到老城区。她听到"房顶传来女人们的嘈杂声，这让我很吃惊，后来我才得知这是因为她们见到新来的女俘虏很兴奋"。同她们相比，伊丽莎白还有很多不同之处。海盗再一次将她、波帕姆父子和詹姆斯·克里斯普关在一间屋子里，位于一处半破旧的房子中。当地一些欧洲商人买通看守进来，承诺可以帮他们走私信件。俘虏们一直等到晚上才开始写信，"以免看守发现端倪"。[23] 约瑟夫·波帕姆写信给他在都柏林的贵人亨利·卡文迪什爵士，请求他让他的兄弟德文郡公爵（也是前爱尔兰总督）出面解救俘虏。詹姆斯·克里斯普则写信给新任直布罗陀总督詹姆斯·奥哈拉、泰罗利男爵和爱德华·霍克爵士，霍克已接替约翰·拜恩成为英国驻地中海舰队总司令。由此可见，波帕姆和克里斯普的第一反应都是联系有影响力的公众人物。当米尔伯恩·马什最终得知女儿的困境时（报纸一开始报道说安号已被法国人扣押或击沉），他的反应与此类似，他随即向第一海军大臣安森勋爵求助，他相信勋爵会伸出援手。相比之下，那个阶段的伊丽莎白·马什并不认识有权势的男性，只能给她父母去信。所以其他人的信件留存至今，而她的却没有。[24]

沦为俘虏的伊丽莎白明白了自己的脆弱。当他们几个被[54]带到塞拉接受摩洛哥高级官员的审讯时，詹姆斯·克里斯普能够用西班牙语与他交谈，马格里布地区的精英男性经常用西班牙语和新来的欧洲人交流，但伊丽莎白不会这门语言。她被带进了代理苏丹的后宫，即"他的女人们的房间"。一个摩洛哥女人陪伴在她左右，但她一直不知道她的名字。她们刚见面的时候没有翻译在场，彼此都觉得对方很陌生：

> 她又高又胖，脸宽且平，肤色黝黑，留着一头乌黑的长发。她穿着一件类似牧师长袍的连衣裙，一直垂到脚部。裙子由平纹细布织成，领口钉着纽扣，就像衬衫领子一样。她的胳膊和腿上都戴着镯子。她好奇地打量着我和我的衣着，对我的外表很感兴趣。

虽然这位摩洛哥女人的血统未知，但伊丽莎白·马什后来在书中反复向她的读者强调她皮肤颜色"很深"。更重要的是，她说摩洛哥人的阿拉伯长袍（djellaba）像是牧师的白色罩衣，以此来炫耀她是正宗的基督教徒、是英国国教徒。[25] 然而在当时，这两位女性的处境其实存在不少相似之处，正是这些相似之处——而非她们之间的差异——最困扰她。她们的自由都受到限制，只是方式不同。如果伊丽莎白从此也像这位女人一样被永久囚禁在摩洛哥怎么办？她通过一个名叫佩德罗·翁伯特的奴隶第一次意识到了这种可能性。翁伯特在梅诺卡岛出生，之后被海盗抓到摩洛哥，成为代理苏丹西迪·穆罕默德的私人财产，他和当地的穆斯林教徒以及基督教徒都有接触。翁伯特受命前往塞拉和当地欧洲商人社团的代表进行谈判。[26] 伊丽莎白·马什和詹姆斯·克里斯普会说一些加泰罗尼亚语，这可是翁伯特的母语，于是他对俘虏产生了兴趣。在听完他们的故事后，翁伯特强烈建议他们继续采用欺骗手段以逃离摩洛哥。 [55]

自从他们被捕后，克里斯普就一直冒充伊丽莎白的哥哥，"以给我提供一点儿保护"。翁伯特告诉他们：

> 在摩洛哥，如果他（克里斯普）假扮我的丈夫而不是我的哥哥，我受伤害的概率将会更低。我的朋友回复道，他认为如果他以我哥哥的身份出现，我将绝对安全，而且（塞拉的）官员已经调查了这一身份的真实性，现在改变身份为时已晚。然后谈话中断，他离开了。但他的建议以及他提出建议的方式让我非常震惊。[27]

虽然伊丽莎白不怎么放心假扮詹姆斯·克里斯普的妻子，但她最终还是同意了这一计划，这让其他男性俘虏更加疏远她。被海盗劫持的恐惧和不安逐渐降低，再加上恢复了与家乡的通信，他们感到些许高兴。即使在他们接到命令要被转移到马拉喀什（西迪·穆罕默德的宫殿所在地）时，约瑟夫·波帕姆等人仍然保持着冷静。波帕姆在偷运出去的信件中写道，他同情"可怜的马什小姐"，他们得穿越300英里长的山脉和沙漠才能到达目的地，但他们"没有丝毫恐惧……从一开始就没有"。他补充道，也许可以联系直布罗陀的米尔伯恩·马什，请他为女儿送来一些舒适的实用物资："一小块优质黄油、一些奶酪、茶叶和糖……一点肉豆蔻种衣、肉豆蔻和肉桂，两瓶生病时用的特林顿滴剂和半磅优质密封蜡。"[28]这些基本的食品杂货、草药和调味品可以抵消摩洛哥食物中的杏仁甜味。这种味道来自一种药物，以鸦片酊为主要成分，在大西洋两岸被广泛用于治疗多种疾病，比如瘀伤、咳嗽和头痛。密封蜡则可以用来封印他们不断写给家乡的信。当时，波帕姆只能想到这些预防措施和权宜之计，他完全不担心密

[56] 封蜡是否真的可以阻止别人偷看他们的信。和伊丽莎白·马什一样，他也没彻底搞清楚状况。

※

自17世纪以来，英国与摩洛哥等马格里布地区强国之间

　　　　　　　　伊丽莎白·马什的磨难：一个女人的世界史

的关系正在发生改变，所以约瑟夫·波帕姆能够保持一定程度的冷静。当时，摩洛哥、突尼斯、特里波利、阿尔及尔和其他奥斯曼帝国的海盗船严重威胁到西地中海和大西洋部分地区的基督教国家的航运，甚至偶尔还会威胁到西欧海岸。[29] 1660 年之前，在摩洛哥和整个奥斯曼帝国，以这种方式被俘虏和奴役的欧洲水手、渔民、商人、男女乘客以及沿海村民可能与欧洲人贩卖到大西洋的西非奴隶一样多（1660 年之后也有不少）。16 世纪后期至 18 世纪末，约 125 万欧洲人被俘虏和奴役。奥斯曼军队从东欧、俄罗斯以及西欧三地俘虏的人则更多。仅在 1683 年奥斯曼帝国进攻维也纳时，被奴役的男性、女性和儿童据说超过了八万人。[30]

在地中海区域，并不只有摩洛哥人从事海盗活动。在中世纪晚期和近代早期，大批名义上是基督教徒的海盗及其海盗船同样活跃在地中海东部和西部，许多由法国、西班牙、意大利或者马耳他的圣约翰骑士团赞助。和他们的伊斯兰同行一样，在许多情况下，这些基督教海盗并不是宗教狂热分子，他们更多受到贪婪之心的驱使，想靠赎金发财。但只要奥斯曼帝国和马格里布的海盗继续掠夺奴隶，他们就会对弱小的个人和地区构成巨大威胁，并大面积散布恐惧。即使在 18 世纪 50 年代，欧洲一些较弱国家（比如热那亚）的船只以及地中海边缘小村庄的船只仍然会受到马格里布海盗的袭击。马什一家前往

[57]

梅诺卡岛和直布罗陀时曾路过西班牙海岸，岸边几乎看不到村落，因为渔夫和商贩都聚集在小山坡上，他们出于谨慎不愿靠近任何海滩。1756年，一位皇家海军军官评论道：

> 他们之所以聚集在一起是因为他们害怕摩尔人。摩尔人一旦登陆，他们就会将整个村庄的人变成奴隶。尽管他们已经十分小心，但这种情况仍然经常发生，尤其是在西班牙地中海沿岸一带。[31]

对于当时的英国来说，马格里布海盗的威胁非常小。英国皇家海军和地中海军事基地吓退了大多数海盗，他们不敢袭击英国商船，英国的一些利益共同体也发挥着震慑海盗的作用。自18世纪初以来，英国人开始依赖摩洛哥，同时也有些依赖阿尔及尔和突尼斯。英国靠这些国家为梅诺卡岛和直布罗陀的英国驻军提供粮食、马匹和骡子，他们用现金、再出口奢侈品（如茶叶和精美的纺织品）、枪支、大炮和弹药支付费用。尽管英国和摩洛哥这两个帝国在宗教、文化、国力和财富方面存在差异，并且互相持有偏见，但在这一阶段，他们事实上相互依存、相互包容。[32]因此，1756年安号的约瑟夫·波帕姆和其他男性被海盗劫持后，他们并不担心自己的处境，认为一旦英国当局得知此事，便会支付适当的赎金并且派遣军舰前来营救他

[58]

们，到时他们就能脱险。而伦敦、都柏林和直布罗陀的政客和海军官员收到他们的求救信后，他们对这一事件的认识并没有安号的几位人质那么乐观，但他们也没能看清全局。

1727年，阿拉维王朝最著名的苏丹穆莱·伊斯梅尔（Moulay Ismail）去世，自那以后，瘟疫、地震、多次干旱和频繁内战不断削弱摩洛哥的财富和地位。1756年，苏丹穆莱·阿卜杜拉（Moulay Abdallah）的王位继承权一共经历过五次激烈争夺。当时，阿卜杜拉其实只是名义上的苏丹，摩洛哥大权已经落入他儿子西迪·穆罕默德手中，这也符合阿卜杜拉本人的意愿。西迪·穆罕默德是一位与众不同的统治者，无论是从能力还是从执政理念上来说。就在安号遭遇海盗劫持的前几个月，英国直布罗陀总督曾说西迪·穆罕默德"十分凶悍，不采取一些惩戒措施是无法驯服他的"。其实总督的这个评价既不正确也不中肯。[33] 新的代理苏丹冷酷无情，擅长利用基督教国家对穆斯林统治者的刻板印象（专制野蛮）来对付他们。1755年，皇家海军舰艇的几位上尉与摩洛哥北部海岸的几位独立军阀达成交易，由皇家海军向军阀提供军备以换取水手和补给。为了报复这一交易，西迪·穆罕默德下令对塞拉的欧洲商人群体发起进攻：

殿下俘虏了所有基督教商人和修道士。蒙坦尼先生是英国人，殿下命人用粗链子套住他的脖子，用螺栓钉住他的腿，鞭打他的脚掌折磨他，不管他死活。蒙坦尼先生后来死在自己的房子里，他明白他是英国人，摩洛哥王储不会让他死得痛快。最后他失去了理智，上吊自杀了。

[59]　　许多欧洲人都亲身体验过巴巴里海盗的残忍。杰米·阿尔沃纳是一名奴隶，生于梅诺卡岛，他精通法语、西班牙语和阿拉伯语，曾在代理苏丹位于马拉喀什的宫殿担任财务主管、秘书和王室亲信。1755 年 9 月，西迪·穆罕默德命令阿尔沃纳将一篇关于蒙坦尼上吊自杀的报道寄给一位英国外交官。[34] 从这份报道中，英国人看出穆罕默德在明目张胆地威胁他们。一般情况下，欧洲商人和基督教神职人员可以在摩洛哥自由活动，下等基督教奴隶以及像阿尔沃纳这样的特权奴隶可以在基督教节日休假庆祝，也可以在每个星期天做礼拜。比起蒙坦尼的遭遇，英国人更关注西迪·穆罕默德的威胁。在信中，阿尔沃纳传令道：

我送来这封快件以告知你们，殿下打算将他的总督安排在所有沿海地区，远至丹吉尔和得土安……他会将第一个踏上他领土的英国人变成奴隶。[35]

1756 年夏天，西迪·穆罕默德威胁一名英国海事军官：

伊丽莎白·马什的磨难：一个女人的世界史

"我的船只和突击舰会在海上关照你，只要遇见你就会逮捕你。"1755年年末至1756年年初，英国与摩洛哥关系恶化，在这一背景下，海盗袭击了安号。当丹麦驻摩洛哥领事格奥尔格·霍斯特得知此事后，他立刻弄清楚了俘虏的处境。他在日记中写道："乘客（几位商人和一名妇女）被扣押为奴隶。"[36]

8月30日，伊丽莎白·马什与其他俘虏一起在警卫的陪同下离开塞拉，他们不知道自己将面临什么。她卷入了一场公共暴力事件，这一过程中她不断探索自己的内心世界。她一开始更关注个人的舒适问题，一位来自拉巴特（Rabat）的 [60] 西班牙商人借给她一个旅行帐篷，还临时为她制作了一个侧鞍放在骡子上，但她只坐了一会就感到了难受和危险。当一行人向南穿过平原和沙漠前往马拉喀什时，她的广场恐惧症发作了。这是她生平第一次远离大海，她感受不到任何烟火气息："看不见任何房屋和树木，到处都是高山，几乎没有什么值得注意的事物，但是我还是努力在没有任何书籍的帮助下观察四周。"[37] 她没有书籍也没有地图，完全不会讲阿拉伯语、西班牙语或柏柏尔语，沿途没有城镇作为参照点帮助她估算路程，只有一连串的帐篷营地。她无法获得任何地理信息，无法判断距离目的地还有多远。他们在凉爽的夜晚赶路，在一天中最热的时候驻步稍事休息，她失去了对时间的感知。伊丽莎白脱水且营养不良，大部分时间只能吃鸡蛋喝牛奶，她的性别格外惹眼。她不得不放弃临时制作的侧鞍，换成"摩尔妇女使用的一种装置"。这种装置可以横跨在骡子上，"下面放行李，上面放一个小型床垫，摩尔妇女可以躺在上面，把自己盖得严严实实。但我选择坐着，将双脚放在骡子脖子的一侧，我发现这样可以更好地保护自己"。该装置在为她提供遮蔽的同时，也表明她是一行人中唯一的女性。一些路过的贝都因部落成员"想对她无礼"时，她的警卫会大喊（她也从别人口中听说了）："她是送给西迪·穆罕默德的礼物！"[38]

[61] 他们一行人由摩洛哥海军上将阿比·米斯特里负责。他挺熟悉路线，押送从塞拉下船的奴隶和俘虏时都会走这条路。在六七天的时间里（具体天数未知，毕竟俘虏们已经失去了对时间的感知），他们从拉巴特出发南下，绕过阿特拉斯山，穿过乌姆赖比阿河（她差点在那里淹死），最后来到马拉喀什以北的坦西夫特河。伊丽莎白·马什并不是第一个被迫踏上这段旅程的英国女性，也不会是最后一个，但她却是第一个记录这段经历的人。事实上，她是历史上第一位用英语详细描述摩洛哥世界的女性。当时，她将经历存储在脑海中（她离开摩洛哥后才有机会用笔写下），其中大部分经历都不同于传统旅行作家的体验。她并未描述太多记忆中的趣事来证

明自己无比勇敢，这将她和 18 世纪的许多其他女性游记作家区分开来。其实她的身体还算强壮，否则无法在骡背上长途跋涉。她也没有描述沿途风景，它们在大多数情况下只能用"空旷"一词形容，只有几次是例外，比如她第一次看到"高耸入云"的山脉。[39] 她被迫踏上了这段旅途，心理以及生理压力不断增加，因此她更加关注自己的内心，探索心底的想法和恐惧。

在距离马拉喀什八英里处，一行人停了下来。她的帐篷支好了，她乘坐安号时携带的行李箱被打开了。米斯特里通过翻译吩咐她更换衣服，"以便在进入摩洛哥时呈现出最佳形象"。自离开塞拉后，她还没机会换衣服。她戴上睡帽防晒，但"翻译告诉我，他们不允许我戴帽子"。当伊丽莎白"按照他们的要求收拾妥当"后，她被安排坐到詹姆斯·克里斯普的骡子上，而不是她自己的。她坐前面，克里斯普坐后面：

> 与此同时，一名侍卫取下帽子拿在手上，我们深感惊讶。但是当其他俘虏被迫下骡走路时，我们更加惊讶了。他们两个一行，光着头，我从未体验过如此炎热的天气，无论是对人还是对骡子来说，每一步路都是煎熬。[40]

当伊丽莎白·马什和詹姆斯·克里斯普终于到达西迪·穆罕默德的城市和权力中心时，数千当地人前来围观他们。

第二章　被俘非洲　体验异域

081

俘虏们的脸上写着疲惫和恐惧，衣着也明显不同。他们穿着西方国家的服装，看上去比较昂贵，围观群众或许认为他们是高等俘虏，赎金也会更高。毫无疑问，围观者也会注意到所有俘虏都被剥夺了戴帽子的权利，如此一来，他们的身份也被剥夺了，因为当时的欧洲人最典型的着装习惯便是戴帽子。克里斯普和伊丽莎白被迫同骑一匹骡子走在坑坑洼洼的山路上，周围全是嘈杂声和辱骂声。他们感到难受和羞耻，想起了过去那些粗暴的嚷闹活动（charivari），当时英国和其他西欧国家的村镇时而会举行这种活动。在活动中，围观者们充满戾气，放肆地嘲笑行为不检点或偷奸的夫妻。他们会让当事人骑着驴子游街，"周围全是震耳欲聋的刺耳噪声、无情的笑声以及辱骂声"，这些都是残忍粗暴的嚷闹活动的常见场面。马拉喀什的围观人群冲俘虏"大声嚷嚷"，骑兵从他们身边疾驰而过，误伤了克里斯普的腿，围观人群还对伊丽莎白做出粗鄙的手势，这些都让他们联想到嚷闹活动，联想到羞耻和不忠。[41]一路上他们小心翼翼地假扮着夫妻，最后终于到了红色之城马拉喀什，这里散落着四边形尖塔。

[63]

　　他们被叫下骡子，之后便与其他俘虏分开了。下午的大部分时间，他们都被关在一座古堡楼上，距离西迪·穆罕默德的宫殿三英里。那时，他们对自己的处境有了更清晰正确的认识。现在，克里斯普和伊丽莎白·马什已经顾不上西方礼仪，他们直接坐在地上，"哀叹我们悲惨的命运"。之后他们被带出城堡，来到西迪·穆罕默德的宫殿外。他们在宫门处站了几小时后终于见到了代理苏丹。但他们没太看清，一是因为疲惫，二是因为欧洲人的先入之见，三是因为内心的恐惧。但伊丽莎白还是准确地抓住了一些细节，比如这位代理苏丹十分重视礼仪和排场："他骑着一匹骏马，两侧站着奴隶，他们用扇子驱赶苍蝇，后面跟着一群黑人保镖。"这些保镖来自黑人警卫队，由深色皮肤的哈拉廷人和黑奴士兵组成，都是被强制招募而来的。她准确地回忆道，这次见面是露天进行的。摩洛哥统治者与逊尼派穆斯林同胞奥斯曼苏丹不同，前者在传统上不会在富丽堂皇的宫殿内部接待特使、请愿者和祈求者，也 [64] 不会通过抄写员以书面形式颁布命令，而是会亲自口头下令，就像这次一样。她还注意到，"摩尔人海军上将和他的船员"跪在他们的君主面前，亲吻地面，"当他们起身时，又亲吻了君主的脚"。一位摩洛哥使节写道，这是"我们苏丹立下的规矩，当我们靠近他时，我们要亲吻地面，以此向上帝表达感激之情"。[42] 上述细节伊丽莎白·马什都注意了并写进了游记中。但西迪·穆罕默德在会见俘虏时采取了什么视角？

1756 年，西迪·穆罕默德 30 多岁，身高五英尺十英寸，以当时的标准来看已经很高了。另一位英国俘虏说他"身材魁梧，仪表堂堂，皮肤呈深栗色，喜欢眯着右眼"。[43] 事实上，伊丽莎白·马什错以为他25岁左右。西迪·穆罕默德决心重振并扩大他父亲治下的那些四分五裂、极具部落色彩的疆土，他对国内外敌人态度强硬。越来越多的具有敏锐洞察力的欧洲使节承认，代理苏丹仁慈宽厚、有条不紊、工作勤奋、智慧敏锐、兴趣广泛。在他年轻的时候，摩洛哥内战爆发，他上了战场，因此未能接受传统贵族教育。他给自己制定了规律甚至苛刻的日程表。他每天一大早就起床，骑马出去视察他的城市和奴隶的户外工作，然后独自坐在花园里吃早餐，之后处理政务、学习知识、研究宗教。他成立了一个小型委员会，可以与成员们讨论伊斯兰文学和历史作品，他每天都会和自己的门客学者见面。[44] 从中可以看出，西迪·穆罕默德是一位虔诚的穆斯林教徒，拥抱泛伊斯兰世界观。他非常清楚，欧洲大国在不断积累财富以及对外扩张，他急于巩固与其他穆斯林统治者的防御联盟，尤其是与伊斯兰世界首都伊斯坦布尔的奥斯曼帝国苏丹的联盟。在以苏丹身份正式统治摩洛哥期间（1757—1790），西迪·穆罕默德曾派遣三位使节前往伊斯坦布尔，推动签订互助条约以共同对抗"异教徒"。[45] 基于自己坚定的宗教信仰，他寻求与奥斯曼苏丹建立亲密联盟，支持突尼斯和阿尔及尔的穆斯林君主对抗欧洲侵略者。

与基督教一样，伊斯兰教也是一神论宗教，教徒秉持相同的信念。无论生活在世界何处，穆斯林都使用伊斯兰教的神圣语言——阿拉伯语，都前往麦加朝圣以履行朝觐（hajj）这一宗教义务，心中都住着一个"伊斯兰家园"（dar-al-islam），这些不仅将他们紧密联系在一起，还促使他们将自己的所在地"视为一个更大的穆斯林世界的组成部分"。这些教条在一定程度上塑造了西迪·穆罕默德的国际主义观。与父亲也即前任苏丹穆莱·阿卜杜拉不同，他朝觐过，也经常拜访除麦加以外的其他朝圣地。[46] 有证据表明，他似乎渴望成为西穆斯林世界的哈里发，与东边的奥斯曼苏丹一起构成政治和宗教上的两极，共同维护整个伊斯兰世界。也就是说，1756 年 9 月初，伊丽莎白·马什和其他衣衫褴褛的俘虏在马拉喀什宫门外见到的统治者是一个聪明、坚定且睿智的人，他的视野远超摩洛哥疆土，十分开阔。他通过翻译告诉伊丽莎白和詹姆斯·克里斯普等人，他们不会成为奴隶，他们会被扣为人质，直到英国同意在摩洛哥安排一位合格的领事。[47] 尽管俘虏们无法完全理解他话中的含义，但他的旨意清楚地体现了他的格局。

[66]

合格的领事是指懂商业的人。为了巩固自己的权力并将摩洛哥重建成一个繁荣昌盛的国家，西迪·穆罕默德认为有必要通过正常化外交和积极的商业沟通去打消非穆斯林世界的疑虑。如果他想成为西穆斯林世界的哈里发，他需要加强与其他穆斯林统治者的合作，需要促进与世界其他地区的联系，以发展本国商业同时增加自己的财富。1753 年，西迪·

穆罕默德与丹麦签订了三项贸易条约。他在位期间，摩洛哥与其他主要欧洲国家和贸易中心签署了40项协议，包括英国、法国、葡萄牙、西班牙、荷兰、普鲁士、瑞典、威尼斯、汉堡以及亚得里亚海的重要商业城市杜布罗夫尼克。[48] 1764年，伊丽莎白的俘虏同伴约瑟夫·波帕姆成为英国驻摩洛哥领事。"现任苏丹谨慎地打理着一切事务，"波帕姆写道，"但凡和欧洲相关的事，哪怕再微不足道，他都很上心。"西迪·穆罕默德将目光投向欧洲以外的西方，他是第一个承认美国独立的穆斯林君主。1784年，他命令海盗船劫持美国商船贝赛号，将船上的人扣为人质，以此为筹码和美国谈判。1786年，美国国会同意与摩洛哥建立全面外交关系。[49]

美国独立战争打响后，贝赛号的遭遇与七年战争初期安号的遭遇之间明显存在重要的相似之处。在两次事件中，西迪·穆罕默德的目的并不是对基督教水手发动圣战，也不是直接勒索赎金（尽管在他的受害者眼里可能是这样的），而是实现全新的、具有建设意义的政治目标。这不是一场"圣战"（jihad），西方对圣战的传统定义过于狭隘，而是一次特殊的历史事件。摩洛哥海盗的行为不是为了疏远或惩罚非穆斯林，而是为了迫使西方列强与摩洛哥进行更密切的对话和谈判。西迪·穆罕默德不仅希望得到西方的关注和尊重，更希望（并需要）深入参与西方商业活动并对其施加影响。他这么做的根本原因在于摩洛哥的大部分地区如半沙漠般荒凉，所以伊丽莎白·马什才会感到迷茫并失去方向。

与阿拉伯世界其他地区一样，当时的摩洛哥人口严重不足。1800年，阿拉伯、北非、西撒哈拉、苏丹和大叙利亚的总人口可能只有1700万人。相比之下，当时地理面积更小的印度次大陆和中国的人口已分别达到两亿人和三亿人左右。此外，除埃及以外，阿拉伯世界的人口绝大部分不是耕地的农民，而是半自治的部落居民，这也不同于印度和中国。伊丽莎白·马什将生活在大城市以外的摩洛哥人称为"野外的阿拉伯人"，这些人常年游牧，苏丹难以管理他们。⁵⁰ 在这些 [68]因素的共同作用下，西迪·穆罕默德决心让摩洛哥与海外建立商业联系，并对海外商业活动施加影响。他的国家气候太干旱、耕地太少，农业不景气，没有大批逆来顺受的农民供王室通过税收进行剥削。因此，他打算通过扩大、掌控摩洛哥贸易，以增加王室收入、扩大王室影响力。可以肯定的是，跨撒哈拉贸易仍然很重要。长期以来，摩洛哥的港口和城市活跃着许多欧洲商人。在伊丽莎白被扣为人质的三个月里，她看到苏丹会见来自英国、爱尔兰、瑞典、法国、西班牙、丹麦、希腊和荷兰共和国的商人。事实证明，在西迪·穆罕默德执政早期，这些外来欧洲商人轻松把控着摩洛哥的海外贸易，从中捞取利润。西迪·穆罕默德企图扩大摩洛哥对欧洲商人和商业的开放程度，同时更密切有效地监控这些商业活动，以对其征税。一位法国外交官曾说："苏丹本人……成了一名商人。"事实的确如此。[51]

从今天看，西迪·穆罕默德不仅是一名商人，也是这一时期原始全球化阶段的一名玩家。他和摩洛哥都是这个世界的一部分，他集中力量扩大他在伊斯兰世界的影响力，同时发展、利用与西方基督教世界各个地区的联系。一位历史学家曾评论道："原始全球化本质上是一种多中心现象，穆斯林元素的积极参与推动了进程。"这从西迪·穆罕默德的统治中可以看出。越来越多的欧洲和美国外交官发现，苏丹既是虔诚的穆斯林教徒，又对传统学术感兴趣，在某些方面，他称得上是努力发展商业的国际化创新人士。"他是一个反应灵敏、洞察力极强的人，"1783年英国大使承认道，"深受子民爱戴。"他补充道："苏丹还有一个明显的特征——纵情于美色之中，无所顾忌。"[52]

现在回到伊丽莎白·马什。当西迪·穆罕默德通过翻译下达完命令后，疲惫不堪的她和其他人质被带到马拉喀什犹太区的一所房子里，它位于宫殿以东。房子四面都有围墙，与外界隔离开来，只有一扇门进出，由苏丹的士兵把守。她在摩洛哥期间，里斯本地震的余震再次袭来，震声让她联想

伊丽莎白·马什的磨难：一个女人的世界史

到"一辆马车在崎岖不平的人行道上疾驰"，地震已将犹太区的一些房子和城墙夷为平地。摩洛哥的犹太人通常享有礼拜自由，虽然一些犹太人不仅承担着重要的商业角色，还在摩洛哥与欧洲基督徒的外交中充当调解人，但他们仍然是边缘人物，不仅会受到虐待，还得缴纳惩罚性的税收。马拉喀什的犹太区是摩洛哥最大的贫民窟，这里居住着弱势群体，包括当地的犹太人以及许多欧洲奴隶。[53]

伊丽莎白来到一栋破败的阴森单层建筑，这里将成为他们的监狱，"它的墙壁爬满了虫子，黑得像煤炭一样"。伊丽莎白选择在露天庭院搭帐篷，但她还没来得及休息，杰米·阿尔沃纳就来了。如前文所述，他出生在梅诺卡岛，是代理苏丹的高级奴隶和宠臣，他奉命前来将伊丽莎白护送到宫殿，但其他人质不用去。他们穿过一连串大门和花园，经过一连 [70] 串守卫。当她越来越接近宫殿建筑群中心时，她被要求脱鞋，因为她即将进入帝王兼先知后裔的领地。一进去，房间越来越多，守卫也越来越多，最里面才是"殿下的房间"。[54]

到目前为止，伊丽莎白·马什在经历磨难的路途上纵然内心越来越感到孤立无援，但至少还有其他俘虏一路相伴。她的俘虏同胞、几位欧洲商人和特使都曾记录过她在塞拉的情况，以及她前往马拉喀什的旅途。她的身影也出现在英国海事官员、政治家、外交官和殖民地官员之间的官方和私人通信中。

在西迪·穆罕默德的声明及正式外交信函中，内容也多次涉及她和其他人质。苏丹宫殿里的奴隶和翻译也详细记录过她。尽管伊丽莎白毫无财富和政治影响力，但她和其他人质在史料中留下了异常广泛的足迹。然而当她双脚赤裸地迈进西迪·穆罕默德的房间大门后，那里发生了什么只有她一个人知道。在很久之后伊丽莎白去了另一个国家时，她才有机会写下这段经历。在那里，她依然受到各种力量的支配，承受着各种压力。[55]

　　伊丽莎白仅简单描述了第一次和西迪·穆罕默德见面的情形。当时一些冷漠的、衣着华丽的人出于好奇心仔细打量了她一番，但她没细说。西迪·穆罕默德淡定地坐在那里，旁边是他的四个女人，"她们和他一样，见到我都很高兴，倒不是因为我的外表让他们对我产生了极大的兴趣"。伊丽莎白既害怕又难为情，她的皮肤被太阳晒得黝黑（也许她在故意向读者强调她其实有着白皮肤），皱巴巴的骑马裙上全是汗渍和沙子。其中一个女人通过翻译给了她一些新的摩洛哥服装，当伊丽莎白拒绝时，她"摘下手镯并把它们戴在我手上，让我看在她的面子上戴着"。伊丽莎白几乎不怎么戴珠宝，在看到这些开口银手镯时，她的第一反应是它们看起来像马蹄铁。客套的仪式结束了，她可以离开了：

> 但我的向导并没有带我回到住处，而是把我带到一间

屋子。苏丹很快也来了，他坐在一个垫子上询问我和我朋友是否确实为夫妻，这完全出乎我的意料。虽然我申明我们的确是夫妻，但我可以看出他并不相信……他知道，在英国已婚妇女会佩戴婚戒，奴隶（翻译）转告我后，我回答说戒指被我收起来了，因为我不想在旅行时戴着它。[56]

最后代理苏丹允许她离开，承诺"自己会尊重和保护她"。她被护送回犹太区那昏暗、蚊子肆虐的房子里，但在接下来的两天里她的情况发生了变化。在塞拉，欧洲商人社团的一些成员会来拜访人质，为他们提供一些援助。商人约翰·考特出生在伦敦，聪明有教养，曾周游撒哈拉以南的非洲。他原本在阿加迪尔（Agadir）经商，西迪·穆罕默德召唤他前来马拉喀什担任调解人。一同前来的还有一位爱尔兰商人，名叫安德鲁斯，来自摩洛哥大西洋沿岸的萨非（Asfi）。天真的伊丽莎白·马什坦白告诉这两个男人，她与詹姆斯·克里斯普的"婚姻"只是一场伪装，还告诉他们一些她在宫殿经历的事。[57]

因为自己的天真，伊丽莎白现在处于双重危险之中。安德鲁斯警告她，西迪·穆罕默德的间谍和奴隶可能会听到一些流言蜚语，或者在她的文件中找到她撒谎的证据，揭露她实际上还是未婚。俘虏同胞对她的敌意越来越大，他们被捕已经一个多月了，现在安号上的其他乘客——约瑟夫·波帕 [72]

姆和他的儿子——显然已经和伊丽莎白分道扬镳。13年后，伊丽莎白写道："我们很少有机会见到我们的俘虏同胞，他们更喜欢和安号的船员待在一起，而不是我和我的朋友。"[58] 她仍不愿承认约瑟夫·波帕姆父子之所以疏远她和克里斯普，并不是因为他们和船员在一起更愉快，而是他们不认可她的行为，对她的行为感到尴尬。

尽管她取得了一些作为女性的成就，但这改变不了她的出身，也改变不了她长期在船上妥协生活着的事实。作为一名年轻未婚女性，她的行为其实已经远远超出了像波帕姆这样的传统中产阶级男性的接受范围，她或许无法清楚认识到这点。她选择在没有其他女性陪伴的情况下独自旅行，她被迫与三个没有血缘关系的男人关在一起。她先假扮詹姆斯·克里斯普的妹妹，后来又假扮他的妻子。而现在，她又在没有其他人陪伴的情况下独自进宫面见穆斯林统治者。无论将来发生什么，无论她的行为是否出于自愿，她的名声都会受到质疑。

杰米·阿尔沃纳带着"一篮子水果和各种鲜花"前来传达苏丹的命令，要求她再次进宫。那时，她的名声进一步受到质疑。她后来写道，她穿上"一套衣服，梳着西班牙女士的发型"。[59] 无论真假，这个细节非比寻常。在伊丽莎白·马什的其他著作中，她很少描述自己的外表，只是提到它在不断走下坡路。在她旅行或遭遇危机时，她会说她的头发变脆弱了，她的皮肤晒伤了，她长胖了又或者她生病了。她唯一一次承认自己因为外表而产生虚荣心，正是在第二次与摩洛哥 35 岁的代理统治者见面之前。和上次一样，穆罕默德的仆人带她穿过了风格各异的花园和建筑。当时摩洛哥和丹麦已结成商业联盟，代理苏丹找来一群丹麦皇家园丁，他们正忙着重新设计宫殿建筑群中的三个花园，修建林荫走道、错综复杂的迷宫和花坛。西迪·穆罕默德的宫殿由石头和大理石建成，其室内设计风格似乎在有意尝试混搭风。这里不仅有传统的马赛克瓷砖和几何形釉面砖，还有一些西方元素，比如苏丹寝宫里"几面装饰着漂亮挂饰的精美镜子"，再比如"每个房间里都有一盏精致的镀金树枝烛台"。[60] 然而，这并不是在直接搬抄西方品位。在伊斯兰习俗中，光是神圣的，是上帝存在和理性的显性体现。一直以来，西迪·穆罕默德在借鉴西方元素之前都会仔细思考，都有他自己的目的和方式。

> 西迪·穆罕默德个子高挑，身材匀称，肤色健康……穿着一件宽松的细布长袍，拖地至少两码。长袍里面是一件粉红色缎子背心，扣子上镶着钻石。他戴着一顶小帽子，和背心同材质，上面也有一颗钻石纽扣。他腿上戴着镯子，脚上穿着镶金拖鞋。总的来说，他的外表相当讨喜，他的谈吐礼貌随和。

从这段引用中可以看出，伊丽莎白·马什第二次进宫时，她的注意力放在极具诱惑力的外表和物质方面。有人给她端来一杯茶而不是咖啡，茶属于亚洲再出口商品，"茶杯和茶托像锡一样轻，涂上了奇怪的绿色和金色，有人告诉我这些都是荷兰人送的礼物"。这一细节证明她确实参观了西迪·穆罕默德的寝宫。1756年年初，为了与摩洛哥达成商业条约，荷兰政府和荷兰东印度公司向代理苏丹赠送了一系列礼物，包括精美的纺织品、马车、装饰手枪以及茶杯茶托，它们可能和茶一样都产自中国和巴达维雅（今天的雅加达市中心）。代理苏丹命人将这些物品以及其他来自世界各地的奇珍异宝展示给伊丽莎白看，然后他表达了自己的意愿，希望伊丽莎白做他的女人：

[74]

[75]

> 一个奴隶给我展示了一大堆来自不同国家的宝贝，我对每一件都表现出欣赏，这让苏丹非常高兴。他通过翻译告诉我，他相信在宫殿和犹太区之间我会选择宫殿。他承诺他将永远给我提供恩惠和保护，同时会把这些宝贝都赏赐给我。

伊丽莎白·马什拒绝了他。她通过翻译重申她已经嫁给詹姆斯·克里斯普，她"无意改变现在的身份，只要他同意，我便离开"。[61]西迪·穆罕默德没有同意伊丽莎白离开，而是把她交给了他的一个女人。女人坐在房间的另一端，伊丽莎白·马什描述了她的外表和随身物品。代理苏丹立志拓展摩洛哥的海外贸易，他自己被跨洋贸易的物品所包围。但这个个头比伊丽莎白小的女人明显一身摩洛哥装扮（也有其他元素）：

> 她头上裹着一大片平纹细布，镶着银边，头顶耸立。她的耳环特别大，穿过耳朵的部分是空心的以减轻重量。她穿着一条宽松的裙子……用最好的平纹细布缝制而成，拖鞋用镶银的蓝色缎子做成。

这个女人所穿的上乘纺织品来自印度，可能是荷兰人的礼物，也可能是阿拉伯商人或者亚洲商人跨越印度洋运来的。这位女士和伊丽莎白聊着天，一个法国男孩奴隶充当翻译。男孩年龄很小，所以才可以出现在代理苏丹的后宫。[62] 在那 [76] 个时间点，故事的性质和基调都开始发生变化。伊丽莎白提供了许多高质量的细节描述，其中大部分在其他英语史料里看不到。毫无疑问，在马拉喀什宫殿内室，伊丽莎白与摩洛哥代理统治者至少有过一次近距离接触，他的确有可能出于欲望想把她留在后宫。伊丽莎白和代理苏丹的女人之间的聊天内容让人难以置信，其真实性未知。根据她的描述，法国男孩向她保证这位摩洛哥女人只是在说一些常见的客套话。

这位女士看上去很友善，她挥舞着双手好像在鼓励她。于是伊丽莎白冒着风险重复了她的话，她无意间说出了（或者尝试说出）"万物非主，唯有真主，穆罕默德是真主的先知"，这句话表达了穆斯林教徒最重要的信仰。

不出所料，她此话一出，"宫中顿时乱作一团，众人面露喜色"。西迪·穆罕默德下令安静，命人将伊丽莎白·马什带出房间。她被带到一间隐蔽的房间，"长度远大于宽度，里面挤满了女人，大多都是黑人"，这里也属于后宫。（这里有个史实，1750 年，西迪·穆罕默德宫殿的一位英国奴隶曾说，代理苏丹习惯让一名黑人，即撒哈拉以南的女奴隶，将他指定的女人带到他的床边。）[63] 伊丽莎白在那里等着，既害怕又很好奇，她拒绝吃茶点，担心有人在食物和饮料中下药。西迪·穆罕默德再次传唤了她，这次是在另一个私密房间。

> 他坐在深红色天鹅绒华盖下，上面装饰着大量黄金。房间很大，装潢精美，梁柱贴着马赛克瓷砖。房间另一头有一排靠垫，带有金色流苏，地板上铺着波斯地毯。

[77]

他们再次通过翻译对话：

> "你会成为穆斯林吗？如果你能满足我的意愿，你将

获得很多好处，你会仔细考虑吗？"

"我不可能改变宗教信仰，但我将永远铭记您赐予我的至高荣誉，并希望继续得到殿下的庇佑。"

"你今天早上放弃了基督教信仰，皈依了穆斯林。按照我们的法律，所有放弃原宗教信仰并且皈依其他宗教的人都将接受死刑，即火刑。"

"如果您认为我放弃了信仰，那完全是因为那个法国男孩的错误翻译，而不是我自己的意愿。但是如果我的死能带给您任何满足感，那么在我眼中，死亡就是我的最后一根稻草，能将我从所有不幸中解救出来，我不会逃避。接受您的条件，只会让我更加不幸。"

西迪·穆罕默德似乎陷入了困惑，但他却继续强迫她接受自己的条件。她跪下回复道：

"我恳求得到您的同情——鉴于您给予我的尊重，我有理由怀揣这样的期待——我恳求您准许我永远离开。"

他双手捂脸，挥手示意她离开。法国小男孩抓住她的手，然后她：

艰难地穿过一大群人，一路跑到大门。我的朋友（詹姆斯·克里斯普）站在大门一侧，他的头发散乱、神情恍惚，要求守卫交出他的妻子。他想冲进来却被无情的守卫打趴在地，那些黑人妇女抱着我大喊大叫——她不是基督徒！她是摩尔人！她们扯掉了我衣服上的所有辫饰，我的头发被扯乱，散垂到耳处。经过多番交涉，我的朋友占了上风，他把我从这些女人身边拉走拥入怀中，然后迅速离开她们的视线。[64]

❀

伊丽莎白·马什与西迪·穆罕默德最后一次见面时，她的磨难达到了高潮。她在摩洛哥游记里回顾了这段经历，游记里的对话仿佛节选自那个年代的戏剧或小说。这段描述充满夸张和戏剧性，这不足为奇，她可能从以上两种文学形式中汲取了一些灵感。她在 1769 年撰写了摩洛哥游记，当时她身陷又一个磨难之中，承受着巨大的压力。然而抛开这些天真的文学技巧和明显的杜撰元素（比如传统上而言，西欧国家而非马格里布地区才会烧死背弃原宗教信仰的人），她字里行间依然渗透着真切的困惑和恐惧，毕竟她在摩洛哥的确经历过危险，也的确面对过诱惑。

女性很少成为水手或商人，旅行的频率也远低于男性，所以几个世纪以来，穆斯林海盗在海上俘虏的欧洲人中只有极少数女性。但是，欧洲女性一旦被海盗俘虏，那么她们比男性更有可能终生留在马格里布和奥斯曼帝国，从事性服务或其他服务行业。对于那些年轻、单身、贫穷或在其他方面缺乏支援的女性而言，情况更是如此。18 世纪 20 年代，摩洛哥海盗至少劫持了三名英国女性，其中两人是与她们的犹太富商丈夫一起被抓的，时机一到，已婚夫妇都被赎回并移交给了皇家海军。第三个女人名叫玛格丽特·谢伊，1720 年她独自从爱尔兰出发后被捕，当时她还年轻且单身，因此其命运截然不同。她被带到摩洛哥后就怀孕了，跟了好几位主人，皈依（或被迫皈依）了伊斯兰教，她似乎再也没有回过家。[65] 到了 18 世纪下半叶，此类事件仍在发生。1757 年 11 月，西迪·穆罕默德正式成为摩洛哥苏丹，他将海盗和劫奴行为变为他的执政策略之一，目的是改善与西方的贸易关系。尽管如此，他还是扣留了漂亮脆弱的基督教女俘虏。大概在 1764 年，一位热那亚妇女乘坐的船只在摩洛哥地中海沿岸失事，她非常年轻。和伊丽莎白·马什一样，她被带到西迪·穆罕默德位于马拉喀什的宫殿，但与马什不同的是，她皈依了伊斯兰教，先是以情人的身份进入后宫，后来又成为他的妻子之一。她学会了用阿拉伯语阅读和写作，还更名为拉拉·达伊瓦。[66]

[79]

　　这位女士的祖国热那亚共和国只有一支小规模海军，外交影响力有限。对比之下，伊丽莎白·马什和其他人质却来自当时世界上地位最高的新教强国——英国，但这也无法保证人质的安全或他们自己的名声。18世纪80年代，拉拉·达伊瓦生病了，一位名叫威廉·伦普里尔的英国医生获批进宫为她治病，她向医生讲述了自己的故事。她并未提到1764年她第一次进宫时，西迪·穆罕默德对她采取胁迫行为，胁迫和威胁可是两码事。拉拉·达伊瓦看不到逃脱或获救的希望，再加上联系不上家人，在面对苏丹的花言巧语时，她的意志力随着时间的推移逐渐瓦解。伊丽莎白很可能遭遇同样的结局。1756年，英国卷入了一场跨大陆战争，其仅存的地中海基地直布罗陀需要摩洛哥提供补给。英国政客不会派遣一支远征军从西迪·穆罕默德手中解救几个微不足道的人质，而且这向来也不是英国的做派。在那段时期，英国人一旦被海盗劫持到摩洛哥，大多数人至少得在那里待上一年。他们被关押或从事苦役，直到时任苏丹同意谈判条件，释放他们。所以安号的船员和乘客很可能会在马拉喀什待几个月甚至几年。20岁的伊丽莎白·马什在宫殿"没一个认识的人"，可能会经历更多不幸。[67]当然，她也有可能向拉拉·达伊瓦那样屈服于西迪·穆罕默德的诱惑。

[80]

　　伊斯兰社会流传着许多发生在宫殿里的、和女奴相关的浪漫色情传说，但她们在史料中没有留下足迹。在摩洛哥和奥斯曼帝国，家庭女奴往往比奴隶士兵以及加勒比和美洲种植园的大多数非洲人生活得更安全、更轻松。运气好的女奴会被有钱人买走，有机会穿上漂亮的衣服、住进漂亮的房子，西迪·穆罕默德最宠爱的女人就是这样。女奴的主人甚至有可能会爱上她们、呵护她们，但女奴不管多受宠，也只是主人的财产。她们无权拒绝与主人发生性关系，被迫与主人建立亲密关系，经常受到身体上的侮辱和暴力。一个奴隶士兵至少可以自由活动，而且如果他能保住性命，他甚至可以通过立功去提高地位。女奴除非嫁给主人或者为主人生下孩子，否则一旦她们年老色衰，她们就很可能被冷落，或者嫁给另一个奴隶，又或者嫁给主人挑选的自由人。[68] 伊丽莎白·马什回顾这段往事时发现，如果她当时屈服于西迪·穆罕默德的诱惑，她就会沦为"被迫顺从、不得反抗的奴隶"。[69] 她必须反抗才有希望将自己从磨难中拯救出来。更重要的是，西迪·穆罕默德是一位乐善好施的虔诚穆斯林君王，倘若他找不到证据证明伊丽莎白撒谎，他就不会破坏伊斯兰教教规。[81]

现存史料表明，西迪·穆罕默德并不相信伊丽莎白的话，但他也无法不理会。伊丽莎白·马什的婚姻状况成了焦点。他命令他的秘书和亲信、来自梅诺卡岛的杰米·阿尔沃纳写信给多位英国官员，在信中阿尔沃纳按照惯例用姓氏指代詹姆斯·克里斯普和波帕姆父子，却用"女士"称呼伊丽莎白·马什。他这么做，可能只是出于对伊斯兰社会礼仪的尊重，礼仪规定人们不能直接称呼女性的姓名，一是因为这不够礼貌，二是因为这会将女性的名字暴露在大庭广众之下。只有在走法律程序的时候，人们才可以用姓名直呼她们。18 世纪初，在玛丽·沃特利·蒙塔古夫人陪同她的大使丈夫一起访问伊斯坦布尔时，奥斯曼东道主出于礼貌总是称呼她为"女士"，从不叫她的名字。[70] 但是，阿尔沃纳也有可能想利用这一特殊礼仪去帮助伊丽莎白·马什，去帮助这位困境中的女性和处于危险中的欧洲同胞。不管真相如何，他都没有在信中称她为"克里斯普夫人"，毕竟代理苏丹也拒绝承认她的已婚身份。阿尔沃纳也没有称她为"马什小姐"，尽管他很清楚这才是正确的。他的梅诺卡岛奴隶同胞佩德罗·翁伯特曾在塞拉与克里斯普和马什交谈过，此前他就告诉了阿尔沃纳他们的计划。阿尔沃纳坚持将伊丽莎白·马什简称为"女士"，这个称谓既没有承认什么也没有泄露什么。[71] 这是伊丽莎白在有生之年唯一一次被别人坚持在书信中称为"女士"，她长久以来的心愿得到了满足。

[82]

　　伊丽莎白和克里斯普的计划成功了，再加上西迪·穆罕默德有更紧要的事情要去处理，他没有继续勉强伊丽莎白，开始着手处理他作为一国之主的日常政务。与伊丽莎白最后一次见面后的第二天，代理苏丹传唤了詹姆斯·克里斯普、波帕姆父子、安号的船长和船员，但没有传唤伊丽莎白。他命令他们在致英国直布

　　　　　伊丽莎白·马什的磨难：一个女人的世界史

罗陀总督拜伦·泰罗利男爵的信中签名。在信中，代理苏丹再次埋怨英国人对他的"不公正对待"，但宣布"他将为英国人树立一个仁慈和正义的榜样"，他将释放人质，更准确地讲，英国可以来摩洛哥接回人质。英国不愿意也不能入侵摩洛哥，代理苏丹通过这封信正式批准皇家海军在摩洛哥海岸接回人质。[72]

这封信到达直布罗陀后，波特兰号就启航了，这是一艘50炮军舰。1756年10月7日，海军上将爱德华·霍克爵士派遣它前往摩洛哥接回人质。而在1755年4月，它曾护送伊丽莎白·马什和她的家人离开梅诺卡岛。[73]一周后，波特兰号抵达拉腊什（Larache），它是摩洛哥的贸易中心和海盗活动中心，位于洛克斯河口南岸。10月21日，波特兰号的船员看到了"塞拉灯塔"。第二天，它停靠在塞拉岸边，上尉杰维斯·梅普斯登看到安号"横向倾倒在岸边"，几乎被洗劫一空。他在报告中说，海盗拆掉了安号上的大部分可用木材，以修理他们自己的船只。安号的货物也不见了，当地人早已卸下詹姆斯·克里斯普的桶装白兰地，将它们卖给了当地荷兰商人。[74]

波特兰号先抵达塞拉，然后又去了萨非，随后英国和摩洛哥展开了一轮漫长的书信外交，谈判过程相当艰难，海军将领们故作姿态。梅普斯登上尉在写给代理苏丹的第一封信中承诺："我是带着和平和谦卑而来的。"他从头到尾都保持着这种和解的语气。当休战旗帜飘扬在波特兰号的桅顶上时， [83]

他却每天谨慎地操练着船上的"大炮和小型武器",岸上的人都能看见。"殿下非常喜欢您来信的内容和风格。"阿尔沃纳回复梅普斯登第一封来信时说,他继续流畅地写道,这表明英国还是有"能力强、讲文明"的公务员。[75] 11月初,西迪·穆罕默德正式批准"克里斯普先生、那位女士、波帕姆先生和他的儿子"以及安号的船员登上波特兰号并"继续航行"。他通过阿尔沃纳告诉梅普斯登,英国需要回报他的善意。他希望在1757年3月之前,英国能在摩洛哥任命一名全职领事,以促进两国之间的贸易。他还希望英国送来礼物,即军舰物资,否则摩洛哥将拒绝给直布罗陀提供补给,他还会向英国商船宣战,而当时英国商船承受着来自法国军舰和私掠船的双重压力:

> 感谢上帝,整个帝国(摩洛哥)都太平了,而且……一位元首,他对欧洲发生的所有事都了如指掌,并且知道什么才对他的国土有利。

11月17日上午10点,两国之间的相互恭维、虚张声势、反虚张声势和几乎赤裸裸的威胁终于结束了。伊丽莎白·马什和安号的其他人登上波特兰号。[76]上尉梅普斯登将他在前甲板的小房间给了伊丽莎白。三个多月以来,这是她第一次一个人睡在一个房间里。

在摩洛哥的最后几周，伊丽莎白·马什似乎深受困扰，她中暑了，而且营养不良，同时"精神萎靡不振"。曾在马拉喀什帮助过人质然后又陪同他们前往萨非的巴巴里商人约翰·考特后来说道，她在被囚禁的最后阶段，活力和精力都"大大降低"。她很紧张，担心会出问题，担心梅普斯登的谈判会失败，担心她永远无法逃离摩洛哥，她的焦虑可以理解。当她从萨非乘船前往波特兰号的途中，她仍然"极度恐惧，害怕岸上传来命令要求我们返回，登上军舰后，我悬着的心终于放了下来"。[77] 她因为反抗西迪·穆罕默德以及假扮他人的妻子而心神不宁，她似乎不清楚自己是谁了。她看不见家人，也看不见大海，她被海盗强行带到了另一个国度，她对这里的物质、文化和人文景观一无所知。她先是假扮詹姆斯·克里斯普的妹妹，然后又假扮他的妻子。在西迪·穆罕默德的宫殿里，她差点儿弄丢了自己的宗教信仰、姓名、语言、国家、衣着、贞操和道德基石，她差点屈服于他的诱惑去放弃这些东西。在这次磨难之前，她渴望远走高飞，却不曾料到这段旅途将充斥着——用她自己的话来说——"残酷的束缚"。[78]

1756 年 9 月底，他们获准离开马拉喀什，但伊丽莎白的束缚感不仅没有得到缓解，反而变严重了。虽然眼前的危险和不安在消退，但她偏执地认为西迪·穆罕默德的间谍可能会在她的文件中发现她未婚的证据。她说服詹姆斯·克里斯普从一位瑞典商人那里购买了一枚金戒指，她把它藏在衣橱里，以防有人来搜查行李。她十分渴望收到父母的来信（从而确定他们仍然接受她），但又害怕"信件被拦截，我的真实姓名被发现"，她的内心充满矛盾。[79] 在摩洛哥的最后几周，伊丽莎白住在爱尔兰商人安德鲁斯和他的希腊生意伙伴德米特里奥·科尔蒂位于萨非的房子里，尽管那里比较舒适，但她仍然无法放松、无法好好休息。约翰·考特继续陪伴了他们一段时间，为了逗伊丽莎白开心，他分享了他在非洲旅行时发生的事，这些故事"新颖且经过包装"。但总的来说，伊丽莎白"讨厌"那段等待被救赎的时间，连穿衣都变成了一种"折磨"。后来她在摩洛哥游记中承认，这段经历"远远谈不上体面"。出于种种原因，她厌倦了被迫由男性陪伴的处境，"孤独成了我最大的心愿"。在焦虑和沮丧背后，她身心疲惫，被不安和恐惧折磨，担心无法成功离开。她既害怕被强行留在摩洛哥，又害怕回到熟悉的地方、见到熟悉的人，她担心"世界上那些心怀恶意的人会无情地谴责我的行为，这对我来说是不公平的"。[80] 在这些恐惧之中，其中一个尤其具体、尤其合理。伊丽莎白在游记中描述过一次在萨非看到的婚礼游行。在等待被救赎的最后日子中，"极度抑郁"的她透过安德鲁斯家狭窄的窗户观看：

[85]

伊丽莎白·马什的磨难：一个女人的世界史

看不到新娘，这个国家喜欢将新娘藏起来，不让围观群众看到。她乘坐的交通工具就像一个花环，类似我们国家的挤奶女工在五一节那天手握的花环，上面装饰着鲜花和其他饰品。过了一会儿，新郎骑着一头打扮华丽的骡子跟在后面，他两边各站着一个摩尔人，他们为新郎扇扇子以驱赶苍蝇。他们走得很慢，前面有一支乐队。据我所知，那位女士不超过 12 岁，婚礼之前很可能连新郎的面都没见过。[81]

伊丽莎白的游记读者在看到这段话后，大概率会去谴责摩洛哥社会。当时，西方人士经常通过一个社会如何对待妇女去审视、评判它。众所周知，穆斯林世界的女性的确面临诸多限制，无论是在当时还是在今天，西方都抓住这一点去谴责伊斯兰教和伊斯兰社会，批评它强行限制个人自由和政治自由。然而在这种情况下，仅仅通过传统视角解读它是不够的。伊丽莎白·马什对萨非婚礼游行的许多描述让读者感受到了喜庆的气氛，但同时揭示了她的嫉妒情绪，而非谴责情绪。根据她的描述，这对摩洛哥夫妻的婚礼有音乐、精美的装饰、打扮华丽的骡子，还有许多鲜花，这让她想起了五一节。最重要的是，这对夫妇在"一大群人"的注视下以传统的方式举行了一场隆重的婚礼，该有的仪式都没落下。伊丽莎白想到，如果越来越多的人知道了她曾假扮别人的妻子、知道了她在宫殿的经历，她还能对自己的婚礼——以及婚姻——抱有多大期待呢？她深知西方社会十分重视女性贞操，在萨非的最后几个星期里，她越来越清楚地预料到自己的最好结局。和年轻的摩洛哥新娘一样，伊丽莎白·马什在选择丈夫方面也没有太多自由。

11月27日，波特兰号及船上乘客抵达直布罗陀。1756年12月上旬至1757年1月7日之间的某天，一场婚礼悄然举行，伊丽莎白成了詹姆斯·克里斯普的合法妻子，这一次可不是假扮。

第三章　伦敦经商　展望美洲

1756 年 12 月，詹姆斯·克里斯普在直布罗陀向伊丽莎[87]白·马什求婚，她"对他的表白并不感到惊讶"，但也没有立即答应。她在后来出版的游记中写道，他"总体来说是个好人，有恩于我，父亲也希望我嫁给他，种种因素加在一起……我们结婚了"。但她并没有向读者坦白一切，她隐藏的信息其实和她分享的内容一样重要。她承认自己感激克里斯普在摩洛哥提供给她的帮助和保护，她强调是她父亲米尔伯恩·马什促成了这桩婚事。出于多种原因，她小心翼翼地暗示克里斯普"总体来说是个好人"，她描述他如何努力向她证明"他对我的爱，他一想到分离就感到难过"。[1] 无论是在摩洛哥游记中还是在她留存至今的其他作品中，她都没有用"爱"这个字去描述自己对成为她丈夫的这个男人的感情。

她承认在她下定决心嫁给他之前，确实"需要克服许多心理障碍"，内心的纠结"让我泪流满面"。她的叔叔乔治·马什更为全面地描述了这桩婚事，但仍然失之偏颇。他在家谱中提到，1755 年詹姆斯·克里斯普第一次追求伊丽莎白·马什，当时他们俩都住在梅诺卡岛。乔治·马什说克里斯普的首波攻势失败了，"尽管他优秀、英俊、多金，但他不适合她"，其实当时马什家族另有人选。乔治·马什说，伊丽莎白被海盗抓去摩洛哥之前，她"已经和一位姓托里的海军上尉订婚了"。她在游记中也部分证实了这一信息。[2] 这个姓托里的男人是谁？他原名叫亨利·约翰·菲利普斯，在与伊丽莎白的短暂订婚期间，他还不姓托里。他是约翰·托里上尉的侄子和继承人，托里上尉还是梅诺卡岛马洪港的海军专员。1757 年，托里上尉去世，菲利普斯继承了他的姓氏以及他的大部分财产。除此之外，伊丽莎白·马什的第一任未婚夫还有许多其他优势。托里家族在苏格兰海军中属于名门望族，他们在皇家海军管理层和军官中都颇有话语权。1797 年，亨利·托里在圣文森角海战中与著名的霍雷肖·纳尔逊并肩作战。海军专员约翰·托里还通过联姻与苏格兰海军氏族克利夫兰一家建立了亲密关系，1751 年到 1763 年，约翰·克利夫兰成为海军部的秘书。[3]

综上所述，对伊丽莎白·马什来说，亨利·约翰·菲利普斯／未来的亨利·托里上尉明显是一位合适的结婚对象。她之后忧伤地回忆道，这是一场"联姻……一场我不敢奢望的联姻"。[4] 她本可以凭借这次机会提高自己的财富和社会地位，彻底告别自己明显的混血儿出身，接近英国的统治阶级。她雄心勃勃、努力奋斗的父亲和叔叔也可以通过她与未来的托里上尉的婚姻获利，比如与海军上将成为姻亲，甚至与同时担任国会议员的约翰·克利夫兰攀上关系。依靠这些人脉，马什家族的男人可以更加接近权力中心、更快升职加薪。在摩洛哥海盗劫持安号的那一刻，他们的希望破灭了，伊丽莎白·马什的声誉也受到玷污。很快，那位即将成为亨利·托里的男人给米尔伯恩·马什去信，取消了婚约，解释说"他的堂兄克利夫兰先生……坚持让他迎娶自己介绍的一位女士"。[5] 于是詹姆斯·克里斯普从被拒绝的求婚者突然晋升为伊丽莎白唯一可能的结婚对象，但是没有人愿意花心思记录他当时的反应。鉴于在地中海和摩洛哥发生的一切，伊丽莎白可以通过他的求婚向世人证明自己的清白。 [89]

因此当克里斯普第二次向伊丽莎白·马什求婚时，当她父母劝她答应时，她内心是矛盾的。她对即将更名为亨利·托里的男人有多少感觉尚不清楚，但她后来写道，她之所以乘坐安号踏上一段灾难性的旅途，就是为了与他会合。伊丽莎白明白和詹姆斯·克里斯普订婚后她将失去什么，她也明白摩洛哥一劫之后她必须与他结婚。[6] 这段婚姻让她的人生轨迹更加与众不同，更加发人深思。如果她嫁给了亨利·托里，不久之后她就会成为寡妇，因为在 1762 年，已成为上尉的托里会战死沙场。但凭借托里家族的财富以及他们与克利夫兰家族的关系，她丧夫后可以获得极为丰厚的寡妇抚恤金。和其他许多富有的海军寡妇一样，冠以夫姓的伊丽莎白·托里可能会去巴斯，那里有上流社会、温泉和许多改嫁的机会。她可能会在英格兰度过余生，她的私人生活将不再和世界历史产生戏剧性的联系。但现实中，她嫁给了詹姆斯·克里斯普，然后继续一次又一次地卷入横贯大陆的历史事件之中。奴隶制、海洋、帝国、战争和国际竞争造就了她，她的足迹横跨三大洲，她的人生经历深受影响。婚后的詹姆斯·克里斯普开始从事国际贸易，之后又到大西洋对岸投机，这不可避免地影响到了伊丽莎白。

[90]　　要公正全面地评价克里斯普这个人并非易事，部分原因在于伊丽莎白和她的亲戚在文字中歪曲了他。在伊丽莎白和她叔叔乔治·马什的回忆录中，詹姆斯·克里斯普从一开始就被描绘成一个殷勤但略不靠谱的追求者，而她则是一个踌躇不决、被占了便宜的新娘。当1756年他们还在摩洛哥时，克里斯普可能也犹豫过要不要娶伊丽莎白。在摩洛哥磨难发生后，鉴于世人对绅士的期待，他只能继续向伊丽莎白求婚，除此之外他找不到其他体面的方法去解救她。从伊丽莎白断断续续写下的感情充沛的自传作品中可以看出，她心中确实充满疑虑和挣扎，她也曾尝试逃避。克里斯普一生经历过多

　　　　　　　伊丽莎白·马什的磨难：一个女人的世界史

次危机，他的大部分私人文件以及所有账簿都丢失了。虽然他有一些商业信函留存至今，但它们几乎无法揭露他的内心。我们需要采取一种不同的方法，才能去分析、判断他的价值观和行为（18世纪60年代至70年代，他的价值观和行为基本上决定了伊丽莎白的生活）。就克里斯普而言，我们必须通过多个非个人信息渠道去收集、推测他的个人信息。最重要的是，我们必须追踪克里斯普那错综复杂的商业活动，它至少涉及三大洋和四大洲。

詹姆斯·克里斯普（有时写作克里斯普里）生于现代早期英国最外向的商业王朝家族之一。他最著名的祖先尼古拉斯·克里斯普（约1599—1666）最初在地中海做生意，随后移居东印度群岛和非洲。他先是几内亚公司的领军人物，这是英格兰一家股份制企业，最早与非洲进行贸易。之后，他又成了商人公司的领军人物。1631年查理一世创立了商人公司，和几内亚进行贸易。这两家公司都将重心放在塞拉利昂和黄金海岸两个地区，进行黄金、象牙、红木和蔗糖等商品贸易，之后又开始贩卖奴隶。自16世纪以来，英国人就一直 [91] 在西非做买卖，但尼古拉斯·克里斯普提高了这种贸易关系的质量。和前人相比，他和他的兄弟们更加激烈地与荷兰和葡萄牙商人展开竞争，并通过代理人在今加纳阿班泽的科曼丁以及黄金海岸的科门达、阿诺马布和其他地方建立了英国工厂和堡垒。1665 年以前，英格兰一直以科曼丁为总部，在西非从事商品贸易，之后又开始从事人口贩卖。1665 年，科曼丁被海岸角取代。那一年，尼古拉斯·克里斯普已是准男爵，根据他自己的估算，他从非洲进口了 50 万磅黄金。他还在自己位于哈默史密斯的土地上修建了一家玻璃和陶珠制造厂，就在伦敦西边。这些精美的珠子连同他从东印度群岛进口的丁香、靛蓝、象牙、丝绸、印花布和贝壳，为他提供了在西非从事布料和奴隶贸易的必要条件。"英国的海外贸易领域，没有一个是他不感兴趣的，"一位历史学家这样描述尼古拉斯·克里斯普，"因此他被称为当时'涉足最广的贸易商'。"[7]

尼古拉斯爵士在世时，克里斯普家族存在很多支系，虽然每个支系并不是都有进取心、都取得了成功，但这个大家族的几代人身上都体现出了一些共同特征，比如男性成员会偏爱几个特定的名字：尼古拉斯、塞缪尔、罗兰德、伊利斯和詹姆斯。尼古拉斯爵士的一位远房表亲也叫詹姆斯·克里斯普，在伦敦经营刺绣生意。[8]此外，克里斯普家族一直与伦敦市和伦敦港存在联系，这不足为奇。他们断断续续地生产和销售盐，这是跨大陆贸易的主要商品之一，他们也间歇性地进行奴隶贸易。这个家族明显还喜欢冒险，喜欢在异国他乡做生意，但有时这会招致厄运。1670 年，尼古拉斯·克里斯普的后裔、东印度公司的代理商埃利斯·克里斯普成为第

[92]

一位远航到中国台湾的英国商人。台湾地区当时的代理统治者郑经（1642—1681）接见了他。郑经立志将台湾地区发展成"一个伟大的贸易之地"，他懂一些英语但并不精通，但他还是用英语撰写了一篇文章，为"在台商人提供水土、习俗、居住和健康指导，以及需要进口的商品和适合我们出口的商品"。次年，即1671年，埃利斯·克里斯普再次启程前往台湾地区，打算在那里建立永久性工厂，然而他和他乘坐的轮船班塔姆商人号一起消失在大海里。[9]克里斯普家族的其他支系仍然活跃在西非和印度，还有一些成员横渡大西洋前往北美和西印度群岛定居。18世纪初，圣基茨（St. Kitts）、巴巴多斯和南卡罗来纳都有克里斯普家族的成员，其中一些拥有大片的种植园和大批奴隶。

追求并迎娶伊丽莎白·马什的这个男人来自一个以欧洲为中心的家族的小分支。与尼古拉斯·克里斯普爵士一样，詹姆斯·克里斯普最初在地中海发展，他的父亲可能叫哈维·克里斯普，他于1711年成为皇家海军的陆军中尉，但之后又加入了海军，开始与西班牙进行贸易。1722年，哈维·克里斯普与一个叫多萝茜·布里希的女子结婚。詹姆斯和他的兄弟塞缪尔可能于18世纪20年代末或30年代初出生在伊比利亚半岛或巴利阿里群岛的某个岛屿。[10]"好像"和"可能"表示名字和出生年代的模糊性，这是因为伊丽莎白·马什的故事中的许多角色，包括她本人以及丈夫詹姆斯·克里斯普，都出生在一个全球贸易不断扩张、移民人口数量不断上涨的时代，他们的身份"特别复杂"。[11] 官方文件主要记录了常住人口，所以在这些材料中难以发现克里斯普的身影，但有两点可以确定：就社会地位而言，詹姆斯·克里斯普的家族高于马什家族；为了娶伊丽莎白·马什，克里斯普在经济上作出了巨大牺牲。

[93]　　对于在海外经商的人尤其是生意刚起步的人来说，娶个好妻子乃他们商业战略的重要一环。嫁妆丰厚的新娘不仅可以提供一笔资金，还可以缓解年轻商人的信贷压力，但伊丽莎白·马什无法提供这些。[12] 18 世纪 60 年代，米尔伯恩·马什通过他在直布罗陀和梅诺卡岛的海军岗位提高了自己的社会地位，也有了些储蓄，他开始购买一些更符合他身份的物品，包括盘子、桌布和精致的玻璃器皿。18 世纪 70 年代，伊丽莎白的弟弟约翰·马什陷入财务困境，米尔伯恩以低得离谱的利率借给他 1000 英镑。他完全不需要紧缩开支，这对他来说毫无压力。她的叔叔乔治·马什则通过七年战争，一跃成为实打实的专业人士。仅 1762 年这一年，乔治·马什就通过代理被俘法国船只交易赚到 1500 英镑，此外还有政府发放的薪水。[13] 但在 1756 年，兄弟俩的社会地位提升速度放缓，虽然他们也能给詹姆斯·克里斯普提供一些帮扶，比如他们

　　　　　　　　　　　　　　伊丽莎白·马什的磨难：一个女人的世界史

在海军中的人脉，但无法提供大笔资金。尽管如此，詹姆斯·克里斯普依然向伊丽莎白求婚了，这表明他是个善良且充满正义感的人，又或者他对伊丽莎白一往情深甚至到了痴迷的地步，或者两种原因兼具。1757年2月，这对新婚夫妇乘坐一艘名为伊丽莎白号的商船从直布罗陀返回英格兰。这说明克里斯普还是懂些浪漫的，也许伊丽莎白也是这样。[14]

詹姆斯·克里斯普之所以敢冒险娶一个地位低下的女人，一是因为他的哥哥塞缪尔·克里斯普已经在家族企业"克里斯普兄弟"中站稳了脚跟；二是因为那个时候他自己的财富已经达到中等水平。同许多海外商人一样，詹姆斯·克里斯普在十几岁时就开始担任船长、为大商人押运商品，他经常带着货物和压舱物航行在西班牙、葡萄牙和意大利主要港口之间。[15]后来，他在家人的帮助下成为洛弗尔号的船长，这 [94]是一艘80吨邮轮，由英国邮局运营，航行于梅诺卡岛的马洪港以及马赛、里窝那之间，它们可是地中海最繁荣的港口。这份工作看似普普通通，实则意义重大。18世纪50年代，英国邮局邮轮运送的公务信件数量大于私人信件，洛弗尔号不仅负责运送英国领事与法国、意大利、西班牙和梅诺卡岛的特工之间的通信，还负责运送皇家海军地中海舰队接收和寄出的秘密信件。英国政府为了犒劳邮轮船长，对他们的管理相当松散。船长们可以穿自己设计的精美工作服，可以通过载运乘客、金银、货物以赚取可观的利润，还能通过私人贸易中饱私囊，他们被默许从事一些小规模的走私活动，英国海关官员奉命对这些事情睁一只眼闭一只眼。[16]

詹姆斯·克里斯普刚进入伊丽莎白的故事时，他穿梭在不同国家和港口之间，并越过了英国和英国政客设立的法律边界。他担任洛弗尔号船长时取得了额外收入，这给他提供了底气，让他向一个没有资本和纯洁声誉的女人求婚。在1756年梅诺卡岛受到法国威胁之前，克里斯普每年似乎可以通过洛弗尔号赚到1000英镑，这些钱足够他赌上一把，足够让他离开邮轮转而回到陆地经商，足够他迎娶伊丽莎白·马什并和她在伦敦安家。

尽管伦敦以外的英国港口不断发展，但伦敦仍然是英国的海外贸易、航运和零售业中心，这一点没有争议。此外，伦敦也是英国的政治、文化和金融中心。早在詹姆斯·克里斯普将伦敦选作根据地之前，他和他的兄弟就在泰晤士河附近的马克巷租下了保险库和仓库。[17]以伦敦为根据地，詹姆斯·克里斯普将目光投向了另外五个重要商业地点。第一个是巴塞罗那，他的哥哥塞缪尔·克里斯普和瑞士商人雅各布·埃默里在那里合伙开了一家会计师事务所，埃默里又邀请女合伙人卡特琳娜·拉瓦莱加入，她来自蒙彼利埃。巴塞罗那是地中海和大西洋贸易的主要港口、加泰罗尼亚地区的盐业商贸基地以及西班

[95]

牙新兴工业革命的发源地,该市开了多家烟草加工厂、纺织厂和印花厂。[18]詹姆斯·克里斯普的第二张贸易网络由意大利西海岸的港口群组成,尤其是热那亚和里窝那,这两个港口与西班牙、北非和黎凡特的商业贸易往来密切。[19]第二个是汉堡,这个国际化的自由港拥有九万居民,外国人在这里享有宗教自由,并且有权和当地居民进行平等交易。易北河地理条件优越,只有在冬季最冷的日子才结冰。汉堡是西班牙葡萄酒和殖民地产品的一大进口地,也是亚麻、谷物和木材的主要出口地。[20]

在欧洲,詹姆斯·克里斯普的另外两个生意根据地为设得兰群岛和马恩岛(Isle of Man),这两个地方无法与上述大型城市和贸易中心相提并论,将它们作为根据地看似有些奇怪,其实不然。设得兰群岛人烟稀少,距苏格兰北部约 100 英里,乃"欧洲渔业中心"。1759 年,克里斯普兄弟开始在这里购买和腌制鳕鱼,每年 4000 公担。设得兰群岛的可耕地稀少,大多数成年男子从事捕鱼和捕鲸行当,他们有时甚至会冒着生命危险向北远航至格陵兰岛,那里对鲜鱼和腌制鱼的需求量一直很大,特别是对于需要补给的远洋船只来说,又或者在天主教国家的斋戒日。[21]詹姆斯·克里斯普在欧洲的最后一个生意根据地为马恩岛,它的商业地位与它的面积不成正比。该岛长度不到 30 英里,宽度只有十几英里,阿索尔公爵从英国王室手中夺取了它。当时该岛处于准自治状态,适合充当业务繁忙、无 [96]

人监管的仓库，用于存放来自不同地区的大量进口商品。与美洲殖民地一样，马恩岛也接受英国君主的统治，但不受英国议会的财政控制。进出该岛的船只及其所载货物不接受英国、苏格兰和爱尔兰海关和税务官员的检查。阿索尔公爵只对本岛的产品征收出口税，进口税也只是象征性地征收，因此马恩岛成了一个相对自由的贸易避风港，爱尔兰政治家和哲学家埃德蒙·伯克称马恩岛为"走私活动的保护伞"。对于想向英国、爱尔兰及其他地区运送货物但又不想交税的人来说，这里是一个理想的中转站，人尽皆知。[22]

通过这些不同的生意基地——伦敦、巴塞罗那、汉堡、里窝那和热那亚、设得兰群岛和马恩岛，詹姆斯·克里斯普和他的合伙人布下了一张紧密相连的贸易网络。在设得兰群岛，克里斯普的员工捕鱼并腌制好它们，之后这些腌制鱼被运往伦敦。到达伦敦后，这艘船可能会继续装载谷物，它们来自马克巷著名的谷物交易所。克里斯普的船长可能会带着这些货物驶往巴塞罗那，因为西班牙是欧洲最大的腌制鱼市场，也可能驶往另一个腌制鱼市场里窝那，或者农业贫瘠、食物依靠外部供应的热那亚。一旦抵达西班牙或意大利的港口，克里斯普的船就会装载葡萄酒、白兰地、丝绸等纺织品以及来自巴塞罗那的盐。他们可能会在汉堡先卸下这些货物，然后为巴塞罗那的纺织厂装载亚麻布，或者为热那亚装载更多谷物。他们可能会返回伦敦，在那里盐会被迅速运往克里斯普在设得兰群岛的渔业公司。他们也可能会在马恩岛卸货，然后克里斯普的葡萄酒、白兰地和纺织品将会被重新装载到停泊在岛上的大型货轮上，许多货轮都由爱尔兰人驾驶，然后驶向苏格兰西部偏僻安静的海湾。1764 年，一位苏格兰海关官员总结道： [97]

> 农民、仆人和社会底层在走私者的教唆下一般都愿意铤而走险，凡是有货船到达的海岸，许多人骑着马等在那里，货物一上岸便立刻装上马……他们在一些大走私者的护送下进入这个国家，穿过沼泽，沿着人迹罕至的小道进入英国北部，然后将货物交给店主或承运人等。[23]

在这种商业循环模式下，货物和船只穿梭在不同但又相互联系的商业点之间，即使完全守法的商人也经常这样安排业务，以高效利用船舱。商船每卸载一次货物随即就会装载新的货物，这样就不会浪费宝贵的船舱空间和航运时间。虽然詹姆斯·克里斯普的商业网络也遵循该模式，但它从来都不是独立的。在网络的每一个节点处，克里斯普兄弟和他们的代理商都力图发展新的业务，他们在巴塞罗那的企业会和加的斯、瓦伦西亚、马德里、马略卡岛的帕尔马和葡萄牙里斯本做生意。[24] 从一开始，克里斯普的生意网络就未被禁锢在欧洲，因为那时欧洲、亚洲、美洲和非洲部分地区的商业交流日益增多，这一现象也存在于其他领域。18 世纪 50 年代末至 60 年代初，詹姆斯·克里斯普和他的新婚妻子在伦敦开启了新的生活，部分资金来自跨大陆商品贸易带来的可观利润。

克里斯普的商业网络的每一个主要节点都将触角伸向了西欧以外的地区。当时，帝国大都市伦敦无疑是世界上最繁忙的港口，也是克里斯普家族的势力中心。詹姆斯·克里斯普似乎对埃芬汉伯爵夫人号感兴趣，这艘船重达 200 吨，由他的亲戚罗兰德·克里斯普指挥。18 世纪 50 年代和 60 年代，它定期出海，载着葡萄酒穿梭在伦敦、马德拉、波士顿和牙买加之间，返回时满载糖、姜和朗姆酒。[25] 詹姆斯·克里斯普也将生意发展到了加勒比海。根据 1764 年的劳埃德船级社登记资料，他管理着四艘船，这表明当时他相当成功。其中，宠儿号、玛丽亚号和联合号于当年离开伦敦，分别驶往意大利、西班牙和设得兰群岛。与此同时，第四艘玛丽亚·布里希号（以克里斯普母亲的一个亲戚命名）正载着货物驶往英属殖民地多米尼加，1761 年，英国从西班牙手中夺取了它。[26] 詹姆斯·克里斯普将目光投向了大英帝国以外的帝国。有时，他从设得兰群岛或波士顿出口腌制鱼到巴塞罗那，这些腌制鱼不仅会进入西班牙本国人的餐桌，也会用以补给定期从西班牙出发前往其南美洲殖民地的皇家舰队。克里斯普兄弟还凭

伊丽莎白·马什的磨难：一个女人的世界史

借自己的实力和西属美洲直接进行贸易。1761 年，他们位于巴塞罗那的公司在"新世界的圣胡安"（即波多黎各）装载了 379 桶橄榄油。1762 年至 1763 年，马德里和伦敦为了抢夺贸易和殖民地开战，即使如此，克里斯普兄弟仍努力维持与西班牙及其帝国的贸易往来，公证文件清楚地表明了这一点。[27]

　　汉堡不仅是一个现成的殖民地再出口产品市场（产品可能来自牙买加、波士顿、多米尼加或西属美洲），还是连通波罗的海地区的贸易通道，其腹地的商品交易市场网络一直延伸到俄罗斯北部港口阿尔汉格尔。里窝那港口不仅对所有国家的船只和所有宗教信仰的商人开放，而且在战时坚定地保持中立。通过里窝那，詹姆斯·克里斯普得以在黎凡特和北非开展业务。1764 年，他的企业将西班牙的纺织品和葡萄酒出口到奥斯曼帝国的前哨城市突尼斯，然后将突尼斯的食品运到意大利。[28] 在突尼斯和里窝那，在与克里斯普打交道的 [99] 商人和银行家中，犹太人占绝大多数。18 世纪 60 年代，一位英国大使在描述里窝那商人社团时写道，"那里有土耳其人、黎凡特人、一些法国人、威尼斯人、热那亚人、科西嘉人、希腊人、亚美尼亚人和那不勒斯人，"但他继续强调说，"犹太人数量最多。"里窝那是希伯来语书籍的重要出版地，该市的塞法迪犹太人（即西班牙或葡萄牙籍的犹太人或其后裔）数量仅次于阿姆斯特丹的数量，犹太金融家和商人把持着该市 1/3 的商业。里窝那的塞法迪社区尤其以珠宝贸易出名，经营主要来自印度果阿邦的钻石和珊瑚："那不勒斯人和其他人在科西嘉岛附近捕捞珊瑚，然后将它们全数交到犹太人手中……利润可观。其中大部分被运往英格兰，然后又从那里运往东印度群岛。"[29]

詹姆斯·克里斯普至少有三位亲戚从事国际珠宝贸易，尼古拉斯·克里斯普、托马斯·克里斯普和爱德华·克里斯普，他们曾在伦敦做珠宝生意（众多业务之一）。18 世纪 60 年代初，詹姆斯·克里斯普偶尔会从里窝那为这些制造、贩卖珠宝的亲戚运送珊瑚，可能还会运送钻石，然后又帮助他们将成品出口到印度次大陆和其他地方。[30]

虽然马恩岛只是詹姆斯·克里斯普商业网络中的最小节点，但为他提供了最多通向全球的机会，他很早就开始在这里积累人脉。早在 1752 年，岛上的领头商人兼走私者乔治·摩尔就将新英格兰的鱼运往克里斯普在巴塞罗那的公司，然[100] 后又在巴塞罗那装载葡萄酒和白兰地运回新英格兰。[31] 1756 年英法开始交战，1762 年至 1763 年英西交战，战争期间国家间的贸易正式中断。在这期间，詹姆斯·克里斯普与乔治·摩尔以及马恩岛的另一位重量级商人约翰·陶布曼之间的关系发挥了重要作用。比起战争，马恩岛人更关心税收，而且该岛坚持中立，所以不会遭到攻击或入侵。整个七年战争期间，克里斯普继续在马恩岛中转货物。在这里，他卸载来自西班牙的商品，有些由他的代理商从马赛、蒙彼利埃等法国港口购得，然后再通过该岛的货船将货物小心翼翼地运到英国和爱尔兰，这些货船主要集中在格拉斯港和皮尔港。

除了白兰地等烈酒和葡萄酒等违禁品，詹姆斯·克里斯普和他的兄弟越来越关注巴塞罗那生产的丝绸手帕。它们四五个手掌宽，由柔软的西班牙斜纹丝绸织成，颜色各异，作为一种奢华时尚的配饰深受男女喜爱。它们非常适合走私，重量轻，方便大批量运输，还可以卖个好价钱。多年来，克里斯普从巴塞罗那运出了数以万计的手帕到马恩岛：纯黑手帕适合最严格的服丧期，"黑底带红十字纹"的手帕适合不那么严格的服丧期，"五颜六色"的手帕适合日常。兄弟俩将它们装在盒子里，上面只标有字母，他们还篡改运货单上的商品名称。他们向船长提供"伪造文件"，以防他们的船只被拦截搜查。战时，谨慎起见，他们只使用丹麦等中立国的船只。在这个过程中，他们捞了很多钱。仅在1765年1月至6月，约翰·陶布曼就从克里斯普兄弟那里购买了价值超过7000英镑（相当于现在50万英镑以上）的走私商品，以丝绸手帕和白兰地为主。[32] 同在突尼斯和里窝那一样，兄弟俩在马恩岛的生意也涉及犹太代理商。马恩岛"不设限……不反对任何宗教"。只要商人能够"在岛上进行公平公正的贸易"，就有权自由经营。1760 年，亚伯拉罕·维安娜、所罗门·达·科斯塔和雅各布·奥索里奥向阿索尔公爵申请入籍时，伦敦的詹姆斯·克里斯普、巴塞罗那的塞缪尔·克里斯普以及阿姆斯特丹、科克、哥德堡、里斯本、加的斯、维尼斯和利兹的 [102] 商人都乐意做这三位的推荐人。[33]

马恩岛欢迎来自不同国家、持不同宗教信仰的商人，它征收极低的进出口关税，任何时候都保持中立，除了这些它还有其他优点。和里窝那一样，该岛自己出口的产品很少，但它为外来货物提供了宝贵的存放空间。它们在这里中转，然后运往其他地方以赚取丰厚利润。在詹姆斯·克里斯普的葡萄酒、白兰地和丝绸手帕等违禁商品中，一部分搭乘马恩岛的货轮南下最终到达英格兰，还有一部分去了格拉斯哥，然后再出口到英属美洲殖民地。运到该岛的其他一些商品（尤其是纺织品）甚至可能去了西非，因为从利物浦、怀特黑文和兰开斯特出发的奴隶船经常停靠在马恩岛，以获取任何可以用来交换奴隶的商品。[34] 就克里斯普本人而言，该岛也是获得亚洲商品的几个渠道之一。法国、丹麦、荷兰和瑞典的商人定期从东印度运来商品，根据英国法律规定，此类商品只能在东印度公司的许可下通过伦敦进入英国，但克里斯普兄弟的船在马恩岛卸货后就可以装载东印度的商品。约翰·陶布曼偶尔向他们提供荷兰商人从中国广州运到岛上的茶叶，几乎免税。[35]

乔治·马什是英国政府的忠实员工，在他眼中，他的侄女婿是个狡猾且不遵守法律的人，他甚至逐渐觉得他是个邪恶的人。他之所以产生这样的看法，一定程度上就是因为詹姆斯·克里斯普的商业活动极其灵活且高度国际化。乔治·马什写道，詹姆斯·克里斯普似乎"缺乏良好的原则"。[36] 然[103]而在某些方面，克里斯普的行为则完全符合常理。18 世纪中叶，英国商人更加积极地开拓欧洲以外的市场，他们也取得了更多成功。最开始，克里斯普将重心放在地中海，之后逐渐将贸易拓展到更远的海域，这完美地体现了那个时代的趋势。历史上，贸易商总是绞尽脑汁地规避政府颁布的阻碍自由贸易的法规，伊丽莎白·马什的新婚丈夫也不例外。如果硬要说他"不寻常"，那必定是因为他在非常短的时间内就取得了非常大的成功。

詹姆斯·克里斯普早期的一些商业伙伴颇有声望，这证明了他的能力。在里窝那，他结识了靠腌制鱼发家的詹姆斯·克莱格，以及在诺福克郡出生的银行家弗朗西斯·杰米（他靠赚来的钱在城外修建了一栋豪华的漂亮别墅），然后是胡格诺贸易世家的成员彼得·朗格卢瓦。[37] 詹姆斯·克里斯普还与乔治·摩尔、约翰·陶布曼以及巴塞罗那的卡塔拉家族合作紧密，前两位算得上是当时马恩岛最重要的商人，卡塔拉家族则是当地最重要的印花商之一。家族的名望以及他先前积累的人脉帮助克里斯普结交了这些行业翘楚，但是这离不开他的个人能力，尽管马什家族的一些成员不认可他。他拥有旺盛的精力和事业心，善于推销自己。一位英国贵族兼前内阁大臣说克里斯普是一位"非常杰出的商人"，他在社交和商业方面都了解克里斯普："他的生意做得很大。"[38]

詹姆斯·克里斯普的经商能力还可以从他在伦敦的生活方式中看出，伊丽莎白的野心也可以从中得到体现。这对夫妻似乎租了好几次房子，1765 年年底，他们住在主教门区的卡麦尔街。1666 年的那场大火没有波及该地区，那里仍然到处都是狭窄拥挤的街道、木制房屋和庭院。作为一个上了年纪的居住区（当时卡麦尔街时经常会出土天主教遗迹），这里鱼龙混杂且充满活力。根据当地的记录簿，即使按照伦敦这个国际都市的标准，这个区的胡格诺派、荷兰人和塞法迪犹太人的名字出现频率也相当高，比如范内克、德阿奎拉、本杰明、以色列、萨尔瓦多、莫迪利亚尼。此外，该区的租户、商店和仓库承租人的更替频率非常高。[39] 这里看上去肮脏、拥挤、污染严重，但只要看一眼地图就会明白它的位置优势，也会明白为什么詹姆斯·克里斯普会选择住在这里。卡麦尔街与主教门街相交，主教门街是英格兰以北的主要马

[104]

伊丽莎白·马什的磨难：一个女人的世界史

车道之一，方便他出差去苏格兰或马恩岛。卡麦尔街与德文郡广场仅隔两条街，参与英国与黎凡特之间的贸易的商人在这里扎堆儿。从克里斯普的住所出发，步行最多五分钟就能到达利德霍尔街，东印度公司总部东印度大楼就在这条街上。克里斯[105]普很可能住在卡麦尔街的南端，这里的住宅用地上建有仓库。詹姆斯·克里斯普只需要向南步行 15 分钟到 20 分钟就可以到达泰晤士河、海关、比林斯盖特鱼市和他在马克巷租的公司保险库。

　　途中，他会经过恩典堂街。在《傲慢与偏见》(*Pride and Prejudice*) 中，作者简·奥斯汀 (Jane Austin) 尖锐地指出，女主人公伊丽莎白·班纳特的姑父和姑姑加德纳就住在这条街上。之所以"尖锐"，是因为 18 世纪到 19 世纪初，恩典堂街和主教门区的大部分地区一样，既不时髦也不光鲜，奥斯汀也在小说里明确指出了这一点。书中宾利姐妹因为自己的贸易背景偏爱地主阶层，因此瞧不起恩典堂街。但正如奥斯汀所说，恩典堂街使加德纳一家变得富裕、高尚、有教养，这儿有仓库、保险公司、航运公司以及客栈，商业蓬勃发展，特别适合想发家致富、提高地位的人。朱森夫人是伊丽莎白·马什在卡麦尔街交到的女性朋友之一。[40] 她的丈夫查尔斯·朱森后来成为英格兰银行的首席出纳员。

　　证据表明，18 世纪 60 年代初期，詹姆斯·克里斯普和伊丽莎白·马什就过上了相当舒适的生活。1762 年，克里斯普居住的教区万圣面包街对该区家庭需要救济的程度进行了排序，只有 13 户人家排到了克里斯普一家前面。[41] 然而在伊丽莎白的叔叔乔治·马什看来，这两口子的纳税额不值得他评论，他们的生活开销才值得他评论。乔治·马什认为他们铺张浪费，他说得其实没错。这对夫妻都有丰富的旅行经验，1757 年之前，他们停留在伦敦的时间并不长。他们都年轻，闲不下来，总想证明些什么，所以他们不想放过伦敦的任何乐子和机会。1762 年 4 月 27 日，他们的第一个孩子布里希·克里斯普（Burrish Crisp）出生，两年后，他们的女儿伊丽莎白·玛丽亚·克里斯普（Elizabeth Maria Crisp）出生。詹姆斯·克里斯普想方设法为妻子寻找最好的助产师，仅专业还不够，必须是行业最佳。他从针线街找来一位有名的男助产师大卫·奥姆博士，他创造性地改进了产钳的使用。[42]

[106]

这种奢侈的行为表明克里斯普是一位体贴的好丈夫，但也激怒了乔治·马什。社会评论员和讽刺作家常年埋怨伦敦商人在他们野心勃勃的女眷的怂恿下，过着入不敷出的生活。七年战争爆发后，经济陷入混乱，这些批评的声音更大了。"1716 年卖出了多少副牌，1766 年又卖出了多少副牌？"1767 年一位伦敦记者怒问道：

伊丽莎白·马什的磨难：一个女人的世界史

1716年有多少四轮马车、敞篷马车、两轮马车、马匹和马夫，1766年又有多少？1716年有多少商人穿系带背心，1766年又有多少？1716年有多少破产商人，1766年又有多少？[43]

乔治·马什喜欢在写作中引用警示性的语句，如果他看到这段话，想必能和这位记者产生共鸣，也能抓住他隐藏在字里行间的幸灾乐祸。乔治·马什相貌平平、衣着朴素（但不便宜），因癫痫病和个人价值观过着几乎过度节制的生活。他不赞成侄女和侄女婿的放纵，不仅是因为他们铺张浪费，还因为他们太成功了。当侄女和侄女婿失去了奢侈的生活后，乔治·马什觉得正义得到了伸张，他利用这对夫妇的故事进行道德说教，告诫人们任性和奢侈是危险的。他还敏锐地观察到，克里斯普的身上反映了广泛的世界变化：

当繁荣的制造业和广阔的商业给一个国家带来巨大财富 [107] 时，也会造成诸多负面影响，最糟糕的影响之一便是奢侈大行其道。奢侈不过是快速消费换了个说法，所有现代国家王室的收入都来自这种消费，所以君主们通常都报以支持态度。奢侈在宫廷盛行，在首都随处可见……这一风气将大城市变成了一个旋涡，节俭和谦虚的人变成了旋涡中的微小颗粒。

他写道，詹姆斯·克里斯普和伊丽莎白·马什"喜欢跟风巨富人士的时尚和消费习惯，他们进行各种娱乐活动，做出各种愚蠢的自毁行为"。[44]大城市的旋涡和他们的奢靡最终将他们拖入深渊。

尽管乔治·马什的评价不够全面，但他对克里斯普的伦敦生活以及他侄女伊丽莎白的看法仍然很有价值。那时，马什家族中就数乔治·马什见到他们的次数最多，因为他的办公地海军大楼位于十字修士街，供应处在塔山街，这两条街距离主教门都很近。他一般没兴趣观察记录女性，即使他会在家谱里谨慎地介绍家族女眷，但他很少深入探究她们的生活。他介绍自己的妻子安·马什时，只说了她是一位"非常深情的女人"。[45]对乔治·马什来说，理解侄女伊丽莎白·马什比理解侄女婿更难、更具挑战性，他分配了好几页给她。当他垂暮之年回顾在伦敦的日子时，他承认伊丽莎白是"一位漂亮、迷人、能力出众的女人"，但他还是忍不住批评侄女的饭量太大。在他看来，这不仅犯下了饕餮之罪，还是贪图享乐、缺乏自律的表现。到了晚年时期，他越发认为一个人的能力不及品德重要：

[108]　　　　日常经历应让世人越来越清楚地看到，人类生活的幸福更多取决于小美德而不是卓越的才华……当今世界，卓越的

　　　　　　　　伊丽莎白·马什的磨难：一个女人的世界史

才华在日常生活中用处不大。人们应该希望孩子快乐而不是希望他们伟大，应该培养孩子的思想品德和良好习惯，使他们在日常生活中受益。在这些小美德中，勤俭尤其可贵。[46]

伊丽莎白·马什的经历远比表面上看起来复杂，牵涉诸多时代因素。詹姆斯·克里斯普和马什家族之间关系紧张，不仅仅是因为他们在性格和生活方式上的差异。同理，他们夫妻之间的矛盾也不仅仅源于性格和生活方式上的差异，尽管两人用钱都大手大脚。

他们与世界互动的方式以及对世界的看法截然不同，这才是他们矛盾的根源所在。乔治·马什一生只离开过英国一次，他却认为自己拥有全球视野。1763年后，他成为海军供应处的成员，负责监督各大洋的英国船只供应工作，包括和詹姆斯·库克（James Cook）一起去太平洋的那些船只。对他来说，为政府效劳就是在与世界接触，马什家族的其他成员也这么认为。18世纪60年代，马什家族中越来越多的男性利用英国政府来稳固、提高自己的地位。1763年之前，伊丽莎白的父亲米尔伯恩·马什一直在直布罗陀工作，之后他才回到梅诺卡岛担任海军军官。七年战争结束后，英国夺回了该岛。同年，她的哥哥弗朗西斯·米尔伯恩·马什是英国陆军上尉，1763 年至 1773 年，他有时驻扎在爱尔兰，有时驻扎在西印度群岛。1768 年，她的弟弟约翰·马什被任命为英国驻西班牙马拉加（Málaga）领事。米尔伯恩·马什的姨妈的儿子米尔伯恩·沃伦在东印度公司工作过，期间他在马德拉斯担任首席造船匠，1762 年至 1763 年英国短暂占领马尼拉期间，他也参与了。伊丽莎白的姨妈玛丽·杜瓦尔的女儿玛格丽特·杜瓦尔嫁给了詹姆斯·莫里森，他在造币厂稳步上升，该厂负责设计和制造英国的金银铜币以及之后在其殖民地使用的货币。由于他们的工作都与英国政府挂钩，他们自然倾向于通过英国政府和大英帝国的镜头观察世界。

詹姆斯·克里斯普不是在英国本土出生的，这点几乎可以肯定，所以他是文化上的混血儿。像其他许多商人一样，他会多种语言。他能说一口流利的卡斯蒂利亚语和加泰罗尼亚语，似乎还能说（但不会写）葡萄牙语、意大利语和法语。[47]他习惯了在城市化程度高且人员混杂的地方工作，他雇用不同国籍的男性（和女性）并与他们打交道。他喜欢在里窝那、汉堡或马恩岛的道格拉斯等中立自由港做生意，这些地方不受强国管控，有时甚至公然对抗它们。詹姆斯·克里斯普不仅与英属美洲和英属加勒比地区进行贸易，他也与英国的对手西班牙的部分地区做生意。他与犹太人、天主教徒和穆斯林教徒进行通信和往来，毫无顾忌。在英国本土商人眼里，他的行为奇怪且放肆。当伊丽莎白·马什看到摩洛哥的欧洲商人（及其穆斯林同行）为了共同的商业利益而无视宗教差异时，她震惊了。她遇到了一位荷兰商人，他计划在马拉喀什定居，她惊讶地写道："他对基督徒在那个国家面临的困难视而不见，认为它们无关紧要或不值一提。"[48] 詹姆斯·克里斯普站在全球高度思考和行动，他的商业版图从欧洲南部和北部一直延伸到非洲、亚洲、英属美洲和西属美洲。与马什家族的男性不同，1767 年之前，克里斯普与世界的互动以及对世界的看法并非完全由英国政府和大英帝国塑造。他的生计——现在也是她的生计——依靠商品、信息和资本在不同国家、不同帝国、不同海洋、不同种族、不同文化、不同宗教之间的自由流动。 [110]

所有重大军事冲突都会破坏经济，七年战争也不例外，它中断了这种自由流动，改变了人们对詹姆斯·克里斯普这类忙碌、适应力强的商人的态度。"一位商人，"亚当·斯密在《国富论》中写道：

> ……不一定是某一个国家的公民。对他来说，在什么地方做生意在很大程度上来说并不重要，只要他产生一点点反感，他就会把他的资本连同整个产业从一个国家转移到另一个国家。[49]

在这段引用中，斯密的语气比平常更加严厉，这暗示了在 18 世纪中叶，英国政治优势增加，人们重新开始争论起一个古老的话题——商业在多大程度上属于国家和社会的利益或责任。一方面，英国爱国人士为贸易不断扩张感到自豪，许多商人从英国军事扩张和殖民主义中获利。另一方面，随着国家和国家之间、帝国和帝国之间的竞争和冲突日益激烈，战事波及范围越来越广，虽然一些利益集团能从中受益，但国际贸易和商人的利益都遭到损害，他们原本习惯了跨越政治、宗教和种族差异进行贸易，现在却遇到了阻碍。[50]

[111]　　　1763 年，英国国内民族主义意识和帝国主义意识越来越强，大规模战争爆发，之前一些使詹姆斯·克里斯普获得成功的品质现在反而可能会给他制造麻烦，比如多元文化背景、发展人脉的积极性、对政府条条框框限制的不耐烦以及开拓精神。克里斯普兄弟的贸易网络越织越大，覆盖领域越来越广，导致企业资金储备有限、企业抗风险能力降低。"为所有国家服务，"阿贝·雷纳尔在《两个印度历史》中建议海外商人，"但是如果某一投机行为会损害你自己国家的利益，那么不管它能带来什么好处，你都应该放弃。"[51]

　　詹姆斯·克里斯普的生意遍及多个国家，还带有灰色性质。尽管七年战争导致贸易中断，但他的生意却蒸蒸日上。1762 年，西班牙加入七年战争，伦敦从南欧的进口力度减半，但克里斯普兄弟依靠他们在巴塞罗那的公司、国际化的员工队伍和马恩岛的隐蔽网络，似乎在战争初期成功保住了他们在伊比利亚和西班牙殖民地的大部分业务。战争接近尾声时，其恶果开始逐渐破坏兄弟俩的生意网络。

他们在汉堡的业务首当其冲。1763 年，普鲁士腓特烈大帝在战时有大规模贷款的需求，但他偿还能力有限，于是阿姆斯特丹的银行业遭遇了一场重大危机，进而影响到斯德哥尔摩、伦敦、柏林甚至美洲殖民地的银行和商人，但汉堡受到的冲击最大。那年秋天，汉堡的贸易及其亚麻、谷物和木材的供应一度瘫痪，引起一片混乱，至少持续到 1764 年。[52] 英[112]国需要额外收入来偿还战时的巨额债务，它颁布了一系列新的财政法规，其中针对英属美洲殖民地的新税收政策最为臭名昭著，包括 1764 年和 1766 年的《糖税法案》(*Sugar Acts*)、1765 年的《印花税法案》(*Stamp Act*) 以及 1767 年的《汤森德税法案》(*Townshend Revenue Act*，即向英国转口美国的茶叶征收高关税)。这一系列财政措施相互联系，虽然它们针对的是英属美洲殖民地，但詹姆斯·克里斯普也受到了很大影响。

1765 年 5 月，英国议会通过了《归还法案》(*Revestment Act*)，将马恩岛的主权归还英国王室，因此该岛必须遵守议会的关税规定。埃德蒙·伯克认为，该法案"同样服务于"战后英国对英属美洲殖民地征税。当局希望通过这些法案快速增加收入、打击走私、巩固伦敦对整个大英帝国的控制。根据 1764 年英国海关官员的计算结果，18 世纪 50 年代，马恩岛的走私活动每年给英国财政部造成 10 万英镑的损失。他们还计算出，现阶段还在通过马恩岛运输货物的西班牙、荷兰、瑞典、丹麦、法国、加勒比海和英国的商人每年让财政部损失 30 万英镑的关税和消费税。[53]《归还法案》的存在使马恩岛的商业活动不得不遵守严格的新规定，以避免财政部继续遭受损失。该法案规定，英国海关和税务官员有权搜查进出马恩岛的船只，并没收非法货物，因此马恩岛无法再继续促进亚洲、非洲、美洲和欧洲之间的廉价商品贸易，也无法在战时继续保持中立。克里斯普兄弟和其他商人"毫无疑问地失去了"通过该岛转运欧洲大陆货物并再出口到英国的机会，即使欧洲敌对国家处于战争状态也不行。[54]

尽管如此，詹姆斯·克里斯普仍然写道："商人可以通过许多途径利用他的资本获利。"这句话可能是他的人生信条。

[113] 由于马恩岛走私活动的大规模中止，以前那些将违禁品从马恩岛运送到英国的货船没了业务，以爱尔兰人为主的船员也没了工作。1765 年年底，克里斯普和他的新合伙人弗朗西斯·沃伦收购了一些货船，他们说服船员前往设得兰群岛以扩大他在那里的捕鱼业务。1766 年 7 月，苏格兰海关总署长严肃地汇报了克里斯普的新行动。"又一个渔场"已经启动，他告

诉财政部的领导：

> 通过八艘重约 25 吨的爱尔兰货船，每艘配有八名爱尔兰国籍的船员……依靠这些大型货船和专业的渔民，他们较往年提前开始捕鱼，并且在距离海岸更远的地方捕获了1056 公担的鱼，设得兰群岛当地约 40 名男性和五六十名妇女儿童受雇腌制这些鱼。之后这些鱼以上述两位先生的名义——克里斯普和沃伦——并通过他们的账户出口。[55]

这种坚韧的企业家精神令人钦佩。马恩岛失业的爱尔兰水手和渔民找到了新工作，他们的船只和经验延长了设得兰群岛的捕鱼季、提高了渔获量，这反过来又增加了岛上的就业机会，提高了詹姆斯·克里斯普的出口量。然而该计划存在唯一一个缺点，它忽略了自命不凡的英国政府和民族，这是克里斯普的性格造成的。设得兰群岛的渔业仍然由苏格兰地主商人主宰，他们打心底憎恶克里斯普的爱尔兰员工，不仅因为他们是外来者，更因为他们能吃苦。克里斯普甚至天真到主动向管理部门描述爱尔兰人的优点："在捕鱼行业，爱尔兰人是出了名的吃苦耐劳、经验丰富。"苏格兰的权贵以及他们在爱丁堡的律师甚至是伦敦的官员都开始打压他的新渔场。但在克里斯 [114] 普的认知里，爱尔兰渔民也是英国人，他自信而鲁莽地告诉财政部："自查理二世登基第十三四年以来的法案都将爱尔兰臣民算作英国人。"[56] 但大英帝国的贸易可比他想象中复杂。就捕鱼等权利而言，爱尔兰居民实际上"并不算英国人"。1707年的《与苏格兰联合条约》（Treaty of Union with Scotland）以及之后的立法明确规定，任何人"不得在不列颠任何地方捕鱼、腌制鱼、钓鱼，臣民和居民除外，爱尔兰人被明确定义为外籍人士"。[57]

为了使设得兰群岛的新业务合法化，詹姆斯·克里斯普打起了连他自己都不习惯的"爱国主义牌"。"请批准我的请愿，"他恳求道，"我将更广泛地推动这一伟大而有价值的贸易活动在英国的发展。"但是伦敦的财政部和苏格兰各大权势家族并不买账。克里斯普还申请每年"免税运送 3.5 万加仑的英国烈酒"到设得兰群岛，"供 1500 名左右的渔民饮用"，他们依然无动于衷。众所周知，设得兰人从欧洲大陆走私大量烈酒，因为在一年中的大部分时间里，该群岛气温低、昼短夜长、沿海水域冰冷刺骨，若是没有烈酒渔民们怎么熬得下去？但政府官员担心如果批准克里斯普的提议，那么英国财政就会受到威胁，最终政府权威会受到威胁。一位官员写道，允许克里斯普将英国烈酒免税运入设得兰群岛可能会"开一个危险的先河，就其本质而言，英国政府无法完全控制这样的企业"。[58]

乔治·马什将詹姆斯·克里斯普在生意场上遭遇的第一

次滑铁卢视为一个警示，告诫人们要懂得节俭。然而这次滑
铁卢更像一个寓言，讲述政府干预、民族对抗、战争和帝国
扩张如何将私人企业以及跨国和跨洋贸易置于巨大压力之下。 [115]
然而，这还不是故事的全部。如果克里斯普的地中海贸易未
受影响，那么他其实可以扛住这一系列压力，包括在 1762 年
至 1763 年英西战争期间。但事与愿违，那一时期汉堡的贸易 [116]
中断，马恩岛出口和设得兰群岛渔业受到打击。1764 年之后，
他的地中海商业网络也开始瓦解。

　　1764 年 4 月 16 日，克里斯普兄弟的三艘货船佩吉号、基
蒂号和"年轻女士"玛丽亚号满载着面粉和小麦抵达热那亚。
第三艘货船的名字可能是为了庆祝克里斯普的女儿伊丽莎白·
玛丽亚的出生（或即将出生），克里斯普总是称它为"年轻
女士"。[59] 船长奉命在热那亚装载更多货物，然后迅速驶向里
窝那和那不勒斯港口，当时这两个地方粮食短缺，克里斯普
可以趁机赚一笔。热那亚共和国的参议院因为粮食短缺而坐
立不安，他们扣押了这三艘船及其货物。虽然克里斯普兄弟
最后要回了这些船，但（他们声称）面粉已经严重变质。对
于保留的供热那亚使用的谷物和面粉，克里斯普兄弟仅获准
以高于进价 20% 的价格出售，他们坚称这"远远低于当时的
市价……在里窝那和那不勒斯，我能多赚 2000 英镑左右"。

　　对于一家成立不久且资本有限的公司来说，2000 英镑可

不是小数目。尽管詹姆斯·克里斯普此前已通过伦敦经纪人为他的货船和货物上了保险，但那时的海洋保险很少能覆盖此类损失。克里斯普兄弟认为热那亚政府应该赔偿他们这笔钱，他们发起了一场"运动"，以讨回债务并索要赔偿，然而这一行动无异于雪上加霜。整个过程持续了近两年，他们投入了大笔法律费用以及大量时间，他们没那么乐观了，身为企业家的进取心也受挫。这场争端牵涉了多方势力，远远不止克里斯普的小公司和几船货物，热那亚参议院、地方法官以及英国高级官员都卷入其中，所以它才持续了那么长时间。这一次也是唯一一次，英国官员选择支持克里斯普。本质上，这场冲突同样发生在商人和政府之间，商人需要自由进行长途贸易，而政府需要维护国家和统治者的利益。在一份冗长的书面辩护文件中，热那亚当局称，商人有必要"以合理的价格向每个国家提供其所需商品"，统治者的权威和臣民的需求高于任何商人或公司的私利。虽然他们承认克里斯普兄弟在这次粮食投机中赔了本，财产也被扣留了一段时间，但他们绝对不能给商人提供一个完全自由的市场，这样做会带来巨大的风险："一旦赋予经营者这样的权利……国王将被剥夺授予他的至高无上的权力，即为谷物公正和公平地定价，这是他保护自己臣民生命的极其必要的一步。"[60]

针对这一立场，英国贸易委员会通过外交途径向热那亚

伊丽莎白·马什的磨难：一个女人的世界史

当局施压，34 位"伦敦最有能力、最受尊敬的商人"联合签署了反对宣言。这些人和詹姆斯·克里斯普反驳道，暂时的粮食短缺并不是一个国家阻碍市场自由的理由，这种行为是在"转移灾难给外国人，这场灾难原本是上帝安排到那个国家头上的"。如果热那亚参议院想要克里斯普的小麦和面粉来养活它的公民，它就应该"按照这些货物的市价"付款，这和公平或人类需求无关。詹姆斯·克里斯普本人坚定地写道：

> 任何事物都不能赋予任何统治者或国家以任何形式限制外国居民处置其财产的权力（商人希望反复强调并坚持这一点）……不考虑具体情况就谈论公平合理是在胡说八道。何为合理，即所有货物按照其市场价格销售。[61]

"何为合理，即所有货物按照其市场价格销售。"这一观点[118]非常现代，詹姆斯·克里斯普对这一立场的坚持再次表明，尽管他有多愁善感的一面，比如用女儿的名字命名船只，但他对自由贸易的重要性深信不疑，忍受不了任何限制自由贸易的事物——地理距离、垄断、国界、帝国边界和行政命令，甚至也不在乎人类同胞的生存以及对合理定价的过时定义。尽管克里斯普有着坚定的信念和雄心壮志，但他和合伙人仍然只是小商人，影响力非常有限。1766 年 2 月，在英国政府的持续外交施压下，热那亚参议院最终基本上同意解决冲突，但克里斯普兄弟似乎一直未得到赔偿，那时他们的损失已成定局。[62]

对所有商人来说，信贷像胶水一样黏合着他们的生意网络，詹姆斯·克里斯普也不例外。克里斯普兄弟之所以可以获得长久的成功，一是因为他们的企业崇尚公平交易，他们靠得住；二是因为汇票的存在。汇票大致相当于今天的旅行支票，持票人凭汇票兑现，不受时间、地点和币种限制。通过代理人和银行家的网络，商人使用汇票跨越遥远的地理距离相互赊欠、筹集贷款并利用不同地点的汇率获利。在这个过程中，他们对彼此负有法律和财务责任，这像一根麻绳把他们捆绑在一起，一旦出现问题，这根绳子会越拉越紧。18世纪，全球贸易不断扩张、信贷网络不断扩大，越来越多的交易和地点彼此相连，风险成倍增加，而海外贸易在某些方面仍然是一个危险的原始领域。[63]

尽管詹姆斯·克里斯普的生意遍及非洲、亚洲、美洲、西欧和东欧，但他的货物运输速度仍然取决于船只或马匹的速度。在大部分时间里，他与从未见过的人打交道，他们在他从未去过的地方，他只能通过一系列商务信函了解这些地方和这些人，但这些信函的邮寄速度同样取决于船只或马匹的速度。在詹姆斯·克里斯普留存下来的商务信件中经常可以看到人们的祈祷，例如他的船长在起草货单时写道："蒙上

[119]

帝恩典，祈祷一切顺利。"这表明当时的商业在很大程度上受自然或人为的突发事件的支配，生意场上处处是风险。[64] 1764年4月，热那亚扣押了克里斯普的船只。其实在几周以前，该国就已经开始这种操作了。只不过几周时间确实太短，信件无法及时送到伦敦的克里斯普或者巴塞罗那的他的哥哥手上，因此他们无法及时得知热那亚共和国的情况。就算奇迹发生，信件及时送到他们手里，他们也无法快速将这个消息传达给那三艘货船。当时它们已经上路，毫无防备地驶向热那亚和它布置的陷阱。

由于热那亚事件再加上其他失利，他们公司的信誉逐渐下降，两兄弟在巴塞罗那的公证人塞巴斯蒂亚·普拉茨不断收到汇票无法兑现的消息。1765年年底，绝望的克里斯普兄弟开始向不同国家的债务人追讨债务，但有些商人因战后经济混乱也陷入财务困境，无法偿还债务。[65] 在这之前，克里斯普兄的信誉一直不错，1764年，里窝那鱼商詹姆斯·克莱格还对詹姆斯·克里斯普说："我们相信贵公司会按时付款。"但在接下来的两年里，兄弟俩不断违约。1767年3月上旬，塞缪尔·克里斯普放弃了公司之前赊购的海运到巴塞罗那的货物，因为他们没有钱兑现汇票。几周后，焦头烂额的货船船长们冲到他们公司的账房，克里斯普在巴塞罗那的首席助理胡安·弗朗西斯科·丰坦纳兹将船长们拒之门外。那 [120]

时，塞缪尔·克里斯普和雅各布·埃默里为了躲避债务已经偷偷离开了巴塞罗那。[66] 同一个月，伦敦报纸刊登了詹姆斯·克里斯普破产的新闻。[67]

破产之前，他曾写信给苏格兰的爱丁堡威廉霍格父子银行，他主要在这家银行办理业务。信中他坦白自己感到"极度痛苦"，这种措辞其实违背了商务信函一贯的正式风格。他声称别人仍然欠克里斯普兄弟"1.5 万到 1.6 万英镑"，相当于今天的 130 万英镑。他希望银行看在他们昔日"宝贵的友谊"分上，满足于没收公司在设得兰群岛的船只、房屋和捕鱼设备，因为他们已经没有流动资金了。"阅后即焚。"他在信函末尾潦草地书写道。[68]

詹姆斯·克里斯普虽然没有一蹶不振，但也元气大伤。在伦敦，尤其是在 18 世纪 60 年代，破产挺常见，并不能说明商人能力不够或交易不当。但是，克里斯普没以前那么独立和自由了，他将地中海业务扩展到各大洲、各大洋的梦想也破灭了。破产既是对个人的打击，也是对经济和商业的打击。它会吞噬破产人士的家庭，极易破坏夫妻之间的关系和信任。根据法律，伊丽莎白·马什免于因这些债务而被监禁。她喜欢赊账购物，就她在伦敦的奢侈程度（乔治·马什暗示过），欠下的债务必定不是一个小数目。而现在，它们将继续由詹姆斯·克里斯普承担，即使他已经破产了。[69]

克里斯普可能很苦恼，但伊丽莎白也有理由感到苦恼。[121] 1767 年春，《伦敦公报》（*London Gazette*）等报纸多次刊登他破产的公告，这不仅让克里斯普难堪，也让伊丽莎白颜面扫地。她知道他们的朋友、亲戚和商业对手都会看到这些公告。和其他破产人士一样，他们的家被搜查了，以便细查、评估克里斯普的财产。根据法律规定，破产特派员可以在必要时打开"门、行李箱和大木箱"，并且有权扣押任何动产以偿还破产人的债务，只有"他、妻子和孩子的必要衣服"除外。破产特派员可能会"宣誓将秉公执法地对破产人的妻子进行检查"。克里斯普不得不参加在伦敦市政厅和康希尔彩虹咖啡馆举行的一系列债权人会议。船东和海外商人很喜欢在这家咖啡店打发时间。像所有破产人一样，他必须选定受让人，其中有四位负责估价、出售他的财产。[70]

如果破产特派员对破产人的配合感到满意，并且 4/5 的债权人（人数和债务价值均达 4/5）同意签署一份特殊证明，破产人才能合法保留一定比例的资产，免除剩余债务且不被起诉或逮捕。目前尚不清楚詹姆斯·克里斯普是否拿到了这份特殊证明，1767 年 5 月下旬伦敦一些报纸报道说他拿到了，但乔治·马什到死都说他没拿到，这也在意料之中。[71]

詹姆斯·克里斯普破产之后，他和他的姻亲之间的权力天平开始向他的姻亲倾斜。尽管马什家族早年对克里斯普和伊丽莎白的婚事顾虑重重，但马什家族承认克里斯普的社会地位在某些方面比他们高，同时他还是伊丽莎白·马什的救星。然而现在，马什家族成员的社会地位和政府职位越来越高，詹姆斯·克里斯普相形见绌，于是他们一家包括伊丽莎白本人对他的评价都发生了变化。但马什家族的成员还是对

[122] 他伸出了援手，让他参与英国本土和大英帝国的项目，但克里斯普并没有他们熟悉这些项目。1765 年 10 月，克里斯普仍在热那亚努力讨债，乔治·马什动用他在食品供应委员会的权力，将米尔伯恩·马什从梅诺卡岛调到肯特·查塔姆海军造船厂，担任食品供应专员，这样他可以离女儿和女婿更近。此外，乔治·马什还将詹姆斯·克里斯普引荐给第二代埃格蒙特伯爵约翰·珀西瓦尔，此人自 1763 年起担任第一海军大臣。在乔治·马什的帮助下，伊丽莎白和克里斯普得以重新开始，一个新世界正在等着他们。

❀

乔治·马什本是轮船木匠的儿子，而约翰·珀西瓦尔是当时英国政府最重要的人物之一，他如何成功地将这位大人物介绍给自己的侄女婿？这个问题值得深挖，因为它的答案

可以揭示这个看似平平无奇的二等公民为何总是立于不败之地，为何他每次出手都能改变伊丽莎白的命运。18世纪40年代中期，乔治·马什大费周折地为珀西瓦尔提供了一些有用的海军和法律消息，当时珀西瓦尔是爱尔兰贵族的继承人和都柏林议会议员。珀西瓦尔向马什承诺将还他人情，但精明的马什没有立即接受他的好意。因为当时珀西瓦尔还是反对党的成员，是一位有文化、有远见的离群的爱尔兰人，他不太适合成为伦敦有抱负的公务员的贵人。1763年10月10日晚，情况发生了变化。当乔治·马什"在位于佩卡姆的住所"看报时，他读到珀西瓦尔已经被"任命为第一海军大臣"。第二天早上6点，他就写了一封信并寄了出去："如果大人认为我能为您效劳，请尽管吩咐，我荣幸至极。"一周后，乔治·马什见 **[123]**到了珀西瓦尔，他迎来了职业生涯的重大转折点。埃格蒙特伯爵"想知道我是否愿意担任他的私人秘书，因为他非常需要我协助他处理海军事务"。能成为第一海军大臣的秘书意味着他有机会升职为食品供应委员会的成员。很快，乔治·马什就"按月租了一辆双轮敞篷马车"（其实他也买得起），因为"我需要每日去海军部"。[72]

通过自己的耐心、勤奋、敬意和不顾一切的自我进取，乔治·马什赢得了埃格蒙特伯爵的青睐。1771年，桑威奇伯爵约翰·蒙塔古再次出任第一海军大臣，马什在与他的通信中疯狂拍马屁，还借钱给他，甚至要将桑威奇伯爵的情妇玛莎·雷的一个亲戚安顿在自己房子里。但归根结底，正是马什的勤奋和他在海军行政管理方面的渊博知识，使他成了历任贵族第一海军大臣的左膀右臂。这些品质给聪明严肃的埃格蒙特伯爵留下了深刻的印象，而埃格蒙特伯爵性格中的另一面，促使他和詹姆斯·克里斯普进行合作甚至成了朋友。[73]

埃格蒙特伯爵和克里斯普都有一颗事业心，都具备广阔甚至浪漫的国际视野和想象力，因而两人能走到一起。作为第一海军大臣，埃格蒙特伯爵是两次重要环球航行的主要赞助人。第一次是 1764 年至 1766 年约翰·拜伦的环球航行；第二次是 1766 年至 1768 年塞缪尔·沃利斯做船长的环球航行。埃格蒙特伯爵对欧洲以外的世界充满兴趣，既因为他的家族，又因为他的职位，还因为他的性格。18 世纪 30 年代，他的父亲即第一代埃格蒙特伯爵是乔治亚州的主要赞助人之一，当时乔治亚州是英国在美洲的最南端殖民地。第二代伯爵继承了他父亲在大洋彼岸的利益，英国打赢七年战争后，他在海军部的职位使他能够最大限度地利用北美投机热潮。英国在北美打败法国和西班牙帝国之后，拿到了约 12.4 亿英亩的土地。18 世纪 60 年代，英裔美洲人掀起了一场土地征购和开发的热潮。这 10 年间，密西西比公司在美洲成立，这是一个由富有的弗吉尼亚和马里兰殖民者组成的

[124]

　　　　　伊丽莎白·马什的磨难：一个女人的世界史

财团，其中就有乔治·华盛顿。他在俄亥俄河、沃巴什河和田纳西河沿岸申请了总计250万英亩的土地。不久之后，本杰明·富兰克林和其他人计划在俄亥俄州上游河岸建立一个名为万达利亚的新殖民地，虽然英国政府反对进一步向西建立殖民地，但它确实支持以美国最初的13个殖民地为基点向南和北建立殖民地。第二代埃格蒙特伯爵选择沿这个方向进行投资。[74]

最终，埃格蒙特在新斯科舍购置了12万多英亩的土地（18世纪60年代当地出售总土地面积为350万英亩），在佛罗里达州购置了65500英亩土地。他还鼓励他的一些朋友、家属和海军部工作人员投资殖民地，包括他的新任秘书乔治·马什。"他坚信自己将在美国获得一笔可观的财富，"马什转述埃格蒙特伯爵的话，"他除了希望他的家人能够成功，他也由衷希望我和我的家人成功。"[75]马什相信了他的话。1763年年末，他考虑在新斯科舍为自己购置土地。之后，他似乎还鼓励詹姆斯·克里斯普向埃格蒙特发出申请，请他批准自己在一个岛屿附近开设渔场，这个岛后来被命名为爱德华王子岛。[76]虽然这些早期计划都落空了，但在埃格蒙特伯爵的推动下，1766年1月和6月，枢密院下令在东佛罗里达州给詹姆斯·克里斯普分配5000英亩土地，之后又追加了1.5万英亩："上述人詹姆斯·克里斯普或他的代理人可以在上述省份选择一块相连的土地进行勘测。"于是，克里斯普有了与英国财政大臣查尔斯·汤森德、苏格兰最富有贵族之一的巴克卢赫公爵和佐治亚州创始人詹姆斯·奥格尔索普将军等新省的地主平起平坐的机会，这些人在东佛罗里达州都拥有 2 万英亩的土地。[77]

枢密院的命令并不等于土地转让令，而是勘测令。被授予人要么需要亲自前往东佛罗里达州，要么指定代理人代替他们前往。他们需要按照勘测令中规定的英亩数，挑选一片土地并对其进行正确勘测，然后将勘测结果提交给殖民地总督，来自苏格兰高地的詹姆斯·格兰特上校，将由他正式批准土地转让。之后，新的土地所有者需要招募和运送新教白人来此定居，佛罗里达州每百英亩土地对应一个人。如果三年之内只有 2/3 的土地达到这一标准，那么王室就有可能没收所有土地。[78] 从这个漫长的过程以及其他在东佛罗里达州购置了土地的权贵身上可以看出，想在美洲进行大规模土地投机的人需要连续数年投入大量资本。然而 1766 年克里斯普收到枢密院的土地勘测令后，他的生意已经陷入危机，次年他便宣布破产。尽管如此，他还是没有放弃在佛罗里达州的投机计划。在英国的最后几年，他将大部分精力投入其中，因为他喜欢冒险（虽然当时他已被绝望笼罩），更因为他和埃格蒙特伯爵已经建立了亲密的合作关系，他们两人都喜欢策划大项目，有时甚至不顾自身实力。

在美洲的土地投机事业中，詹姆斯·克里斯普并不是单打独斗，他的一些商业伙伴也加入了他，比如马什家族在海军部的熟人以及伊丽莎白·马什的表亲詹姆斯·莫里森，他在东佛罗里达州拥有 5000 英亩土地。这些人一起组成了一个财团，埃格蒙特伯爵称他们为"冒险家"。他写信给格兰特州长介绍他们派去东佛罗里达州的代理人马丁·乔利，他在信 [126] 中提到冒险家们希望自己的土地彼此相邻，这样可以在美洲这个大殖民地中打造一个小殖民地：

> 这位先生受雇于供应专员福特雷先生、伦敦著名商人克里斯普先生和安德森先生，以及海军部的伍德先生、莫里森先生以及波雷特先生……获得您的批准后，他将勘测东佛罗里达州，选定土地，并获得他们有权获得的部分。

埃格蒙特伯爵向格兰特保证，每一位冒险家都会"在这项共同投资的合伙事业中有效发挥他们的能力，一分一秒都不会浪费"。至于他自己，他继续说道："应要求，我不仅会提供我的建议并为冒险家们制订行动方案，而且在执行过程中我也会加入他们。"[79]

埃格蒙特伯爵的这句话过于谦虚，从中可以看出此次土地投机的特殊之处，以及为什么詹姆斯·克里斯普和伊丽莎白·马什有一段时间将佛罗里达视为他们逆风翻盘的舞台。埃格蒙特伯爵确实加入了这场严格来讲属于中产阶级的冒险活动，几个月后，他"成了领头人，承担了所有麻烦"。此外，随着必要开支不断增长，他还支付了大部分费用。埃格蒙特伯爵还确保"在他（克里斯普）破产前很久，他的土地就抵押给了我，因此他的债权人无权索要这些土地"。他这么做，并不是因为他想将克里斯普那两万英亩土地或者其他财团成员的土地并入自己在佛罗里达州的庞大私有土地财产中去。他解释道："我想拥有很多的土地，这样我就可以赠予很多土地。"根据他们当时的想法，詹姆斯·克里斯普和其他冒险家们将把他们在佛罗里达州的土地转让给埃格蒙特伯爵，由他去扛起起步时期的大部分财务和管理压力，然后他再把土地"重新转让给他们"。这样一来，冒险家们又重新收回了属于他们的佛罗里达州土地。[80] 詹姆斯·克里斯普和伊丽莎白·马什找到了一条以最小成本成为美洲大地主的捷径。

[127]

　　埃格蒙特伯爵似乎在透过封建主义或者爱尔兰滤镜去想象北美大陆（他从未去过），所以他才计划以这种方式开发东佛罗里达州。此前，他的家族已经将他们在爱尔兰的土地赠送出去了 16 万多英亩，其中一部分给了"当地人"，但大部分还是给了"英国绅士和佃户的小儿子"。埃格蒙特伯爵相信这样

　　　　　　　　伊丽莎白·马什的磨难：一个女人的世界史

做可以让他私有土地上的人更团结，受到恩惠的人会感激他、为他效力。他打算在大西洋彼岸复制这场社会和经济实验。根据他的设想，北美大陆上"被征服的土地……将被划分为不同省份，每个省份面积为 1800 万英亩（几乎与爱尔兰一样大）"。就他们自己的土地而言，他想鼓励"小资本家的发展"，以此阻止加勒比种植园出现的那种"令人发指的垄断"，同时避免"创造新世界"过程中出现盲目性，因为"它会把新世界变成一盘散沙"。[81] 他体现出的家长式领导风格以及对体系化的渴望决定了他如何对待"冒险家"，以及他和克里斯普如何安排后者在东佛罗里达州的两万英亩土地。他们决定在"医生湖"北侧建立一个"北克里斯普（或克里斯普里）阁下领地"，从现在的奥兰治向内陆延伸六英里，穿过生长着橡树、角树和玉兰树的树林。领地将修建一个小型城镇（而不是一个不相称的大型城镇）以及至少两个"村庄"。"南克里斯普阁下领地"在医生湖南侧，那里将修建一个"庄园"或"城堡"，供詹姆斯·克里斯普一家或他们选择的房客居住。南侧还会修建一个小村庄，村里有 16 间小木屋，一英亩花园，还有猪和牛。此外，这里还将有一个"小镇"，被选中的美洲原住民可以来小镇定居，过上"英式"生活，他们将会受到公正对待。这个模 [128] 范社区的大部分构想、资金和政府赞助都来自埃格蒙特伯爵，詹姆斯·克里斯普则负责寻找勤劳的租户和工人，开发这里的商业。"克里斯普先生的确立志开发他获得的这些土地,"位于伦敦的埃格蒙特伯爵向格兰特州长保证,"而且已经准备好从这里(伦敦)邀请许多冒险家加入,并且在意大利寻找有用的人去种桑酿酒,他在意大利人脉颇广。"[82]

埃格蒙特伯爵将东佛罗里达州视为一个理想中的爱尔兰,而詹姆斯·克里斯普似乎渴望它变成另一个更美好的地中海世界。在许多方面,他都将殖民地视为潜在的家。1763 年,西班牙将它割让给英国,虽然大多数西班牙殖民者已经离开,但东佛罗里达州的建筑、农业体系以及医生湖以南 40 英里处的重要城市圣奥古斯丁依然散发着浓浓的西班牙风格。詹姆斯·克里斯普曾在巴塞罗那度过繁华岁月,所以他对这片新土地并不感到陌生。他了解西班牙并在那里赚了钱,他与西班牙帝国进行过贸易。现在他将理解、学习如何促进前西班牙殖民地的繁荣发展。东佛罗里达州的开发计划似乎是为他的商业优势和混合文化背景量身打造的。它的海岸地理位置优越,便于与西班牙的加勒比海和南美殖民地进行贸易。克里斯普熟悉纺织品贸易,计划在东佛罗里达州的肥沃土地上(合法)种植靛蓝,它是最有价值的织物蓝色染料之一。《东佛罗里达州记述》(*An Account of East Florida*, 1766)的作者曾说,这片殖民地河流中的鱼比美国南部其他地区的河流都多,而克里斯普最懂捕鱼和腌制鱼。他们还会在东佛罗里达州大量种植葡萄树,这里还被评

伊丽莎白·马什的磨难:一个女人的世界史

价"比欧洲任何国家都更适合养蚕",而克里斯普曾做过葡萄酒和丝绸贸易。最重要的是,"英国的天气时常阴沉多雾,这个国家就不会"。[83] 东佛罗里达州阳光充足,伊丽莎白·马什和詹姆斯·克里斯普终于可以逃离阴沉的不列颠。 [130]

目前不清楚伊丽莎白具体怎么看这个计划,但她肯定知道一些细节,而且不仅仅是从她丈夫那里知道的。她的父亲米尔伯恩·马什签署了几份与佛罗里达州土地相关的法律文件。[84] 她的叔叔乔治·马什是埃格蒙特和克里斯普的中间人,她的表亲詹姆斯·莫里森是"冒险家"之一。伊丽莎白家族中好几位成员都有参与,一是因为他们的家族具有凝聚力;二是因为"南克里斯普阁下领地和北克里斯普阁下领地"确实是一个潜在的避难所。詹姆斯·克里斯普可以摆脱那些债主,他们一家可以在那里重新开始生活,与富有同情心的人待在一起,其中就包括克里斯普在伦敦的生意伙伴弗朗西斯·沃伦,他于1768年前后移居到这里。此外,作为大地主,克里斯普一家有望在东佛罗里达州拥有牢固的社会地位,他们甚至可以拥有一座庄园:

> 在英格兰,所有生活品的价格大幅上涨,思想开明而财产有限的人感到无比苦恼。没有财富就无法保持地位,生活中我们习以为常得到的尊重现在每天都在减少,我们

的环境越来越糟糕，情况真够悲惨的。

在詹姆斯·克里斯普破产前的两个月，一篇标题为《劝告前往东佛罗里达州定居的有钱绅士》（*Exhortation to gentlemen of small fortune to settle in East Florida*）的文章在伦敦发表，作者说，"一位只有1000英镑的绅士"穿越大西洋来到这片新土地，"无论他是否已经成家"，都有可能"获得快乐、自由并在几年内致富"。他总结道："这绝对是可能的，不用怀疑，现实已经证明了。"[85]

[131] 早期，英属东佛罗里达州的许多开发计划都天真、夸张、不切实际，由于1776年《独立宣言》之后发生的事情，历史学家有时认为该省的开发计划从一开始就注定要失败。它有点像18世纪的新伊甸园，一片无情地吸收金钱和梦想的沼泽。事实上，在经验丰富的土地开发商眼中，东佛罗里达州的定居者和投资者对时间的需求高于金钱。他们需要时间去测绘适合用作种植园和农场的土地，1763年时，美洲还没有地图，也没有可靠的英文介绍。他们需要时间去引进充足的劳动力，种植适合亚热带气候以及仅100英尺海拔的植物。那些坚持到1775年的英国投资者看到了希望，他们有理由相信自己的投资是明智的、未来的前景是美好的。那一年，埃格蒙特伯爵通过东佛罗里达州的土地为他的继承人赚到了利润，虽然

算不上太多但也不少。即使是新士麦那的部分地区也开始发展、开始赚钱。之前，安德鲁·特恩布尔曾尝试将梅诺卡岛和地中海区域的劳动力迁移到这些地方（早前詹姆斯·克里斯普产生过一样的想法），但惨遭失败。[86]

　　作为破产人士，詹姆斯·克里斯普最缺的就是时间。通过为乔治·马什处理海军供应业务，并且与东印度公司发展出一些新的重要联系，他坚持了一段时间，那时他甚至可以支付他在东佛罗里达州的一些开支。1768 年 9 月，在新债和旧债的双重压力下，他"突然垮掉"，他只有两个选择了，要么逃跑要么蹲大牢。他不可能选择东佛罗里达州作为避难所，因为冒险家的代理人马丁·乔利还未获得土地转让的所有必须官方文件。1768 年 12 月的最后一天，测量员乔治·罗尔夫才将相关文件送到瑞士制图师杰拉德·德·布拉姆手上，此人负责绘制英属北美新大陆和水域地图。罗尔夫建议将医生湖更名为"克里斯普湖"，因为这个湖四周都是克里斯普的土地。在未来的佛罗里达州地图上，克里斯普的名字将出现在两万英亩的土地以及一片水域之上。[87] 五天后，即 1769 年 1 月 5 日，在大西洋彼岸的英国，还没有人知道马丁·乔利已经获得了这些文件，没有人知道詹姆斯·克里斯普的土地转让很快就能走完流程。克里斯普签署了一份转让书，将南北克里斯普领地的所有权利转让给埃格蒙特伯爵。[88] 为了躲避

[132]

法警、为了不让自己彻底毁灭，他实施了几个月前就策谋好的计划，以防佛罗里达州的项目流产。他从伦敦起航，没有带上妻子和孩子，也没有向西前往美洲，而是驶往印度次大陆东海岸。

꧁꧂

伊丽莎白·马什经历了什么呢？在伦敦的这些年是她连续在陆地上同一个地方生活的最长时间。在这些年的大部分时间里，她是一个传统的、本质上依赖丈夫的、隐形的中产阶级女性。他们一家多次搬家，她在一个又一个出租屋里照顾丈夫、生养孩子。有一段时间，她在一定程度上体验了大都市的生活和社交，这令她终生难忘。1769 年年初，她已经 33 岁了，有两个未满七岁的孩子，没有钱、没有房子、没有带薪工作。她不得不选择啃老，她不确定如果詹姆斯·克里斯普能活着抵达印度，他是否会把自己和孩子接过去。"我……基于太多事实可能会认为，"她伤心地写道，"比起我在巴巴里的遭遇，我在这个宗教自由的文明城市中经历的不幸有过之而无不及。"[89]

[133]　　　除明显的自怜之外，她在北非和伦敦的经历之间还存在一个相似之处，只是她不想去探究甚至不想承认。18 世纪 50年代中期，大范围战争爆发以及摩洛哥君主的国际野心粉碎

　　　　　　　　　　　伊丽莎白·马什的磨难：一个女人的世界史

了她的生活，破坏了她的婚约，迫使她走进另一段婚姻。18世纪60年代，詹姆斯·克里斯普通过和四个大陆进行贸易发展了自己的企业，为自己赢得了声誉。但成也萧何败也萧何，多个地区的势力和事件让他走向破产。有时候他过于鲁莽，正如1756年7月时伊丽莎白独自从直布罗陀起航时那样鲁莽。但这对夫妻的磨难的根源都是变化和冲突，他们对此束手无策。世界在扩大的同时也在缩小，在这个过程中，他们的生活被拉离正常轨道。伊丽莎白·马什并不清楚他们夫妻的困境之间的相似之处，她专注于自己，迫切想挽回自己的声誉、维护自己的周全。那时，破产和失信给男性带去的羞辱相当于失去贞操或者贞操被玷污给女性带去的羞辱。伊丽莎白在摩洛哥的磨难是直接的，现在因丈夫生意失败而遭受的磨难是间接的，坏事终成双。她的遭遇"让她感受到切肤之痛"，她下定决心把它讲出来。[90]

第四章　撰写游记　移居印度

[134]　　1769 年 5 月，伊丽莎白·马什在伦敦匿名出版了她的唯一一部著作《女俘房》(*The Female Captive*)，表面上讲述了她在摩洛哥的独特经历，实际上也映射了时代趋势。那时，许多男男女女幻想"足不出户"却仍然可以"游历陆地和海洋，行遍所有国家，与所有民族对话"。出版社尤其欢迎能够满足这类幻想的书籍。18 世纪中叶，不同民族之间的接触更频繁、冲突也更多，游记的吸引力、数量和种类都增加了。[1]1756 年，也就是海盗在地中海劫持伊丽莎白的那一年，法国学者查尔斯·德·布罗斯出版了《南方大陆航海史》(*Histoire des navigations aux Terres Australes*)，这是首部讲述太平洋航行的重要汇编，很快就被译成英文。此前两年，宾夕法尼亚州的土著抓住了一位名叫彼得·威廉森的苏格兰契约员工，彼得发挥想象力将这段冒险写成了一本书，名为《彼得·威廉森……生活中体现的法国人和印第安人的残酷》(*French and Indian Cruelty exemplified in the Life . . . of Peter Williamson*，1757)，书的内容

比题目所暗示的更微妙。在英国，这本书经历多次扩写和再版，它为人们提供了一个了解美国土著社会的窗口。[135]²

《女俘虏》问世10年后，苏格兰探险家詹姆斯·布鲁斯去了青尼罗河的源头，奥劳达·埃奎亚诺去到了南极，路易斯·德·布干维尔环游探索了太平洋，约翰·霍克斯沃斯讲述了詹姆斯·库克船长搭乘奋进号的首次航行，君士坦丁·约翰·菲普斯出版了《向北极航行》（*A Voyage towards the North Pole*，1774），库克船长本人也出版了《南极航行和环球航行》（*Voyage towards the South Pole and Round the World*，1777）。这些畅销书用语通俗文雅，描述的旅途令人惊叹。相比之下，伊丽莎白未受过良好教育，她只短暂接触过马格里布，《女俘虏》算不上什么大作。但是，它并不是一本普通的游记，它以前所未有的视角观察了政治和民族。伊丽莎白的出版商是舰队街的查尔斯·巴瑟斯特，他也是印刷商和书商，他精心营销着《女俘虏》。他坚持使用简单直接的副标题（"讲述发生在巴巴里的事实"），并在书的开头放了一张摩洛哥地图。

伊丽莎白·马什的书是她所处时代的具体产物。18世纪60年代，英国发行的女性小说（新作和再版）的数量是过去10年的两倍多。³女性非小说类作品数量也显著增长，《女俘虏》可以勉强归为其中一个子类。那时，越来越多的英国男性前往欧洲以外的地方，要么担任政府或帝国职务，要么经商。一些男性会带上他们的女眷，其中一些女性创作、出版了自己的作品，讲述欧洲以外的世界，比如玛丽·沃特利·蒙塔古夫人的家书，她是早期随行女性之一。1763 年她去世后，这些家书出版了，分为三卷，其中包括 1717 年至 1718 年她在伊斯坦布尔的经历。当时，她的丈夫任驻奥斯曼宫廷特命全权大使。蒙塔古夫人保存（并杜撰了）了她从伊斯坦布尔、贝尔格莱德和突尼斯寄到英国的一些家书，打算将它们整理成一本完整的游记。但她毕竟是贵族，受时代限[136] 制不敢持续出版这些家书。后来，她在土耳其写的家书终于出版了，将新闻报道、回忆录和小说的风格糅合在一起。《女俘虏》中的某些段落也受到了蒙塔古夫人的影响。此外，查尔斯·巴瑟斯特之所以下定决心出版这本书，或许就是受到了蒙塔古夫人的启发。"我承认，"蒙塔古夫人在土耳其家书的序言中写道：

> 我心怀恶意，希望全世界都看到女士们的旅行游记优于男士们的。而且男性游记在语调和内容方面千篇一律，女性有能力另辟蹊径讲述陈旧的主题。4

然而，最有可能创作、出版新颖游记的女性却是那些生来就不会自信地把自己视为淑女的人。1774 年，具有贵族血

　　　　　　　伊丽莎白·马什的磨难：一个女人的世界史

统的苏格兰人珍妮特·肖陪同一位兄弟前往牙买加担任政府职务，在那里她创作了一部生动的长篇小说，讲述了她前往西印度群岛和北卡罗来纳州的航行，但她出于谨慎并未出版。陪伴男性前往海外的中下阶层女性可能不会像贵族女性那样胆怯。弗朗西斯·布鲁克的丈夫是英国陆军牧师，1763 年在魁北克正式宣布成为英国殖民地的前几天，他们在魁北克团聚。在《艾米丽·蒙塔古的历史》(*The History of Emily Montague*，1769) 一书中，她讲述了七年战争期间，她的丈夫在新斯科舍和纽约的一些战争经历，以及她个人对魁北克休伦族殖民据点和法国天主教社会的观察，这是第一部以加拿大为主题的英文小说，通俗易懂，虚构和纪实相结合，取得了巨大的成功。1777 年，杰米玛·金德斯利出版了《特内里费岛、巴西、好望角和东印度群岛的来信》(*Letters from the Island of Teneriffe, Brazil, the Cape of Good Hope and the East Indies*)，她是一名军官的遗孀，背景和布鲁克相似。18 世纪 60 年代中期，她跟随丈夫去了孟加拉和阿拉哈巴德，后来丈夫去世，她陷入经济困境。海军遗孀玛丽·安·帕克曾陪同丈夫前往博塔 [137] 尼湾，她将这段经历写成了《环球航行》(*A Voyage round the world*，1795)。在序言中，她代表她的"大家庭"发声，这个家庭由众多失去亲人的孩子组成。安娜·玛丽亚·法尔肯布里奇虽然没上面几位女性那么贫穷，但她笔下的世界（18 世纪下半叶，世界联系更加紧密）和其他那些依附于男性但又有主见的女性描写的世界别无二致。法尔肯布里奇出身卑微且有争议，她的第一任丈夫是奴隶船上的外科医生，后来成为废奴主义者。1791 年，他被派往塞拉利昂重建自由黑人殖民地，她也跟着去了。她将这段经历写成了《两次远航至塞拉利昂河记》（*Narrative of two voyages to the River Sierra Leone*，1794—1795），一是为了赚钱，二是为了介绍那里的地貌和民族，三是推进一项事业——她支持奴隶制但又反对殖民主义。[5]

伊丽莎白·马什与这些女性之间明显存在一些共同点。首先，她在社会上也处于边缘地位；其次，她也是在陪同一位受雇于英国政府的男性亲属（她的父亲）出国时，才有了《女俘虏》中描述的陆地和海上经历。然而，她撰写这本游记时比布鲁克、金德斯利、帕克和法尔肯布里奇更缺钱。

但《女俘虏》不同于大多数自称为游记的作品，无论其作者是男性还是女性，无论作者是接受过正规教育还是自学成才。这本书奇怪、笨拙甚至令人震惊，它不仅在地理位置（此前没有关于马格里布地区的英语游记出版）和视角上独树一帜，也在其他方面开辟了新天地。遗憾的是，和她同时代的人只能模糊地意识到这一点。这本书分为薄薄的两册，整套售价为五先令。虽然读者能轻易判断出作者只是一位业余作家，但很快将它抢购一空。1769 年大约发行了 750 册，之后没有再版。18 世纪 70 年代初，马什的书已经"非常稀缺"，很难找到。几家流通图书馆曾保存了该书几十年，但现在似乎只有一份存世。[6] 这说明了两种可能性：购买过《女俘虏》的读者去世后，他们的藏书和其他物品并未得到妥善保存，或者图书馆的藏本被多次借读翻阅，以至于书已经散架了。和当时出版的大多数书籍相比，《女俘虏》受到了更多关注，也受到了更多批评。玛丽·沃特利·蒙塔古的土耳其家书首次出版时，似乎没有关于它的书评。但《女俘虏》出版后，至少有两篇长篇书评讨论过它，书评人表达了困惑和恼怒。有一位抱怨说伊丽莎白的游记"没有非常有趣的故事"，但这人随后又用五页的篇幅引用书中内容。[7] 在迷糊的读者眼里，它的内容既没有它的标题吸引人，但又远比它的标题吸引人。

[138]

与许多旅行作家不同，伊丽莎白·马什在摩洛哥期间并没有用笔记录发生的事情，她也没有清楚了解摩洛哥社会，因为她并不是自愿去摩洛哥的，而是被海盗抓去的。和上文提到的彼得·威廉森不一样，她在逃离摩洛哥后很久才提起笔。当她构思《女俘虏》时，18 世纪 60 年代末发生的事件远比 1756 年"巴巴里发生的事"更历历在目。因此，这本游记讲述了她记忆中的地中海和摩洛哥经历，它同时是一篇个人陈述以及对各种限制和欲望的思考，它拥有打动读者的力量。

和小说一样，游记"以自我为中心"，对于伊丽莎白·马什来说，这是本书的核心魅力所在。[8]通过《女俘虏》，读者可以了解到克里斯普破产逃亡后她的情绪和心态，因此，这本书接近于她的内心独白。在这部作品中，读者能从字里行间得到很多信息，比她想象的多。她在扉页中写道："由本人执笔。"[9]

❀

[139]　　1769 年年初詹姆斯·克里斯普逃到印度之后，伊丽莎白·马什没有钱继续在伦敦租房，她带着孩子布里希和伊丽莎白·玛丽亚住到她父母位于肯特查塔姆的房子，她在那里完成了《女俘虏》。1765 年，她 56 岁的父亲米尔伯恩·马什返回英格兰，在查塔姆海军造船厂做供应主管，这个岗位对专业性和创造性的要求并不高。两年前七年战争结束后，他再次成为梅诺卡岛的海军军官，负责监督遭法军破坏的设施的维修工作。他设计了一个方案，将造船厂改造成一个英国海外海军站，它比任何欧洲国家的海军站都要更大、更令人赞叹。

　　米尔伯恩之前也有过类似尝试。在直布罗陀期间，他向上级提交了一份防御措施改良方案，"船工工头马什谦虚敬上"。他现在有足够的信心去尝试更宏大的项目。1764 年年初，他提交了一套方案，要求将梅诺卡岛的一些船坞设施从马洪港附近搬到马洪港北边的萨弗伦岛，因为现在的地方又小又挤。"他还提议，"海军委员会兴奋地向伦敦海军部报告：

> 整平该岛，然后建造码头、倾斜坑、商业棚和其他类似的便利设施，他预测全部费用将达……总计6348英镑，不包括从英国运来的木材……他还告诉我们，上述工程竣工后，岛上将有六个码头，每个码头长200英尺，能够同时维修同等数量的船只。[10]

伦敦十分重视地中海的战略位置及其在帝国扩张和商业发展过程中的作用，因此米尔伯恩·马什受到了重用。当时伦敦尚处于战后紧缩时期，当局批准了这个过于保守的预算，购买了萨弗伦岛并开始实施计划。18世纪20年代，米尔伯恩第一次来到梅诺卡岛，从那时起他就开始观察记录该岛情况，这次他负责制订造船厂扩建和萨弗伦岛码头的大部分新建计划，他还设计了新的船坞建筑，其中许多至今完好无损。这些房屋、棚屋、仓库和宿舍整齐又简朴，供造船厂工人以及来访的水手和军官使用。他们唯一花钱较多的地方就是岛上的一座漂亮钟楼，它的作用是方便大家工作时看时间。后来，一位高级海军军官将萨弗伦岛的工程形容为"一项意义重大的崇高事业"。米尔伯恩·马什在船舶设计和维修领域积累的丰富实用的知识、在技术绘图方面的天赋以及强大的执行力共同发挥着巨大作用。[11] 然而 1765 年，他却抛下了这么重要的项目，因为他想回到英格兰，这样可以离他唯一的女儿和失败的女婿更近一点。

表面上看他似乎升职了。查塔姆地理位置优越，可以很好地保卫英格兰南部和伦敦，并且拥有一个天然的、安全的大型海港。至少从 16 世纪开始，这里就建有海军造船厂，从那时起，高度专业化的建筑数量随着海军数量同步增加。1765 年 10 月米尔伯恩上任时，查塔姆造船厂的占地面积超过 80 英亩。"这里的建筑和船只一样大得惊人，几种漂亮的建筑风格融合在一起，"丹尼尔·笛福（Daniel Defoe）写道：

[141]

> 存放海军宝藏的仓库，或者更确切地说是由多个仓库组成的街道的规模在整个世界范围内都是最大的：用于制造缆绳的索道以及用于制造船锚和其他铁制品的车间也很多；还有用于存放巨型桅杆和帆桁的湿码头，它们沉入水中以更好地保存；船坞、锚场和其他设施一样又大占地又广……像一个井然有序的城市。[12]

尽管查塔姆的船坞比起之前更大占地更广，但部分设施正在衰落。梅德韦河淤塞越来越严重，影响了船坞的用途和功能。18 世纪 60 年代，吃水较深的船需要三个多月的时间才能沿河航行到查塔姆河口。而最大的军舰只能在大潮期间尝试开进去，即使能成功也得花上好几天时间。查塔姆造船厂无法继续胜任海军舰队的主要基地，它必须重建。在1400名劳工中，越来越多的人被安排去修理船坞、建造船舶（军事家霍雷肖·纳尔逊的旗舰胜利号就是这里制造的，后来又在这里改装）。造船厂的高级官员们还能继续住在他们坚固优雅的砖房里，这些房子是造船厂作为英国最重要的陆上海军基地时期的遗产。[13]

查塔姆的供应部门位于主船坞上游，虽然今天已经荡然无存，但米尔伯恩·马什作为供应主管绘制的房屋平面图留存下来了。根据平面图，这是一座32英尺×30英尺的三层房屋，靠近街道，除了阁楼和地窖至少还有八九个房间。房子背后有台阶通向一个长75英尺、带围墙的花园。院子对面是洗衣房、马厩和米尔伯恩的办公室，一位访客曾形容它"整齐到超乎想象"。[14]伊丽莎白·马什在摩洛哥遭受磨难期间，泰罗利勋爵担任直布罗陀总督，他是一个暴躁但高效的人。他抱怨像米尔伯恩这种类型和级别的人——"出纳、文 [142] 员、店主、供应主管、海军军官和文书工作者"——住的房子可能"超过了在出身和品质等各个方面都比他们优越的人"。当时很多人都这么认为。所以，海军行政部门的高级职位具有很强的吸引力，尤其是对那些生来雄心勃勃但没什么财力的人来说。[15] 查塔姆以及其他海军造船厂高级雇员的宽敞住宅是用纳税人的钱修建的，属于安妮女王时代和乔治时代风格的建筑。这些住宅不只是员工福利，它们的砖、灰浆和石头还"炫耀"着英国政府日益增长的权力和财富，就像整个造船厂一样。这些住宅还表明，文书工作者，行政人员，会计师，制定清单、档案和方案的人在这里越来越吃香，他们在其他国家也是如此。1765 年之后，马什兄弟都在负责食品供应管理和监督工作，整个部门虽然不是海军中最英勇的，却是最重要的，兄弟俩的工作比船舶设计或个人英雄主义的行为更有价值。有时，海军军舰连续数月远离陆地，供应部门通过给船只提供补给，使水手们保持健康和活力，这样皇家海军才能保持威慑力和影响力。詹姆斯·库克的三次太平洋航行证明了一个道理，即越来越高效的供应才能支撑越来越难的海上探险。正如 18 世纪 60 年代一位环球航行家所说的："发现新世界……取决于男人的健康状况。"[16]

查塔姆是伊丽莎白·马什的避难所，此处的日常随时随地提醒着她，它是一个重要的工业基地。她住的地方比在伦敦时更宽敞，有一个书房专供她写作，还有一个花园供孩子们玩耍。她撰写游记时，她母亲就帮她带孩子，有时她可以步行或骑马去看泛黄的梅德韦河。但无论她做什么，她周围都充斥着噪声。透过房子正面的窗户，她可以看到制造木桶

[143]

　　　　　　　　　　伊丽莎白·马什的磨难：一个女人的世界史

的店铺和腌制店。远航船只上的食物都会经过腌制、晒干或烟熏，这样才能保存更久。再远一点是存放肉类和啤酒的仓库以及面包房，这里会制作船上吃的饼干和一种两磅重的棕色面包，它被水手称为"黑人头"。虽然屠宰场和切割场位于更远处，但她依然可以听到那里的噪声。几乎每天都有人赶着马车，将公牛、母牛、羊和猪拉到供应主管房门外的街道上，然后他们穿过院子将这些动物关在兽栏里，它们会在那里待上24小时，伊丽莎白可以听到它们的声音。时辰一到，"一名主管屠夫和一名切割场的官员会来检验"这些动物，获得他们的批准后，这些动物就可以送去宰杀了。它们的尸体被迅速分成四等份，用特制的秤称重，然后在院子里煮熟腌制。与此同时，有人会清理兽栏迎接下一批"短租客"。[17]《女俘房》这个书名不仅可以指伊丽莎白在摩洛哥的劫难，也可以指她连续几个月被迫生活在查塔姆，丈夫远在天边，身边只有殷勤焦虑的父母和不知所措的孩子，窗外是被囚禁的动物以及忙碌的工人。

《女俘房》也表明了伊丽莎白的经历的独特性，如同亨利·菲尔丁的讽刺小说《女丈夫》（*The Female Husband*，1746），或汉娜·斯内尔的半虚构作品《女兵》（*The Female Soldier*，1750）。《女兵》讲述了女性冒充男性参军的故事，取得了巨大的成功。伊丽莎白的书名表明，书中描述的经历不同寻常，对女性来说

甚至可以用反常形容，事实的确如此。几个世纪以来，许多

欧洲女性以及更多的黑人女性在马格里布和世界其他地方被

俘虏。但是在那些曾被伊斯兰政权囚禁的女性中，很少有人

将自己的遭遇写成书公开出版。在被囚禁在摩洛哥的女性中，

只有一位女性——荷兰天主教徒玛利亚·特尔·米特伦——

在伊丽莎白之前出版了以自己的经历写的书。1748 年，她在

荷兰出版了自己的游记，讲述了她被囚禁在摩洛哥的 12 年。

伊丽莎白·马什肯定没机会阅读她的作品。米特伦除了被囚

禁时间比伊丽莎白长，她的经历还有一个不同点。当 1731 年

摩洛哥海盗劫持她所乘坐的船时，27 岁的她已经结婚了，她

的第一任丈夫与她一起被俘。[18]

　　和米特伦不同，伊丽莎白·马什被劫持的时候只有 20 岁

且未婚。她告诉读者，1756 年她乘坐安号时还没结婚（和她

同时代的人会理解成她还是处女），身边没有男性亲属保护

她。向读者坦白这些是一个了不起的行为，用她的话来说是

一次"勇敢的尝试"。在英属北美，被美洲原住民俘虏的妇女

获得自由后会用笔记录或者口述自己的经历然后出版，这已

经成为一种传统。北美土著士兵很少强奸女俘虏，这点基本

尽人皆知。[19] 但在摩洛哥和奥斯曼帝国，女俘虏往往没这么

幸运，欧洲人对此深信不疑。

　　一些欧洲评论员认为，即使是被穆斯林海盗抓去做奴隶的

男性，也有可能被他们的男主人强奸。根据他们的传统，被卖为奴的女性将成为买家的性奴。所有被俘虏过去的女性都易受到性侵或者成为妾，许多学术书籍和通俗文学都提到了这一情况： [145]

在那里，所有女性都得服从——因为她们必须服从。

她们一言不发，排排坐着，一坐就是一整天；

她们盘腿而坐，若有所思，一边做着针线活儿一边赶走奇怪的想法。

可怜的生活！像鱼塘里等待被宰的鱼，

它们上了饕餮的餐桌，将他们喂肥。[20]

在《女俘虏》中，伊丽莎白·马什尝试过保护自己的名誉、阻止外界的批评。她谨慎地向读者强调她没有被奴役，同时将"反抗"这一主题贯穿始终（她如何战胜恐惧、困难、危险、充满敌意的环境以及摩洛哥最有权势的人的诱惑），但效果不佳，因为她也坦白了一些对她不利的事实：作为单身女性，她决定登上一艘全部都是男人的船；她在几个月里伪装成一个男人的妻子，后来嫁给了他；在西迪·穆罕默德的宫殿里，她曾两次陷入——借用一位评论家的话——"这位摩尔情人的阴谋之中"。[21] 有时，她会向读者证明自己的坚韧，比如她能忍受酷热、骑骡子长途跋涉、饥饿、脏衣服、没有基本的隐私，但她不能指望读者会对这些作出积极回应。"人们倾向于，"一位英国作家在一篇专门讨论"女人"的杂志文章中评论道：

去爱那些温柔娇弱的人，而不是大胆放肆的人。一个人若能将自己的热情献给如此可恶的事物，那这个人的灵魂是多么卑鄙啊……对我来说，女性的勇气就像男人的柔弱一样令人生厌，我甚至无法接受男性去伤春悲秋。

这段引用引起了乔治·马什的共鸣，他把它剪下来贴在摘录本里。尽管女性作家和她们的出版物数量在增加，但"有声誉的女性几乎从不把自己的私生活写出来发表，除非带着极大的虔诚"。[22] 伊丽莎白·马什撰写《女俘房》时确实带着"极大的虔诚"，但她也描述了自己的大胆、鲁莽、勇气以及其他违反女性传统规范的行为。她为何要曝光自己的隐私呢？

[146]

某种程度上是因为她别无选择。伊丽莎白身无分文，日子一天天过去，丈夫乘着船离自己越来越远，她和孩子们被迫住在查塔姆，天天被父母看着。她得选择一个能够引起公众注意的主题或许才能赚到钱，除了这个办法，她真没有什么其他选择了。虽然她采用了匿名，但她不得不强调自己写的都是事实。作为一名没钱的新手女作家，伊丽莎白在和她的知名出版商兼销售商查尔斯·巴瑟斯特沟通时处于弱势地位。他 50 多岁，经验丰富，以出版乔纳森·斯威夫特等已故杰出文学大家的作品和乐谱而出名，自称和上流社会交情甚好。伊丽莎白可能是因为他出版的乐谱以及他位于舰队街 26 号的书店而注意到他。[23] 又或者乔治·马什向侄女推荐了巴瑟斯特，因为他有时会承接议会的印刷业务，他们因此结识。无论哪个原因，伊丽莎白都必须让巴瑟斯特看到一些经济效益，这样他才愿意承担出版风险。她选择以预订模式来销售她的书，在《女俘房》出版前，她的朋友、亲戚和其他可以被说服的人（共 83 人）承诺购买一本或多本。作为回报，他们的名字会出现在书里。当时很多经济压力巨大的作者都会选择这种销售模式，通过该模式，巴瑟斯特出版新手女作家作品的风险降低了，伊丽莎白的熟人也找到了一种体面的方式去帮助困境中的她。[24]

　　既然选择了预订模式，伊丽莎白在写书的时候就已经明白，她的圈子几乎都会知道书中内容，包括她的每一个想法、每一个行为、每一句对别人的评价。在摩洛哥，她被迫失去了隐私，而现在她主动放弃了隐私。尽管她在书中隐藏了一些日期并用破折号代替一些人名，但书中线索足以让读者确定每个出场人物的真实身份。除了向许多潜在买家发出请求，她还与一些更远的熟人讨论了她的书及其背景，其中

[147]

包括藏书家、大英博物馆受托人和海关专员威廉·马斯格雷夫爵士。他的办公室靠近泰晤士河，距离克里斯普一家在伦敦卡麦尔街租的最后一个住所只有几条街。马斯格雷夫也读了《女俘虏》，他不费吹灰之力就猜出了几乎所有出场人物的名字。他还在书页上写下了伊丽莎白·马什的详细个人信息，以及他坚信这是一个"真实的故事"。[25] 尽管她选择匿名出版游记，但她并没有花太多心思隐藏自己的身份，一是因为没有必要这么做，二是因为她想抓住这个机会向公众分享一些观点和信息，因此她愿意承担一定的风险。

伊丽莎白·马什在查塔姆的生活并不如意，她一方面渴望为自己辩护，另一方面又希望和读者坦诚相见，这两个愿望之间的冲突塑造了《女俘虏》。在某种程度上来说，她渴望在书中呈现出可怜单纯的形象，并将自己的磨难归因于这份单纯。马什家族大多数成员都热爱阅读，经常购买小说和非小说类书籍。他们收藏了塞缪尔·理查德森的《查尔斯·葛兰底森爵士传》(*The History of Sir Charles Grandison*，1753—1754)，作者塑造了一位完美高尚的绅士，该书现藏于澳大利亚图书馆。[26] 在这本书以及理查德森的其他畅销书中，主人公尤其是女性主人公都经历过磨难，他们的美德在悲惨经历中得到诠释和升华。在情感类小说中，"一个人的美德只有在他受到威胁时才能得到最佳体现和证明"。磨难能证明一个人

[148]

伊丽莎白·马什的磨难：一个女人的世界史

的品质，而品质主要通过身体语言得到体现，比如昏厥、流泪、抽泣、尖叫、紧握的双手和心烦意乱的面部表情，女性角色尤其如此。[27]

伊丽莎白·马什在创作《女俘虏》时也借鉴了她读过的情感小说中的常见元素。1756年，她在摩洛哥的俘虏同胞曾说她身体和心理的坚韧"超出了人们对柔弱女性的预期"。但在书中，伊丽莎白经常感到沮丧、忧郁、头晕目眩、晕厥、"惊吓到说不出话"，只能"用我的眼泪回答"，有时向上天"祈祷赦免她的苦难"，有时甚至渴望"离开这个世界，因为它没有给我带来丝毫慰藉"。书中的她就像理查德森笔下最出名的女主人公克拉丽莎·哈洛。伊丽莎白向读者讲述地中海和摩洛哥的经历时，有时至少会刻意扮成一位弱女子。在序言中，她呼吁"那些仁慈、温柔和富有同情心的人"以及那些"心肠柔软"的人，呼吁他们将她接二连三的磨难视为上天对她品德的一再考验。[28]

但伊丽莎白在描述创伤时并没有一味模仿其他小说。刚逃离摩洛哥时，她试图通过聊天、幽默、创造力和虚荣心来驱除残留在内心的恐惧和愤怒。那时她已经在忙着撰写摩洛哥游记，在草稿阶段，她会突出、编造一些荒谬的内容。1757年她刚返回英国时，她就告诉叔叔乔治·马什，她和詹姆斯·克里斯普在摩洛哥假扮夫妻。她还告诉叔叔，在他们被关在塞拉和马拉喀什时，无论是否有其他人在场，他们都大声称呼彼此"老公"和"老婆"，希望西迪·穆罕默德那些懂英语的摩洛哥耳目可以偷听到，相信他们是一对真夫妻。她还告诉乔治·马什，西迪·穆罕默德有很多女人，她们穿着丝绸和平纹细布，特别胖（"女人很多，胖到几乎无法行走"）。她还提到代理苏丹对她外表的评价："她非常漂亮，如果胖点会更漂亮。"[29] 但这些情节最终都没有出现在出版后的《女俘房》中。相反，伊丽莎白通过模仿她熟悉的小说，同时结合最近的遭遇营造了一种危险、痛苦和恐怖的氛围。她提到1756年在摩洛哥时，她感到抑郁、痛苦甚至想轻生。其实，丈夫詹姆斯·克里斯普破产后逃亡到次大陆期间，她也是这种心情："虽然我得到父母的庇护，虽然我在自己的国家，但这件事带给我的悲伤超过了我此前的任何一段经历，包括巴巴里发生的事。"[30]

[149]

詹姆斯·克里斯普在《女俘房》中多次出现，但伊丽莎白从未提及他的姓名，也未提及他的商业成就或失败。她只是称他为"忠实的朋友"或"值得尊敬的朋友"。他"竭尽全力让我好受一点"。她在讲述他们在摩洛哥的共处时光时写道："只要是能让我高兴的事，他都会做。"[31]"最疼爱子女的父母，"她在草稿中写道，"也没有他细心周到。"他对待她的方式就像"对待妹妹"一样。克里斯普破产逃跑之后，她半

　　　　　　　　　伊丽莎白·马什的磨难：一个女人的世界史

真心地维护着丈夫的正直和体面，以反驳她家人此时对他的批评。她坚持道："他的行为总能经得起最严格的考验。"她书中的另一个人物说，克里斯普"理应受到诚实善良的人的尊重"，他是"一个正直的人，是一个真正的基督徒"。[32]

尽管克里斯普有许多优点，但伊丽莎白·马什只有在谈论自己时才会提到他。在她的故事中，他似乎是一个没有台词的可怜的小演员。她常常把他比作兄长、朋友或父亲，她的目的很明显，她想说服读者接受她在摩洛哥的行为，同时让克里斯普显得缺乏男性魅力。伊丽莎白的文字没法准确传达 1756 年时他的真实作用和行为，也没法准确传达她当时对他的真实态度。不过，读者还是可以从《女俘虏》的部分段落中推断出 1769 年伊丽莎白·马什对她丈夫的真实看法：生来就是个倒霉蛋，养不起她和孩子，甚至算不上男人。在摩洛哥游记的高潮部分，她单枪匹马对抗、逃离西迪·穆罕默德。虽然她说自己经常流泪和晕厥，但她多次主动克服困难："随着时间的推移，太阳越来越大。我买了些西瓜，其中一些给了水手。"与此同时，书中的詹姆斯·克里斯普艰难地挣扎着："我的朋友……总是受到虐待，总是无法摆脱困境。"[33] 从某个角度看，克里斯普是一个模糊不清的、被阉割了的角色。她只会提到他对她的价值，极少透露他的性格，更不用说他的外表了。

[150]

可能是出于礼貌，伊丽莎白不想透露太多这位已成为她丈夫的男人的个人信息，但她却不吝分享 1756 年她在地中海遇到的其他一些男人的信息。从某个角度看，《女俘虏》事实上是讲述了伊丽莎白·马什和四位男性的故事，詹姆斯·克里斯普只是其中一位。在书的开头她告诉读者，她"愉快地期盼着"与当时的未婚夫、未来的亨利·托里上尉在直布罗陀团聚，于是她离开了梅诺卡岛，但当她发现未婚夫已经去了英国后是"多么失望"。在叙述马拉喀什和萨非的经历时，她提到了巴巴里商人兼旅行家约翰·考特，他举止"亲切"，还有一副好嗓子。[34] 她更是花了许多笔墨描述考特对自己的好感。在某种程度上来说，考特这一角色的任务是体现、证明伊丽莎白的品德和纯洁。在情感小说中，富有同情心的男性经常发挥这类作用。她告诉读者，她还在摩洛哥时考特给她写了一封信，她在书中引用了信中内容：

[151]

> 当你被迫留在巴巴里时，努力让自己适应环境。要知道这并不是你的错，你束手无策。要相信上帝，相信至高无上的万事之主将保护你的美德和纯真，他有能力让你从眼前的苦难中得到解脱。[35]

情感小说的另一常见技巧便是引用书信内容，伊丽莎白·

　　　　　　　　伊丽莎白·马什的磨难：一个女人的世界史

马什学到了这一手法。在信中，约翰·考特不仅安慰了她，还向她表达了爱慕之情："你占据了我的大部分思绪。"他告诉她。伊丽莎白给考特留下了"深刻印象"，他"无力忘却"，他们在一起的时光"如梦如幻"。伊丽莎白逃离摩洛哥前，他告诉她："你在欧洲最亲密的人都没有我更担心你。"[36] 当她终于回到直布罗陀重获安全后，他请求她继续与他保持书信往来："我担心你会剥夺我与你通信的权利。"他向她保证，这一请求"绝对不会打破任何社会禁忌"。接下来，他（或她）引用了亚历山大·蒲柏的一首诗："纵使大海将我们分开，整个海洋波涛汹涌。"当时受过良好教育的读者会发现这行诗改编自《艾洛伊斯致亚伯拉德》（*Eloisa to Abelard*，1717），它哀叹了一对彼此深爱却无法相见的恋人：

> 我们站在阿尔卑斯山的两侧！整个海洋波涛汹涌！
> 啊，不要来见我，不要给我写信，不要想念我哪怕只有一
> 次，也不要分享你对我的所有感受。[37]

有些内容可能是伊丽莎白或她的出版商幻想出来的。但当她在摩洛哥遇到考特时，他很可能深陷孤独。他告诉伊丽莎白，他已"背井离乡、远离文明社会多年"。所以，当他 [152] 遇到年轻、漂亮、聪明、柔弱的伊丽莎白时，他很是热情。[38]

1769 年，考特已经安家了，但那一年他仍然订购了四本《女俘房》。[39] 当时大家都认为詹姆斯·克里斯普再也不会回来了，伊丽莎白通过回味考特的爱慕、润饰并出版他的来信（她肯定好好保存了），成功挽救了自尊心。

通过描述摩洛哥代理苏丹请求她留在后宫、努力获得她的青睐，伊丽莎白进一步向读者展示了她的魅力和吸引力。在《女俘房》中，西迪·穆罕默德形象的生动性仅次于伊丽莎白，她描述了他的脸、体态、衣服、珠宝、声音、碰过的物品、步态、坐姿以及他寝宫的内饰。她承认代理苏丹在场时她会感到兴奋，而这种情况不会发生在詹姆斯·克里斯普、约翰·考特和亨利·托里身上。不过，她的文字很隐晦，读者不易察觉。她在描述萨非经历时写道："我一直担心殿下会再次派人来接我，我从可信的人那儿听说，殿下认为我对他并非无动于衷。"[40] 她害怕回去，不仅仅是因为他的欲望，更是因为她自己的欲望。

作为女性，伊丽莎白居然在自传里承认自己的欲望，这实属胆大，一些读者甚至不敢相信，认为这句话是出版商加进去的。的确，查尔斯·巴瑟斯特对《女俘房》做了一些改动。在手稿中，伊丽莎白·马什提到她第二次去代理苏丹的宫殿时，西迪·穆罕默德允许她亲吻他两个孩子的手——"年轻的王子和公主"。出版后，书中用"黄褐色"这个形容词去描述两位皇室小成员的手，而伊丽莎白从没用过这个词。但 "并非无动于衷"这些表达的确出自她手，它们原封不动地出版了，巴瑟斯特未进行干预。[41]

敏锐点的读者可能会发现，伊丽莎白·马什在其他一些方面也打破了常规。托马斯·沙德威尔读完《女俘房》后，他写信给伊丽莎白的弟弟约翰·马什："我一直认为巴巴里地区的统治者会肆无忌惮地满足自己的欲望，但通过你姐姐的书，我发现摩洛哥的统治者居然会控制自己的欲望，这让我感到惊讶。"约翰·马什当时担任英国驻马拉加领事，这两个男人都很上进，他们经常写信讨论新出的书、小册子和文学评论。马什给沙德威尔送了一本《女俘房》，一是想支持自己的姐姐，二是因为沙德威尔亲身体验过伊斯兰社会。此外，他也是玛丽·沃特利·蒙塔古夫人的儿子爱德华·沃特利·蒙塔古的朋友。爱德华是一个古怪聪明的人，他声称自己信伊斯兰教，除此之外，他还干了许多奇怪的事。爱德华"高度赞扬了该国政府"，沙德威尔受到鼓励也去了奥斯曼帝国，他曾在伊斯坦布尔住了一段时间，"通过我的判断能力去观察这个地方"。他发现，当地人"道德纯洁、举止朴素……我在任何其他国家的居民身上都没有看到"。根据他的了解，奥斯曼帝国的腹地并不比基督教政体"管理得差"。然而与许多其他亲土耳其人士一样，沙德威尔将摩洛哥在内的北非奥斯曼帝国排除在外。对他来说，这一带的人野蛮，受到反复无常的统治者的压榨。在他看来，暴政国家的"妇女都是被奴役对象"。[42]沙德威尔认为，政治专制主义本质上必然会助长男性对弱势性别群体的专制，这和孟德斯鸠以及其他一些人的看法一致。后宫里面被胁迫、被奴役的女性是一面镜子，它反映了在豪华的宫殿高墙之内，自由并不存在。伊丽莎白·马什在《女俘虏》中对西迪·穆罕默德的描述让托马斯·沙德威尔感到困惑，她评价他是"一位真正的君主"。[43]这样一位统治者在这样一个地方对这样一位年轻、无助、迷人的女性表现出克制和风度，这意味着什么？

当然，伊丽莎白·马什并不了解抽象的政治理论，她只是读过很多小说。她之所以叙述西迪·穆罕默德对她的追求以及最后对她的怜悯，一定程度上是因为他确实是个仁慈的人。"虽然他有权扣留我，但却同意我离开。"她在回忆、描述这段往事时，很可能又一次受到塞缪尔·理查德森（Samuel Richardson）的影响，尤其是他最受欢迎的作品《帕梅拉》（*Pamela*）。在这部小说中，年轻的女主人公帕梅拉是一个女仆，穷苦但"才华在我之上"，"总是写写画画"（有点像伊丽莎白·马什）。帕梅拉的父母经济窘迫，破产了还欠了不少钱（很像詹姆斯·克里斯普），但"他们诚实善良，贫穷不是罪过"。从某个角度讲，帕梅拉也是俘虏，她被禁锢在雇主偏僻幽静的乡村庄园里。富有的"B先生"为了得到她，试图用

伊丽莎白·马什的磨难：一个女人的世界史

昂贵的礼物引诱她（就像西迪·穆罕默德试图引诱伊丽莎白一样）。然而在小说结尾，"B先生"控制住了自己的欲望，没有强暴帕梅拉，因为她的纯真和美德让他动容。[44]伊丽莎白·马什似乎希望自己的读者发现她和善良的帕梅拉之间的相似点。在这个过程中，她笔下的西迪·穆罕默德并不是一位外国暴君，而是一个有分辨能力且富有同情心的人，他遵从自己的良心，放过了困境中的伊丽莎白。

她很可能在刻意突出西迪·穆罕默德的仁慈，为了柔化苏丹的形象，她似乎刻意隐瞒了一些细节。有一次伊丽莎白告诉她父母，她第二次去西迪·穆罕默德的宫殿时，目睹了"一名年轻的欧洲奴隶"因对苏丹无礼而被当即斩首。虽然这个情节的真假未知，它最终未出现在《女俘虏》中。所以，她笔下的西迪·穆罕默德的形象是支离破碎的。虽然书中也有例子表明他的"专制"，但这些负面例子淹没在另一些证明他实际上是"一个温柔的人"的例子之中。[45]伊丽莎白·马什是一个矛盾体。在《女俘虏》中，她想把自己呈现为一个受过不公正对待的高尚基督徒，但她也坦白了自己面对诱惑时的矛盾心理，同时她希望提醒自己并告诉读者，她当时是有婚约的，她在摩洛哥期间，未婚夫牵挂着她。当她支持、捍卫后来的丈夫詹姆斯·克里斯普的同时，她也想——至少看起来是这样——贬低他。她既想表现出柔弱，又想表现出坚强。她对四位男性的态度不仅表明她不确定如何呈现出自己的最佳形象，也揭示了她在思想上和情感上的分裂和矛盾。

在《女俘房》中，西迪·穆罕默德、亨利·托里、约翰·考特和詹姆斯·克里斯普这四位男性角色还发挥着其他作用。有时，世界越来越开放的同时也越来越危险，不管是男性还是女性都在尝试通过故事去理解它、掌控它。这些故事往往是虚构的，只在私下传播，但有时候也会公开出版，比如《女俘房》。所以，伊丽莎白的自传具有更深层次的意义，即帮助世人理解世界。在个人或家族经历了危机和极端变故后创作的故事中，许多带有寓言色彩，《女俘房》也是这样。[46] 伊丽莎白讲述了她与四位男性的相遇，通过他们，她可以幻想她人生中的其他可能性，这让她对 1756 年作出的选择后悔不已。她与四个男人之间的故事让她所处的不断变化的世界显得更人性化、更易理解。他们当中，一位是熟悉世界海洋的皇家海军舰长，一位是立志发展国际贸易、提高外交地位的穆斯林君主，一位是"旅居非洲南部"的巴巴里商人，一位是在各大洲进行贸易的商人。在《女俘房》中，这四位男主角都围绕着伊丽莎白转。因此伊丽莎白想通过这本书去呈现她自己的世界。

在伊丽莎白撰写《女俘房》期间，她的丈夫正在孟加拉和马德拉斯尽他最大努力重建昔日财富。对克里斯普来说，书中内容是一种打击甚至折磨，他那些订购了书的亲戚、朋友、邻居和前商业伙伴都会阅读它。伊丽莎白透露的关于克里斯普的信息有好有坏，她还讲述了他们的婚姻以及她和其他三位男性的相遇，她的内心想法是什么尚不清楚。在克里斯普生意失败逃离英国后，她除了感到愤怒和羞耻，可能还有其他情绪。

《女俘虏》最开始的83位订购人的姓名揭示了那个时候这对夫妻的社交圈子。其中有几位是伊丽莎白的女性朋友，包括弗兰克斯小姐、凯特尔太太、巴特太太和伊丽莎白住在卡麦尔街时的邻居杰森太太，她们的信息有限。然后是伦敦的商人和专业人士：詹姆斯·克里斯普在康希尔的保险经纪人沃尔特·科普；马克巷的苏格兰酒商亚历山大·艾伦，他可能购买过克里斯普的西班牙白兰地，也卖过酒给这对夫妻；胡格诺派律师拉尔夫·弗雷塞利克，1767年克里斯普破产期 [157]
间他担任他的代理人。[47]克里斯普兄弟发迹时与他们有生意往来，他们出于好心订购了伊丽莎白的书。订购人中还出现了一些海军人士的姓名，这在意料之中。克里斯普最辉煌的时候，他在伦敦结识并成功攀附上这些高枝（正如乔治·马什抱怨的那样），其中就包括海军上校马修·惠特威尔·RN和他的夫人，他们各自订购了一本《女俘虏》。通过他们，克里斯普还认识了惠特威尔的哥哥约翰。他在继承埃塞克斯郡萨弗伦沃尔登镇的城堡和庄园后，改名为约翰·格里芬。[48] 1769 年，约翰·格里芬爵士和他的夫人各自订购了《女俘房》，以帮助伊丽莎白·马什出版自己的书。

还有一些重要人士订购了《女俘房》：查尔斯·平福德，1761 年以来，他一直担任巴巴多斯总督；马提尼克岛前总督威廉·鲁法内；拉尔夫·佩恩，他出生在加勒比海的圣基茨岛，后来成为背风群岛的司令和总督；约翰·博伊德爵士，他在向风群岛和格林纳达都有种植园，还拥有一部分班斯岛（Bance Island），该岛位于今天的塞拉利昂首都弗里敦上游 20 英里处，现在被称为邦斯岛（Bunce Island）。自 17 世纪 70 年代以来，班斯岛上建有一座英国堡垒和工厂。虽然该岛面积非常小，只有 15 英亩，但它依靠优越的地理位置赚取了巨大利润。对早期现代欧洲远洋船只来说，班斯岛在它们的适航范围内，从事贩卖非洲奴隶的人在这里聚集，然后将奴隶沿内陆河道运走。在《女俘房》出版前的 20 年里，英国商人从班斯岛运出了一万名非洲奴隶。[49]

[158]　　17 世纪中叶开始，克里斯普家族的人就开始参与跨大西洋奴隶贸易。和大多数伦敦重量级商人一样，詹姆斯·克里斯普与奴隶贸易和加勒比地区有一些联系和业务往来。18 世纪五六十年代，和詹姆斯·克里斯普同姓的商人约翰·克里

　　　　　　　　　　　　伊丽莎白·马什的磨难：一个女人的世界史

斯普（两人在某些方面算亲戚）活跃在伦敦，招募、运输契约劳工到英属美洲殖民地和加勒比海的岛屿。[50] 18 世纪 50 年代和 60 年代初期，詹姆斯·克里斯普的公司"克里斯普兄弟"蓬勃发展，虽然他偶尔会经营种植园产品，但那时他对购买、销售、运输奴隶不感兴趣。但 1767 年他破产之后，许多事情就变了。

为了赚钱，詹姆斯·克里斯普加入了埃格蒙特伯爵在东佛罗里达州的殖民地开发项目，他直接参与到奴隶贸易中。一开始，东佛罗里达州的英国州长詹姆斯·格兰特就告诉新殖民地的投资者，单靠自愿移民的白人不足以开发殖民地、收回成本，必须输入黑人奴隶甚至美洲原住民，隔壁的佐治亚州就是这么做的。当詹姆斯·克里斯普等"冒险者"加入埃格蒙特伯爵的东佛罗里达州开发计划时，伯爵本人和詹姆斯·格兰特持相同看法。埃格蒙特希望从地中海招募廉价的白人劳工来美洲定居，他还敦促财团中的每位投资者，在第一年为他们在东佛罗里达州获得的土地配备 10 名黑奴，第二年增加 10 名，六年内再增加 20 名。[51] 克里斯普在地中海区域人脉颇广，他的家族成员长期涉足地中海商业和奴隶贸易，所以埃格蒙特选择他作为商业伙伴。出于同样的原因，埃格蒙特还邀请詹姆斯·安德森加入他的东佛罗里达州开发计划， [159]
成为"冒险家"的一员。安德森的叔叔是苏格兰巨富商人理查德·奥斯瓦尔德，他拥有班斯岛的大部分土地。[52]

18世纪60年代，理查德·奥斯瓦尔德从班斯岛将奴隶家庭运往他位于东佛罗里达州的种植园。1767年至1770年，埃格蒙特伯爵花费3700多英镑购买了95名黑人奴隶，然后将他们运到东佛罗里达州。詹姆斯·克里斯普通过他在伦敦、加勒比海和航运方面的人脉，组织运输了一些奴隶到东佛罗里达州，但具体人数不详。1768年12月，克里斯普仍在最后一刻祈祷奇迹降临，他可以挽回自己的财产。他将东佛罗里达州的南北克里斯普领地转让给埃格蒙特，为期一年，相关法律文件还注明"黑人宿舍"以及"男女黑人和其他奴隶"一并出租。[53] 伊丽莎白·马什的图书订购名单中出现了许多加勒比地区重量级商人和奴隶贸易参与者，这说明了詹姆斯·克里斯普在破产后不久，便恢复了家族老一辈与西非的联系，开始从事奴隶贸易。

伊丽莎白·马什如何看待奴隶制？和当时世界上大多数人一样，她认为奴隶制的存在理所当然，毕竟她去过太多地方、见证过太多事。父母告诉她，1735年牙买加的奴隶起义迫使他们离开该岛，当时母亲已经怀上了她，之后她在英格兰出生。她跟随皇家海军的军舰远航时，遇到过自由的黑人水手以及被奴役的黑人。在摩洛哥，她不仅和宫殿以及军队里的黑人奴隶、白人奴隶交流过，她自己还差点沦为奴隶。

伊丽莎白·马什的磨难：一个女人的世界史

18世纪70年代，她在达卡（当时属于孟加拉）利用当地卖身为奴的穷人提高自己的生活质量，这一现象在英国人到达那里之前就存在。然而对于跨大西洋奴隶贸易，她的看法却不得而知。19世纪初，马什家族通过联姻和社交与一些废奴主义主要家族联系在一起，如利物浦的罗斯科家族。乔治·马什似乎收集了有关奴隶贸易的材料，18世纪80年代，他倾尽全力帮助伦敦的贫困黑人。[54] 18世纪60年代，许多英国人似乎开始对奴隶贸易产生顾虑，包括伊丽莎白·马什。但当时，她不得不寻求并接受密切参与奴隶贸易人士的施舍。

[160]

伊丽莎白·马什开始对奴隶贸易产生顾虑可能还有一个原因，这里只能浅谈一下。如果她的母亲确实是黑白混血并且做过奴隶，或者她的母亲是某个被抓去牙买加的西非奴隶的后人，那么当她目睹丈夫为了维持偿付能力而被卷入奴隶贸易时，她的心情可能比较混乱、比较矛盾。她在《女俘房》中写道，那些"不熟悉"摩洛哥的人会惊讶地发现，"伊斯兰教徒"认为当地的基督教奴隶"像圣人的坟墓一样神圣，除了他们的主人也就是王储，谁也无权使用他们"。[55] 她的说法虽不正确但挺尖锐。然而，西非输出的非基督徒奴隶的待遇可不是这样，她应该清楚这点。在书中，她对丈夫的看法是含糊不清的，偶尔还会写下一些残忍的话去伤害他。随着时间的流逝，她对他的态度越来越糟糕，可能就是受到了她对奴隶制的态度的影响。尽管她在书中坚称詹姆斯·克里斯普是"一个正直的人，是一个真正的基督徒"，但他还是卷入了奴隶贸易。对于已婚女性来说，匿名出版书籍不仅仅是一种低调和礼貌的行为，也是一种独立宣言。伊丽莎白在扉页明确写道，《女俘虏》"由她本人创作"。不管出于什么原因，她决定不以"克里斯普夫人"的身份出现在书中。[56]

[161]　　1770 年 8 月，伊丽莎白还差一个月就满 35 岁了。她带着女儿伊丽莎白·玛丽亚离开了英国，乘船前往马德拉斯与詹姆斯·克里斯普团聚。就在几年前，小说家劳伦斯·斯特恩（Laurence Sterne）创作了一位女性角色，她乘船前往次大陆，以便与不那么令她满意的丈夫重聚。他写道："若一位妻子冒着巨大风险，不远万里前去探望自己的丈夫，那么她往往并不是出于善意，而是心怀恶意……你愿意冒着巨大危险行驶多远去探望你的伴侣？"[57]斯特恩非常清楚，这个处境中的已婚妇女实际上没有多少选择，特别是那些不富裕的女性。虽然伊丽莎白·马什可以和父母一起住在查塔姆的大房子里，享受生活补助，但这样一来，她和丈夫可能永远无法团聚，她会陷入法律困境。虽然她非常依恋原生家庭，但从她的行为来看，她也渴望远离父母。此外，她对克里斯普还残存一

些感情，她也希望孩子能在父亲陪伴下长大，于是她下定决
心前往次大陆。威廉·马斯格雷夫爵士写道："由于她丈夫在印
度取得了成功，她去那里与他团聚。"但这个解释显然与事实
不符。[58] 当时，无论是詹姆斯·克里斯普还是伊丽莎白·马什，
他们在次大陆的前景都黯淡无光。她之所以前往印度，是因
为这个决定是正确的，况且她也没什么其他选择，再说在旅
途中她感觉最自在。

伊丽莎白向位于伦敦的东印度公司董事会提交了申请，请
求他们批准她"前往孟加拉与在公司工作的丈夫团聚，并带上
他们的女儿伊丽莎白"。1770 年 6 月，董事会不仅批准了她的
申请，还因为她的穷困免除了"按惯例需要支付的批准费"。[59] 通
常情况下，东印度公司的船只在春季和秋季从英国出发，当时
没有船去印度。于是，她选择乘坐皇家海军的海豚号，这是一
艘 32 门大炮三桅帆船，建于 1751 年，航行速度极快。就米尔
伯恩和乔治·马什所知，海豚号是首批在船底镀铜的海军舰艇
之一，这种保护层可以防止海草和海虫在船底聚积导致船速降
低。1770 年，海豚号的船底又重新镀了铜，当时只有这艘船去
印度，再加上它的速度够快，其他船只一般需要六七个月才能
到达目的地，而它不需要那么久，所以很多人想乘坐它。那年
夏天，迪格比·登特上尉抱怨说，他已经搭载了 1/3 闹着要坐
海豚号的平民乘客，他"应该指挥一艘一等舰，而不是这艘

帆船"。登特拒绝了大部分想上船的人，因为船舱"已经塞不下了"。[60]但他没有拒绝伊丽莎白·马什和她的女儿，这在情理之中。马什的父亲和叔叔都在海军供应部门担任要职，他们有能力还他人情。此外登特的父亲曾在牙买加与米尔伯恩·马什一起服役，所以他此前就认识来自直布罗陀的米尔伯恩。此外，海豚号的船长约瑟夫·米尔伯恩是伊丽莎白众多海上"堂兄弟"之一。[61]这个例子正好说明了，伊丽莎白的家人在海军中人脉很广，这为她的旅行提供了诸多便利。

约翰·伯杰写道，选择移民的人往往"受到诸多历史因素的影响，他和身边的人未曾察觉"。在某种程度上，伊丽莎白·马什也认识不到自己移居次大陆背后的历史因素。[62]虽然她选择移居的原因和时间不一样，但她也是所谓"变化中的世界"的一分子。七年战争结束后，越来越多的人选择移居海外。1763年后，在远距离迁移的人当中，大多数为来自非洲的奴隶，这和战前情况一样。整个18世纪，在法国跨大西洋的奴隶贸易活动中有70%以上是集中在1762年之后的30年间发生的。这一时期，白人迁移的规模和范围也在迅速扩大。1760年至1775年，约12.5万人离开英国和爱尔兰，前往北美不同地方，那里有大片被征服的新土地，他们受到了鼓舞，就像克里斯普前往东佛罗里达州一样。与此同时，那些在七年战争中失去领土的欧洲列强正在欧洲以外的地方寻找新的领地，以弥

[163]

　　　　　伊丽莎白·马什的磨难：一个女人的世界史

补损失并且吸引新的移民去那儿定居。1763 年至 1765 年，1.3 万多名男女老少从法国和德意志各州出发前往圭亚那的新殖民据点"库鲁"（Kourou），它按照启蒙运动的理念建成。不幸的是，大多数移民到了库鲁后，很快就死于疾病和饥饿。[63]

七年战争后，移居印度次大陆的黑人和白人在数量上远远低于移居到其他地方的人。一是因为英国政府规定，除了皇室或东印度公司的官员，其他人必须获得许可证才能去印度。二是因为前往印度的路途特别长、特别危险，所以次大 陆上的英国男性很少，"白人"女性更少。1771 年，当伊丽莎白·马什和她的女儿抵达马德拉斯时，只有 85 名欧洲妇女和儿童住在当地。[64] 尽管如此，1763 年远航至东方的英国人与远航至西方的英国人在某些方面存在相似之处，这一点可以从克里斯普身上看到，他先去了东佛罗里达州后又去了印度。七年战争结束后，东佛罗里达州的英国人也在增加。1756 年之前，生活在次大陆的名义上的英国人的数量始终未超过1000 人。然而据了解，在 1762 年之后的 10 年中，已有 6500名原本来自英格兰、威尔士、苏格兰、爱尔兰、加勒比地区或北美大陆的男性离开英国前往印度，实际人数只会更多。离开英国去印度的人和离开英国去美国的人一样，主要为来自城镇的年轻男性，他们中的大多数人要么像伊丽莎白·马什那样出身贫寒，要么像詹姆斯·克里斯普那样在成年后经历财务危机。此外，无论他们是前往北美还是前往印度次大陆，大多数人都在某种程度上受到了"他们自己的野心驱使"，而不仅仅是出于绝望。[65] 伊丽莎白·马什登上海豚号时，并不指望他们一家很快就能幸福地返回英国。詹姆斯·克里斯普的一些债主仍在努力追讨债务，留在海外是他唯一可靠的安全保障。但这并不意味着她或他的内心毫无期待，或对未来毫无规划。

从其他角度讲，伊丽莎白·马什的此次旅程具有更宏大的意义，她可能也意识到了。她知道海豚号是当时唯一一艘完成了两次环球航行的船只。1764 年 7 月至 1766 年 5 月，它在准将约翰·拜伦的率领下，用了 22 个月的时间航行到太平洋并折返。这次环球航行中，只有七人牺牲，比詹姆斯·库克的三次环太平洋航行死亡率更低、航行速度更快。途中，拜伦宣布福克兰群岛（Falkland Islands）为英国所有，时任第一海军大臣埃格蒙特伯爵认为该群岛是"整个太平洋……智利、秘鲁、巴拿马和阿卡普尔科的港口和贸易"的命脉所在。1766 年至 1768 年，海豚号跟随塞缪尔·沃利斯船长驶向太平洋，奉命寻找"麦哲伦海峡和新西兰之间从未探索过或从未见过的广阔大陆"。[66] 沃利斯虽然"发现"了塔希提岛和其他 14 个岛屿，但并没有圆满完成使命。伊丽莎白·马什非常了解海豚号的航行和探险经历，因为她的叔叔乔治·马什在海

[165]

　　　　　　　伊丽莎白·马什的磨难：一个女人的世界史

军部为埃格蒙特工作时，参与制订了这些计划。"当海军准将拜伦进行环球航行时，"乔治·马什后来记录道，"他问我……是否可以给他推荐一位秘书，与他一起航行。"伊丽莎白的叔叔很快找到了一个"理想人选"并"举荐了他"，此人与拜伦一起航行并编写了他的环球航行记录。[67]

与此前那些更加艰巨的航行一样，1770 年海豚号前往印度次大陆离不开大英帝国那不断膨胀的自信。18 世纪 50 年代末至 60 年代，詹姆斯·克里斯普和伊丽莎白·马什生活在伦敦，离东印度公司总部只隔着几条街，议会也在附近。每天，他们都可以通过伦敦的报纸了解东印度公司的扩张是多么迅速。1757 年，普拉西战役爆发，东印度公司击败孟加拉纳瓦布（nawab，省级地方行政长官）斯拉杰 - 伍德 - 道拉哈领导的军队，他们从伦敦的报纸上看到了相关报道。1765 年，莫卧儿国王被迫同意将印度北部的孟加拉、比哈尔和奥里萨这三个地方的征税权（*diwani*）交给东印度公司，他们从伦敦的报纸上看到了相关报道。1767 年，英国议会开始全面调查 [166] 东印度公司在次大陆的事务，他们同样从伦敦的报纸上看到了相关报道。这次调查揭露了东印度公司的腐败、暴力和无能，铺天盖地的小册子和书籍进行了曝光，于是人们越发相信东印度公司的事务"体量太大，一群商人管理不好"。出于商业、财政、人道和皇权等方面的考量，越来越多的人认为英国政府需要加大对东印度公司及其在次大陆的势力范围的监管力度。[68] 为此，政府官员制订了一揽子计划，其中之一就是派遣海豚号前往印度，因为它曾经协助过大英帝国扩展版图。

海豚号载着伊丽莎白·马什、她的女儿、150 名国际水手以及两套巴斯勋章（包括徽章和丝带）驶向次大陆。勋章将授予苏格兰海军军官约翰·林赛爵士以及经验丰富的爱尔兰士兵艾尔·库特将军。两人奉王室命令前往孟加拉和马德拉斯，监督并汇报东印度公司的表现。只有英国君主才有权颁发巴斯勋章。1770 年，为了表彰约翰·林赛和艾尔·库特的功劳、彰显他们作为王室代理人的权威，英国国王授予他们巴斯勋章。1771 年 2 月下旬，东印度公司一位官员在听到海豚号抵达马德拉斯的消息后写道："我们担心最坏的情况将会发生，英国政府即将干涉公司在印事务。"[69]

海豚号的光辉历史却增加了这段旅途的艰难，影响了住在潮湿、拥挤的船舱里的伊丽莎白·马什和她六岁的女儿。最开始的时候，她们和船员都非常健康，但是，"我们遭遇了极端天气，海豚号无法承受"。1770 年 10 月，它偏离了既定[167] 航线和计划，停泊在巴西新首都里约热内卢附近。当时，这里被葡萄牙帝国占领。伊丽莎白·马什想花几天时间探索这座城市，登特船长希望在里约"修补船只"，并采购当地出名

伊丽莎白·马什的磨难：一个女人的世界史

的糖、咖啡、朗姆酒、烟草、酸橙和廉价蔬菜。但里约总督拒绝给海豚号提供"任何帮助",伊丽莎白·马什和登特的计划未能实现,他们刚落脚就不得不离开。海豚号洋溢着大英帝国的野心,葡萄牙当局担心英国人可能会侵占他们在南美洲的殖民地。[70]

　　登特船长花了 29 天横渡南大西洋到达好望角。由于遭遇恶劣天气并且无法在里约热内卢进行整修和补给,海豚号的木头承受了巨大压力,船员的纪律性也降低了。一名水手死亡,另一名落水,伊丽莎白·马什与船上的外科医生戴维斯 [168]先生发生争执,因为他"对我表现得极其不尊重"。如果有人以居高临下或无礼的态度对待她,不管出于什么原因,她总是会迅速出手,制止对方。11 月 18 日,海豚号到达好望角,饥肠辘辘的船员们情绪上涨,他们释放了压抑多日的怒火,最终五名水手和两名海军陆战队员得到鞭刑伺候,后者是因为违抗船上军官。对伊丽莎白来说,恶劣天气和口粮匮乏都不是什么大事,她也经常看到他人被鞭笞。在旅程的最后阶段,她反而来了精神,得到了放松。海豚号在好望角停泊了四个星期,她参观了当地,见到了前来访问海豚号的荷兰总督。12 月 18 日,他们再次启航,由于海豚号速度很快,1771年 2 月 17 日他们就看到了锡兰(Ceylon)海岸线,三天后便到达马德拉斯。[71]从那一天开始,她的挑战和体验才真正开始。

她离开了她所熟悉的船舱，离开了她所熟悉的地方——大海。

※

　　詹姆斯·克里斯普来到了一片新土地，开始了一段新生活。在他的影响下，伊丽莎白·马什也进入一个人生新阶段。克里斯普家族与南亚、东南亚的商业联系可以追溯到 17 世纪初，那时，尼古拉斯·克里斯普爵士以及他的父亲和妻子都投资了东印度公司。18 世纪初，克里斯普家族中许多成员经常在东印度公司在伦敦举办的拍卖会上购买来自亚洲的商品。后来，依然有姓克里斯普的人活跃在次大陆的一些地区，比如 18 世纪 40 年代，一位名叫皮桑特·克里斯普的人在孟买做生意。[72] 詹姆斯·克里斯普与次大陆的联系不仅仅局限于商业领域，也不仅仅是通过他的家族建立的。童年时期，他"是艾尔·库特的玩伴"。1753 年，他们两人在梅诺卡岛重温儿时友谊。当时，库特"在那里任少尉，而他是木球队长"。克里斯普像吸引埃格蒙特伯爵那样吸引了艾尔·库特的注意，这人可是出了名的傲慢、难以相处，这证明克里斯普是一个有魅力的人，他善于打动别人。这也表明克里斯普的直系亲属可能与爱尔兰存在联系，因为珀西瓦尔家族的埃格蒙特伯爵来自爱尔兰科克，艾尔·库特则来自爱尔兰利默里克。那时，对克里斯普来说，库特已经非常强大了。在普拉西战役中，他任第二指挥官，仅次于罗伯特·克莱夫，随后他在印度南部的万迪瓦什（万达瓦西）和本地治里重创法国人领导的军队。[73]

破产之后，詹姆斯·克里斯普再次联系上艾尔·库特，他当时已回到伦敦。可能是在库特的帮助下，克里斯普才获得了东印度公司的特许，得以以私人身份前往次大陆定居，同时进行"海上"贸易，获得这项特许绝非易事。[74] 1769 年，库特和他的妻子还慷慨订购了多本《女俘虏》，同年，库特作为东印度公司马德拉斯武装部队总司令返回印度。因此，詹姆斯·克里斯普刚刚来到次大陆就拥有了一位极其强大的贵人。在库特的推荐下，他结识了东印度公司的高级官员和对他生意有帮助的人。出发前，克里斯普甚至就开始谋划打入亚洲私营贸易市场，经营一些他最熟悉的商品，包括纺织品、盐和宝石。"感谢上帝，我的苦难似乎有了一个圆满的结局。" 1768 年 11 月他写信告诉一位朋友，他"将踏上一段实际上充满希望的旅程，（如果上帝保佑）希望几年后我能……供养我的家人"。到达次大陆后，克里斯普花了些时间搭建生意网络，在本土招聘劳工。在此期间，库特为他提供了东印度公司的军队学员职位 [170]（现役军衔的最底层），这样他能有一些稳定的收入，享受些许社会地位。[75]

库特再次帮了克里斯普一个大忙，这个职位通常需要花高价购买，但詹姆斯·克里斯普财力不足。那时他已经30多岁，本来已经习惯了商人身份，现在却不得不穿上制服、服从纪律。最初，不管是他还是刚来的、关系半生疏的妻女都承受着经济压力，妻女同时还遭受着文化冲击。艾尔·库特原本安排克里斯普在孟加拉实习，那里的军官有很多机会从事私人贸易，但东印度公司误把他派往了马德拉斯，那里商业前景更小、服役风险却更大，下级军官的薪水"微薄，买不起一般生活必需品"。据报道，1771年，马德拉斯一些军队学员每月领到的薪水不足两英镑，"除非他们能得到帮助……或者获得赚外水的机会，否则他们的生活将举步维艰"。[76]

有一段时间，克里斯普夫妇不得不放弃他们的两个孩子，可见这对夫妻的日子确实不好过。1771年，他们让七岁的伊丽莎白·玛丽亚独自一人乘船返回英国。他们希望女儿回到查塔姆后，能在米尔伯恩·马什和他妻子的照顾下，接受良好教育并有所成就。同时，他们计划将九岁的儿子布里希·克里斯普从查塔姆接到马德拉斯与他们团聚。米尔伯恩给了东印度公司一位船长80多英镑，让他将布里希带去印度次大陆。不料船上的大副带着钱跑了，他只好又支付了50英镑。他甚至给船上的管家送了礼物，希望他们能够善待自己的外孙，他即将独自一人完成六个月的航行。事实上，布里希这个"有男子气概的美少年"依然在旅途中受到了冷落和虐待。1772年，布里

[171]

希乘坐的船到达了马德拉斯，克里斯普夫妇在货舱里找到了儿子，他身上"全是虫子和污垢"。遗憾的是，儿子也未能在他们身边停留太久：

> 布里希到达大约一年后，一位与他父亲有生意往来的波斯商人可怜这个男孩。他恳求克里斯普让他带着布里希去波斯，在那里学习波斯语。他认为，布里希回来后可以靠这门语言发家致富。

经过多次劝说，克里斯普一家最终同意将布里希交给这个波斯商人，其实他也有可能是英国人、荷兰人、亚美尼亚人或孟加拉人。布里希跟着他去了波斯（伊朗），在那里生活了"很长一段时间"。他在那里具体经历了什么不得而知，但他的确学会了波斯语。[77] 12 岁时，他已经能流利地说写这门语言。

从布里希的经历可以清楚看出，18 世纪 70 年代初期，克里斯普的处境确实很艰难。在一定程度上，这解释了布里希在成长过程中为什么表现出笨拙和孤僻，也解释了他为什么迷恋多样化的亚洲文化和语言。对当时的西方人来说，去波斯内陆是一种非常难得的经历。自 1720 年阿富汗入侵以来，该国政局动荡，大多数欧洲游客最多只到过波斯湾的沿海城镇和港口。[78] 布里希小小年纪就经历了两次长途旅行，他的心理受到了伤害。此外，他可能还遭受了性侵害。

克里斯普夫妻先将他们的儿子接到马德拉斯，然后又让他跟着一个陌生人去波斯，这不仅体现了他们的自知之明（知道自己没钱），也体现了他们的政治警觉性以及望子成龙的野心。他们似乎不再将自己视为移民，开始认真谋划如何在亚洲发展。莫卧儿的学者、政治家、法律界人士和政府官员都使用波斯语，19 世纪 30 年代之前，它一直是东印度公司的官方语言。既然这家公司实际控制着孟加拉，同时它在次大陆其他地区的外交和军事影响力逐渐提高，如果政客或商人能够掌握波斯语和其他本土语言，他们的前途将更光明。威廉·琼斯爵士在《波斯语语法》（ *Grammar of the Persian Language*, 1771）中尖锐指出，"以非凡的热情学习亚洲语言"对英国人来说非常重要，这样"我们的知识面将超出我们帝国的边界"。[79] 因此，克里斯普夫妇选择将他们唯一的儿子送到波斯，希望他能学会一些技能，为将来作准备，毕竟他们也没钱给儿子，他们一家也不可能永远依靠艾尔·库特。布里希要想在印度有一个稳定的未来，他只有依靠自己的智慧以及一些宝贵的技能。伊丽莎白·马什的父亲米尔伯恩·马什、祖父老乔治·马什和丈夫詹姆斯·克里斯普在很小的时候就不得不告别父母背井离乡，学习独立生存。一般来讲，没有

[172]

经济实力的男孩只有通过这种危险的、单枪匹马的学徒生涯在社会上立足。从这个角度来看，布里希·克里斯普先是孤身前往马德拉斯，然后又跟着陌生人去了波斯，这段经历好比年轻男性的成人仪式。只不过，布里希的经历更特别，因为他去了另一片大陆。

克里斯普夫妇用他们儿子的生命进行的巨大赌博得到了回报，布里希在他的职业生涯中崭露头角。1774年3月，孟加拉总督沃伦·黑斯廷斯以及他在加尔各答的理事会写信给伦敦东印度公司的董事们，虽然"在向你们提出建议时向来都非常谨慎"，但他们觉得有必要为了布里希·克里斯普破例一次：

> 他是个15岁左右（实际上是12岁）的年轻人，学过会计，是一个非常有前途的天才，并且在学习波斯语、孟加拉语和摩尔语以及这个国家的商业和关税知识方面已经取得了显著的进步，我们相信他能为公司效劳，因此冒昧推荐他。 [173]

他们在这封信中附上了"他（布里希）的波斯语书写样本"。[80] 他们之所以愿意为这个男孩费这么大劲儿，可能是因为大家都知道他父亲与艾尔·库特的关系。这也反映了

1774年克里斯普一家的地位提高了。那一年，孟加拉成立了六个省级委员会，以加固东印度公司的管理，同时打击腐败。每个省级委员会包括五名公司高级官员、一名秘书、一名波斯语翻译、一名会计师和三名助理。詹姆斯·克里斯普的朋友曾说："税收、本地警力和民事司法都在他们的控制之下。""为任何一个委员会工作，"他继续说道，"都可以被视为一种晋升。"克里斯普得到了这种机会。他被任命为达卡省委员会的盐代，帮助公司打理当地的盐业垄断业务。他回到了他所熟悉的领域，摆脱了在马德拉斯的贫困，在孟加拉领上了450英镑的年薪。[81] 在经济日益全球化的背景下，他和伊丽莎白·马什再次接触到一个重要经济中心。

[174] 达卡市沿恒河支流北岸延伸四英里，靠近梅克纳河（Meghna River），该河最终汇入浩瀚的雅鲁藏布江。[82] 每年夏天季风到来时，洪水会淹没城市周边部分乡村地区。当克里斯普一家住在那里时，5月到8月，该地区的水位通常会上涨14英尺之多。达卡周围约70英里范围内的镇子和村庄会变成"许多小岛"，彼此之间的交通全靠船只。无处不在的水资源促进了制盐业的蓬勃发展。该地区的河流最终都会汇入孟加拉湾，与那里的水混合在一起。每年春天，人们会收集海水，然后在盐池中进行处理，池子底部由黏土筑成。之后，他们将得到的碱液放在土锅中，用木材煮成盐，这些木材来自当

伊丽莎白·马什的磨难：一个女人的世界史

地茂密的森林。无处不在的水资源也让这一带变得肥沃富饶。[83] 达卡市及其周边地区盛产优质大米，该市的商人还出口槟榔叶、坚果、糖、孜然种子、鱼和木制家具。几乎每一个有钱的居民都有一个花园，他们根据气候在园子里种植水果、蔬菜以及漂亮的植物。由于达卡呈现出的自然风貌，再加上那些"桥梁、腐朽的门廊和柱子（其中一些都算不上建筑）"，在新来的不了解这里的西方人眼中，这是一个衰落的城市。然而，有洞察力的欧洲人却能看到它的价值，从某个角度讲，它是"世界上最富有的（城市）之一"。[84] [175]

原因就在于棉花，这也得益于无处不在的水资源。东印度公司一位官员后来写道，达卡周边适合种植棉花，因为：

> 这里靠近大海，随着潮水的涌入，海水与经过该地的梅克纳河的水混合在一起，三个月后当潮水消退时，沉积物、沙子和盐粒可以大大改善土壤。[85]

那时，世界多地都会种植棉花这种天然纺织植物，但欧洲例外。棉花做的布料适合各种气候，具有无可比拟的优势。在天气非常炎热的地方，人们一年四季都可以穿棉布。在较冷的地区，棉布非常适合制作内搭或内衣，因为它易于洗涤、晾晒且不易褪色。克里斯普在世的时候，世界上只有植物染料没有化学染料。但是，棉布上的图案依然呈现出多种或鲜艳或淡雅的色彩，而且不易褪色。此外，棉花价格低，比英国和爱尔兰生产的羊毛和亚麻便宜得多。

在 17 世纪和 18 世纪的大部分时间里，印度次大陆的棉花种植业和纺织业还具备其他优势。印度人拥有许多独特技能，它们代代相传。此外，这里拥有廉价的劳动力，这点非常重要，因为每年秋天播种、春天采摘，然后清洗、纺纱、织布和刺绣都需要大量人手。18 世纪 70 年代，达卡地区居住人口约 45 万，据估计，其中 14.7 万人都参与了棉花种植业和纺织业。[86] 织工全是男性，人数在 2.5 万以上，女性则负责纺纱和清洗布料，人数达 3 万。据称，另有 5000 名绣工，他们在最奢华、最昂贵的面料上刺绣，尤其是达卡的平纹细布。这种面料轻薄精致，一匹平纹细布卷起来后，据说可以轻松穿过女士指环。[87]

本土经济蓬勃发展，这影响了詹姆斯·克里斯普如何理解新环境、如何与之互动。大多数移居到次大陆的白人平民定居在加尔各答、马德拉斯或孟买。自 17 世纪以来，欧洲人在这些城市发挥着重要作用，他们甚至可以将这些地方视为自己的杰作。几个世纪以来，虽然欧洲人会零零星星地陆续来达卡做贸易，但这个城市依然保留着浓厚的莫卧儿风格，华丽的建筑随处可见。早在东印度公司对孟加拉发动政变之前，这里就已经获得了财富和国际影响力。1610 年，当时的莫卧儿孟加拉总督选择达卡作为他的首都和基地，这扩大了达卡的城市规模和建筑体量。18 世纪初，虽然达卡的政治地位有所下降，但它的棉纺业和商业依旧吸引着大批商人，他们来自亚美尼亚、阿拉伯、波斯、帕坦、孟加拉、欧洲、荷兰、法国、葡萄牙和英国。1774 年克里斯普到达该市时，它和孟加拉其他地区生产的大部分纺织品仍由本土或次大陆其他地方消化。尽管如此，印度棉已经成为"唯一算得上是全球贸易体系中不可或缺的纺织品"。[88]

长期以来，亚洲贸易商一直向西亚、中亚、东南亚以及东非出口棉纺织品，印度棉通过开罗进入奥斯曼帝国。越来越多的印度棉流向欧洲，并从欧洲流向其他大陆。1665 年，东印度公司从孟加拉向英国出口了 7000 匹布。当詹姆斯·克里斯普来到达卡时，孟加拉每年有 65 万匹布料运往伦敦，其[177]中一部分又从伦敦出口到北美和加勒比地区。印度棉也会流入西班牙控制的马尼拉，并从马尼拉进入拉丁美洲。印度纺织品是跨大西洋奴隶贸易中必不可少的元素。就英国奴隶贩子而言，在 18 世纪他们在西非海岸购买的奴隶中，至少 1/3 是用次大陆的纺织品交易的。通过人口贩卖这种残忍的方式，印度棉制品也会流入非洲内陆。[89]

到了 19 世纪初，在大多数（并非所有）新来的西方人眼中，印度在各个方面都跟不上时代，因此他们需要从外部推动印度的进步和现代化。詹姆斯·克里斯普则持不同看法，在他眼中，达卡繁荣优质的棉花产业正是其经济现代化的标志。1776 年，一位刚刚来到达卡的英国人写道：

> 孟加拉本地人几乎不怎么消费外国商品……但是世界各地几乎都需要孟加拉的产品……（如果）销售是商业的基本属性，那么孟加拉就是一流的商业国家。[90]

实际上，克里斯普可以将达卡视为他过去的延续而不是突破。他习惯在国际化城市从事跨大陆贸易，继巴塞罗那、伦敦、汉堡、里窝那和其他城市之后，现在他又来到了一个充满活力的贸易中心，只不过这次它恰好位于次大陆。他在欧洲做生意的时候就参与过盐贸易，如今他在达卡的部分业务（尽管只是部分业务）再次涉及盐交易。他在英国和西班牙经商的时候就了解了印度纺织品，搬到达卡后他来到了全[178] 世界最重要的纺织业中心之一。他习惯了与不同文化和语言打交道，极富企业家精神。如今，他每天都能接触到一种全球需求不断增长的商品——高档印度棉，他可以凭借它重建声誉、重拾财富。

詹姆斯·克里斯普定居达卡后，他的"贸易迅速蓬勃发展"，就连乔治·马什都承认这一点。[91] 究竟有多迅速？克里斯普有一处房子，他们一家偶尔在那里居住，1780 年有人对该房编制了一份物品清单，从中可以找到答案。在达卡过上时髦生活的成本相对更低，对欧洲居民来说，达卡和加尔各答之间的生活开支差异"相当于英格兰乡村和城市之间的差异"。克里斯普夫妇的生活水平高于次大陆大多数欧洲人。要在加尔各答住上不错的房子，每年可能需要花费 1000 英镑，但他们只花了 9010 卢比（约等于当时的 900 英镑）就在达卡买到了一套带庭院的大房子。[92] 这份物品清单还表明，这对夫妇又开始放纵自己，就像之前在伦敦那样，他们通过家用物品来彰显自己的身份地位。

当时在马德拉斯生活的欧洲平民人数很少，其中只有不到一半的人买得起家用轿子，克里斯普夫妇就有一台，它还装饰着"竹制流苏"，他们可能还需要花钱请四到八个人抬轿子。这对夫妇购买了传统莫卧儿精英的标配手工艺品，比如一种用孔雀羽毛制成的拂尘或扇子，在印度 - 波斯象征着力量，克里斯普一共买了四把。虽然他们习惯了欧式装修风格，但他们在达卡的房子更偏简约，屋内似乎没有窗帘和地毯，地板上只是铺了藤垫，要么产自当地，要么来自中国。他们的沙发、床和椅子用黑木制成，当地木匠经常使用这种本土硬木。他们有一张上了油漆的牌桌和两个上漆加镀金的橱柜，它们可能是东印

[179]

度公司从中国广州进口的。詹姆斯·克里斯普将跨文化元素融入了自己的衣橱。在正式场合与欧洲同胞见面时，他仍然会戴假发，而伊丽莎白仍然会用卷发器烫她受损的头发。克里斯普拥有四套欧式西装，但它们是用浅黄色、黑色和蓝色的印度丝绸制成的。当他在家或者穿行在达卡无穷无尽的水道上时，他会穿印度风格的棉质宽松外套和衬衫。当时，他至少已经购买了25条"短裤"和59双棉袜。[93]达卡天气炎热，他们有本地仆人为他们洗衣服。和其他欧洲同胞一样，克里斯普在达卡比在英国时干净。

英国人入侵印度后，他们会借用当地文化元素和物质元素，关于这一现象带来的影响历史学家们意见相左。一些学者认为，它证明了在18世纪大部分时间里，欧洲人比他们的后辈更愿意跨越宗教和种族界限去和印度沟通、去理解印度。另一些学者则认为："在印英国人挪用印度习惯或使用印度物品，这并不会影响他们的身份认同。"在日常生活中接触不同文化反而会增强他们的自我意识。[94]可见学者们的立场呈两极分化，他们的观点不能有效解释在印欧洲人的私生活和心态方面的复杂性和矛盾性。出于绝望和野心，伊丽莎白·马什和她的丈夫来到印度，他们成为东印度公司的附属品（但并不是正式员工），并逐渐依赖它。作为一家准军事贸易公司，东印度公司篡夺了孟加拉的财政、商业和司法权。

[180]

　伊丽莎白·马什的磨难：一个女人的世界史

接下来，我们需要判断他们两个人的受影响程度。鉴于他们的多文化背景，伊丽莎白·马什和詹姆斯·克里斯普移居次大陆后，大概率会受到印度文化的影响，以及达卡截然不同的生活方式的影响。

对这对夫妻来说，达卡的景观、气候、野生动物、生活习惯和饮食都是如此陌生。此外，自从来到南亚生活后，他们无法像以前那样履行宗教义务，当时宗教信仰支撑着大多数人的身份认同。在伦敦，克里斯普夫妇经常去英格兰教堂做礼拜，他们两个孩子接受了洗礼。达卡虽然有 230 多座清真寺和 52 座印度教寺庙，但并没有任何场所供新教徒做礼拜。克里斯普夫妇在达卡住所里放了一本圣经，但根据它在物品清单中的位置可以明显看出，新教对他们的影响正在减弱。清单的编制者写道："一本圣经，外加 12 副牌。"[95] 伊丽莎白·马什在《女俘房》中经常提到上帝，但定居次大陆后，她再也没有在写作中提到上帝。来到这里之前，克里斯普可以使用母语或其他欧洲语言轻松与人交流，但现在他们与当地人的沟通不可避免地受到很大阻碍。根据东印度公司 1778 年编制的"该省欧洲人名单"，那年居住在达卡的白人男性只有 48 名，包括詹姆斯·克里斯普和布里希·克里斯普，其中有 30 人是东印度公司的工作人员或军人，其余的要么是詹姆斯·克里斯普这样的私商，要么是"缺乏谋生手段"的个人。[96]

这份名单中没有女性，因为在东印度公司眼中，欧洲女性在次大陆没有承担正式公务，而且人数也很少。1785年，

[181]

达卡只有三名已婚妇女被视为名义上的白人。"她们不怎么抛头露面，"当时一位居民说，"虽然女士们似乎关系要好，但她们很少聚会。"[97]伊丽莎白·马什也是名义上的白人女性，她无事可做，无法和同类聊天或社交。对于雄心勃勃、精力充沛和贪婪的白人男性来说，达卡是富裕之地，对个人能力要求高，遍地都是机会。它迎合了像詹姆斯·克里斯普这样寻找第二次机会的人，迎合了罗伯特·林赛这样出身名门但收入不高的人。林赛于1776年来到达卡，结识了克里斯普一家。他父亲是苏格兰贵族，生了11个孩子，但每年只有1000英镑来抚养他们。此外，它迎合了那些政治斗争的受害者，英国本土面积虽小但党派之争激烈残酷，而达卡生活成本相对较低且位于遥远的次大陆。在各类不合群的男性和特立独行者眼中，它是一个理想的避风港。

生活在达卡的英国人不多，他们又无法在做礼拜的时候聚会，只有通过其他方式增进团结。达卡有一个共济会会所，英国人以及其他欧洲男性可以体验启蒙运动下的宗教新仪式。至于"未婚绅士"，他们"每周五带着帐篷一起去离镇大约20英里的地方狩猎野猪和野鹿，活动一直持续到周一。早晨或傍晚，男士们在那里骑马或骑大象，大象数量众多，这里

的每位绅士几乎都养了一两头这种大型动物"。[98] 无论已婚还是未婚，达卡以及次大陆其他地区的欧洲男性都会找本地女性做伴，他们在女伴面前小心翼翼地吹嘘自己，还可以通过女伴们增进对当地文化的了解。但这些活动为男士专属，伊丽莎白·马什无法参与。

虽然她可以享受奢侈的物质生活，但同时也承担着一些风险。达卡这个"水世界"生活着 50 万本地人，但白人却不到 50 名，本地人视白人为外来者。安全起见，她和詹姆斯·克里斯普在家里放了枪支和弓箭。那时，伊丽莎白的儿子在波斯，女儿在查塔姆，丈夫大部分时间都在外面跑盐和纺织品的生意，她无所事事。她本可以去加尔各答，那里不仅是东印度公司的权力中心，也是印度英国社区的典范。在那里，她可以去剧院、参加音乐社团、逛集市、参观粉刷过的古典建筑和尖顶教堂，也可以把大量时间和金钱花在社交上，但她没有这样做。相反，她去了更远的地方，探索到了更多事物。

第五章　探索亚洲　重启人生

[183]　　她病了，"确实病得不轻"。她抱怨自己"疲惫不堪"，而且"身子一侧非常痛"。压力切切实实地再次向她袭来，她需要立即离开达卡去别的地方，就像 1756 年她在直布罗陀时做的那样。"我的健康状况极度糟糕，我不得不去海边旅行。"1774 年 12 月 13 日，她离开达卡前往加尔各答，从那里乘船前往马德拉斯（金奈）。19 世纪的时候，身体不佳但财力充裕的次大陆移民通常会在东部的阿尔莫拉、西姆拉、大吉岭或者南部的乌蒂等山区养身体，这些地方气候较凉爽，对英国人来说也更安全。但伊丽莎白·马什在世的时候，生活在印度北部的欧洲人若是生病了，他们不愿意也没办法回到英国。他们别无选择只能向南航行，希望沿海地带清新的微风可以帮助他们康复。在前往马德拉斯途中，她遇到了约翰·肖尔，他也要去那里。当时肖尔 24 岁，是东印度公司的一名文书，后来成为印度总督。受严重的疾病困扰，他也想"呼吸海边的空气"，表面上和伊丽莎白一样。[1] 除非万不得已，

这些人不会抛下工作和家庭去南方养身体，伊丽莎白·马什是个例外。她打发时间的方式也和其他人不同，当她航行到马德拉斯时，她并没有在那里停留。相反，她花了一年多的时间游历今泰米尔纳德邦和安得拉邦的不同聚落，探索了一些最重要的城镇以及宗教和经济场所。当她回达卡时，她选择了一条艰难的陆上线路，沿着次大陆东部海岸线，穿过奥里萨邦。当1776年7月她最终回到达卡时，她已经离家18个月了，那段时间中她频繁出游。 [184]

从各方面来看，这是一个了不起的进步。自15世纪以来，在次大陆的外来人口中，选择在内陆旅行的人数呈指数级增长，但白人平民男性很少进行漫长的陆上旅行，女性——无论什么肤色——更是罕见，除非他们要传教、经商或者陪伴自己的配偶。[2]自1774年开始，詹姆斯·克里斯普似乎从未去过孟加拉以南的地方。同年，菲利普·弗朗西斯加入加尔各答最高委员会，他来到了东印度公司食物链中的更高位置，但自那以后他也没有探索过孟加拉以南。面对生意场上的压力、对疾病的恐惧、炎热的气候、充足的降雨以及内陆旅行的巨大挑战，人们不到万不得已是不会长途旅行的。因此，欧洲人并不了解次大陆内陆地区。尽管那时东印度公司已经勘测了印度海岸线，但直到1767年，它才任命詹姆斯·伦内尔领导一批人马去测绘印度内陆部分区域。即使他们一行能

第五章 探索亚洲 重启人生

够较为准确地测绘一些地方，但他们为此投入了巨大的时间和精力成本。"路况之糟糕，人为踏出来的小径已经算很好了，"伦内尔说：

> 每当遇到深河（在那个国家很常见，而且没有桥梁）、沼泽、连绵的山脉或其他障碍物时，我们就得绕路以把难度降到最低。由于这个原因，那里的路斗折蛇行，其曲折度远远超出我们在欧洲走过的路。

[185] 由于道路崎岖不平且迂回曲折，他认为"普通的旅行者"一天最多行进 22 英里。[3]

伊丽莎白·马什绝不是一位普通旅行者。在漫长的亚洲之行中，虽然她身边有土著士兵、向导和仆人陪伴着，但詹姆斯·克里斯普并不在她身边，这一情况和 1756 年类似。那年，她在没有父母和兄弟的陪伴下，独自离开了直布罗陀。而现在，她在没有丈夫或儿子的陪伴下，开始了一段属于自己的旅行。这两次旅行还存在另一个相同之处——和一位未婚男子结伴而行。1756 年，她和詹姆斯·克里斯普结伴而行，这一次她与一位名叫乔治·史密斯（George Smith）的上尉结伴而行，她称他"堂弟"。从 1774 年 12 月他们一起离开达卡到 1776 年 6 月她返回孟加拉边境，他们每天都在接触。在这

　　　　　　　　伊丽莎白·马什的磨难：一个女人的世界史

一点上，她不同于那些在她之前游历次大陆的外国女性：杰迈玛·金德斯利，18 世纪 60 年代她去了马德拉斯和印度北部；索菲亚·普劳登，1777 年至 1778 年她从加尔各答旅行至勒克瑙；伊丽莎·费伊，18 世纪 80 年代她探索了印度南部。[4]这些女性中绝大多数都是走水路，她们乘坐一种无龙骨的内河驳船沿着海岸旅行。当她们必须陪伴自己的丈夫时，才会走陆路。金德斯利、普劳登和费伊在描述她们的旅行时，都小心翼翼地强调她们仍然履行着自己的家庭和社会义务。在《来自巴西特内里费岛、好望角和东印度群岛的来信》（*Letters from the Island of Teneriffe*，*Brazil*，*the Cape of Good Hope*，*and the East Indies*，1777）中，金德斯利开篇就提到一位英国朋友（此人可能是她虚构的）："我曾许下承诺，向你分享我的旅途。"[5]

　　伊丽莎白·马什的亚洲游记特色鲜明。1756 年她在地中海和摩洛哥经历磨难时，她没机会写日记。13 年后，当她起草《女俘虏》时只能依靠回忆，她觉得很遗憾。这次不一样，她可以一边旅行一边写日记，她盘算着将来有一天能将日记写成书出版。她提供了一些非常精准的信息，比如 1 克斯（coss）等于 2.5 英里。从这一点看，她确实是有出版计划的。除了这个原因，还有一些其他因素促使她写日记。当一个人重病缠身或内心充满对疾病的恐惧时，他往往会求助于笔墨以记录内心。[6]此外，当年华逝去，人们不得不步入中年或老年时，他们亦会如此。当伊丽莎白·马什展开印度之旅时，她只差一年就满40岁了。她已经在次大陆经历了两次雨季，她和其他许多次大陆外来者的生命因此受到威胁。通过日记，她可以记录自己的改变，同时预测她还有多少改变命运的机会。月复一月，日记也记录了她发现新事物时的兴奋和迷惑。

然而她的日记并不完全关乎她自己，她的旅途也并不完全只涉及她个人。倘若东印度公司的政治军事影响力没有野蛮扩张、大幅提升，她不可能完成这段充满挑战的次大陆之行。她的旅行以及她日记中大部分内容正是以大英帝国这种划时代的历史转变为背景。1765年，东印度公司通过税收政策接管了孟加拉，之后欧洲接连占领了亚洲大片领土。最终，这场政变"提供了一个平台——一个人力、金钱和物质的平台，以它为基础征服从东地中海到南中国海的整个地区"。[7] 在这个过程中，一个主要由西方主导的世界短暂成形。虽然伊丽莎白·马什以及绝大多数和她同时代的人无法预知这些历史进程，但她的确观察到并记录了她身边权力结构的一些变化，以及这些变化的局限

[188] 性和遇到的抵抗。在东印度公司接管孟加拉之后游历次大陆的女性中，伊丽莎白的旅行和游记本应最具探索性，毕竟她多次扮演奇怪的女版"赣第德"，然而她却再次在重大

[189] 历史事件和变化的舞台上陷入懵懂。虽然她接触了不少大

　　　　　　　　伊丽莎白·马什的磨难：一个女人的世界史

人物，她却只能再一次用无知且感性的目光凝视他们。

　　也许是因为生病和恐惧，她并不怎么好奇身边陌生的自然环境和社会环境，她将注意力放在更熟悉的事物之上。和乔治·史密斯一起旅行时，她几乎每天都会写日记，这仿佛是一种仪式，可以带给她安慰，让她略微感受到生活还在继续。每当他们停止赶路的时候，他们就待在堡垒、东印度公司的营地或房屋，又或者专供旅行人士休息的地方（choultry）。在这种情况下她的安全感增强了，于是便暂停写作。其他时候，她就用干净纤细的手潦草地写下自己的感受和遭遇。当她描述一连串动作时，她喜欢用破折号代替句号。

　　当时，恒河三角洲的河道总长380英里。伊丽莎白告别了"我亲爱的克里斯普和可爱的儿子"——她仍然这么称呼父子俩，然后从达卡赶到加尔各答，在那里她和乔治·史密斯一起登上了军需船亲善号。船长叫伯福德，"淳朴善良"，但她很快发现"他是一个无趣的人"。亲善号的所有权属于私人，它"很大、坚固、船况良好，有足够的欧洲和印度水手，配备了枪支弹药用于防御"。亲善号的所有者经常将它出租给皇家海军，这次也一样。即使如此，伊丽莎白没能立即放下防备心。[8]亲善号从加尔各答启航后，她并没有与史密斯或其他乘客交谈，而是站在甲板上，凝视着沿岸的花园别墅。它们位于加尔各答南边，有的是一层楼，有的是两层。夏季最热的时候，当地的富人会来这里避暑。在她眼中，这些花园别墅和"英国所有大型广场上的豪华房子"一样优雅，她随即进一步解释她指的是"伦敦"。之后，她又看到"一个叫作美兰可妮的岬角，之所以这样命名，是因为第一位来到孟加拉的英格兰女士美兰可妮被葬在这里"。亲善号驶过巴吉巴吉、法尔他和库尔皮，然后停在加尔各答下游 70 英里处的"荒凉的撒加岛附近"。她看到"岸边的村庄地势平坦，我许多可怜的英国同胞在此长眠，因为许多水手和士兵都埋在那里"。[9]

伊丽莎白除了向读者暗示自己当时非常沮丧，还直白地用文字道明了她的身份地位。在大部分时间中，伊丽莎白·马什渴望别人视她为一名来自英格兰的淑女，她将身穿英国军装尤其是皇家海军制服的男人视为她的同胞，视为"我们"。她依然怀念伦敦，怀念那些她走过却从未住过的优雅广场，怀念这座城市短暂给予她的社交机会和生活格调。1775 年 1 月下旬，亲善号在孟加拉湾遇到了皇家海军东印度中队。从她对这次相遇的描述，我们可以看出她对英国这个国家、民族和文化的认同感。一些时候，她迫切地想强调自己与英国社会和文化的联系。她从甲板上看着伯福德船长的手下将新鲜物资装载到中队准将爱德华·休斯爵士的旗舰索尔兹伯里号上。分别之时，"战士们敬礼完毕后，所有的船随即启航，准将开往马德拉斯，约翰·克拉克爵士开往中国海，皮戈特船长的燕子号单桅帆船开往甘贾姆（Ganjam）"。克拉克的船正是将伊丽莎白带到印度的那艘海豚号，这次它的任务是将800箱鸦片运往爪哇岛最东端的巴兰邦自由港。1772年，休斯的船索尔兹伯里号前往印度洋途中停泊在好望角附近的桌湾，挨着冒险号和詹姆斯·库克的决议号。[10] 在库克的第二次环球航行中，[191] 冒险号和决议号在前往南极和太平洋途中曾停靠在桌湾。当时英国皇家海军越来越频繁地出现在包括孟加拉湾在内的亚洲水域，这表明了他们越来越有能力连接英国在世界各地的殖民地、商业中心和开发区，伊丽莎白可能观察到了这点。

对伊丽莎白来说，这次相遇主要意味着她有机会重温她在伦敦短暂体验过的精致生活。当亲善号停泊在东印度中队附近时，晚餐之前她都会精心梳妆打扮，从她"非常舒适、极好"的船舱里拿出茶叶和茶具。有一次，"一大群"海军军官前来拜访她，她用茶水招待他们。约翰·克拉克爵士从海豚号划小船过来，向她表达他的敬意。准将爱德华·休斯爵士的女婿和秘书也来看望了她。虽然准将没有亲自来访，但她写道，他"出于礼貌送来一张便条"以及"一些茶点"，包括三打原汁原味的瓶装英格兰温泉水，水还是温的。[11]

无论伊丽莎白·马什的身子多么虚弱，她似乎总是不忘自己的魅力。但她在日记中承认，这些人之所以来看望她，并不完全是因为她还残存一些魅力，或者孟加拉湾的女性实在太少，也是因为她的家人。那些前往亲善号拜访她的人"认识我大多数家族成员"，比如爱德华·休斯爵士的秘书亚瑟·卡斯伯特，他是她叔叔乔治·马什的朋友及生意伙伴。她的家人除了认识皇家海军中的人（她总是能够利用这些关系），他们还认识理查德·史密斯。多亏了此人，东印度公司在自己的权力范围内尽可能关照了伊丽莎白。[12]

[192]　　理查德·史密斯是伦敦人，"出身卑微"但"雄心勃勃"。一开始他只是东印度公司轮船的乘务长的助手，但他充分利用自己的职务提供给他的周游各地的机会，同时在战争和帝国扩张的过程中挖掘机遇，迅速积累了权力和财富，在公司平步青云。事实证明，这对少数男性来说确实为一条成功之道。他很快加入了东印度公司的军队并参与战斗，他的军衔不断提高。最终在 1767 年，他被任命为孟加拉总司令。在此过程中，他通过给穆罕默德·阿里·可汗·瓦拉贾放高利贷等手段发了大财。瓦拉贾是阿尔科特（Arcot）的纳瓦布，该省位于马德拉斯附近，受英国保护。1770 年理查德·史密斯返回英国时，他声称自己的身价为 20 万至 30 万英镑。在今天，这个身价相当于 20 多个百万富翁加在一起。1772 年，塞缪尔·富特（Samuel Foote）的戏剧《要人》（The Nabob）在

伦敦海马克皇家剧院首演，剧中人物"马修·米特爵士"就是以理查德·史密斯将军为原型，代表了东印度公司的资本家兼军事冒险家。他的皮肤"染上了东方色彩"，"在国外获得了巨大的权力"，回到英国后，他"豪气冲天，在我们中间大量散发战利品，它们来自被摧毁的亚洲地区"。[13]事实上，理查德·史密斯并非没有洞察力，也并非没有能力客观评价他参与的一些军事和商业项目。他后来成为埃德蒙·伯克的政治盟友，和他一起在议会中呼吁对东印度公司进行改革。东印度公司接管孟加拉后，1781年史密斯告诉议会，"5000人竟然将一套制度强加到1000万人身上"，当那些人侵扰生活在"那片辽阔土地"上的土著民族时，他们"和自己一样，好不到哪里去"。[14]

这个聪明、上进又腐败的男人与马什家族之间存在千丝万缕的联系。18世纪初，在米尔伯恩·马什的"堂兄弟"中，至少有一位娶了姓史密斯的姑娘。理查德·史密斯在遗嘱中 [193] 称自己是乔治·马什的长子的妻子的生父（乔治·马什因此获得了4万英镑的嫁妆）。[15]对伊丽莎白·马什而言，她不在乎史密斯的本性，她只在乎自己家族与他之间的联系。背井离乡的男男女女，尤其是那些资源有限的，往往会充分利用异乡的远亲或熟人，从他们身上获得帮助。很显然，伊丽莎白带着很强的目的性充分利用了她与理查德·史密斯的关系，就像詹姆斯·克里斯普利用他儿时玩伴艾尔·库特那样。1770 年伊丽莎白登上海豚号前往马德拉斯，在此之前不久，她可能与史密斯、迪格比·登特上尉和东印度公司的历史学家罗伯特·奥姆共进过晚餐。她刚在孟加拉站稳脚跟后，就努力和加尔各答一位有钱寡妇成了闺密。她叫乔安娜·罗斯，是理查德·史密斯妻子的姨妈。之后，乔安娜·罗斯成为詹姆斯·克里斯普最重要的债主之一。[16]

理查德·史密斯曾任东印度公司军团前总司令，现在依然是公司的重要人物。大家都知道伊丽莎白和史密斯之间的关系，这是她受到约翰·克拉克爵士和爱德华·休斯爵士等人的关注的另一个原因。当她回到岸上后，理查德·史密斯带给她的好处得到进一步显现。

亲善号越往南航行，伊丽莎白就越对当地人的着装、举止、食物和语言感到陌生。她在日记中使用了一些陈词滥调，比如"迷人的乡村风光——以及天气宜人"，这些语言很难概括她每天站在亲善号甲板上看到的一切。1775 年 2 月 14 日，他们最终到达马德拉斯附近，由于这里没有天然良港，当地政府派了一艘穆索拉（mussoola，一种特殊的船）去接她上岸："船采用特殊材料，用粗线缝合在一起，没有使用任何金属，侧面非常高，非常宽敞。"和伊丽莎白·马什习惯乘坐的皇家海军舰艇不同，穆索拉未使用横梁固定船身，也未使用

[194]

　　　　　　伊丽莎白·马什的磨难：一个女人的世界史

金属紧固件，这样船身可以自由调整船姿以对抗猛烈的海浪。"因此看上去非常可怕，一想到要坐上去就很恐惧。"她上船后视线便无法超过船舷上方太多，她感到船身在颤抖，她"差点儿晕过去，快被吓死了"。"上岸后的感觉，"当天晚上她用不寻常的语言描述道，"就像在天堂享用晚餐。"[17]

伊丽莎白在马德拉斯这个庇护所休养了一段时间。这是一个典型的亚洲城市，城里有一个片区叫"黑镇"，生活着葡萄牙、亚美尼亚商人和土著居民，还有一个片区属于东印度公司的生活区，那里戒备森严。在一些人眼中，马德拉斯在某些方面类似英格兰的城市，甚至类似传统欧洲城市。东印度公司的生活区有多条街道和多个广场，还有一座圣玛丽英国国教教堂以及一些带阳台的"整洁漂亮"的房子。少量公共建筑的外墙刷着由贝壳粉制成的灰泥（chunam），因此闪闪发光。[18] 4月初，伊丽莎白·马什第一次迈出马德拉斯总统府的边界（即次大陆东部科罗曼德尔海岸，英国人声称拥有这片区域），这似乎让她陷入了恐慌（"我的身体似乎越发失调了"）。直到1775年6月16日，她才摆脱了虚假的熟悉感，开始了她旅程的第二阶段。在这个过程中，她的家族与理查德·史密斯将军的关系以及乔治·史密斯上尉的陪伴发挥了很大作用。[19]

1780年至1784年，艺术家威廉·霍奇斯游历了次大陆一些地方，寻找场景进行绘画以及寻找建筑物进行雕刻。他这次旅行由孟加拉总督沃伦·黑斯廷斯赞助，总督承诺为他提供必要的武装随行人员，因此他一路上都有大批军人护送领路。[20] 不同于霍奇斯，伊丽莎白·马什只是一个女人，她旅行也不是为了公务，她的丈夫只是一个私商和小官员，甚至都不是东印度公司的正式员工，但她却通过理查德·史密斯和乔治·史密斯得到了大量军人随从。要不是这两位男性，她永远不可能冒着如此大的风险完成这么远的探险。

1776 年 4 月之前，她远足时都有欧洲和土著士兵跟随。即使当她迈出了马德拉斯总统府的边界继续向北前行时，她的随行人员最少的时候也有"40 名左右的苦力……包括侍从、管家等"，还有东印度公司的步兵，包括八个普通印度兵和一个中士。大部分时间里（虽然不是所有时间），她都在旅行，几乎处处受到优待。她在马德拉斯时，当地连队总司令将自己位于要塞附近的一处房子交给她住。当她最终下定决心要离开这座城市时，她是由一尊四人大轿抬着离开的，一根杆子从轿厢前后伸出。这尊轿子"受到了极高的赞美"，她得意地写道："做工非常好。"[21]

这体现了伊丽莎白·马什旅途中的矛盾之处。虽然她一度身体不佳，没有任何社会或政治地位，时不时就受到惊吓，但她同时深受优待。虽然从许多方面看她都是边缘人物，但她在旅途中却享受到了富人和权贵的专属特权。

在接下来的 11 个月中，伊丽莎白·马什在马德拉斯总 [196]
统府的每个殖民据点都度过了一段时间，包括韦洛尔（Vel-
lore）、埃洛尔（Ellore）、普利卡特（Pulicat，重要的布料生产
中心）、默吉利伯德纳姆（Machilipatnam）、甘贾姆、阿斯卡
（Aska）等，大部分地方都有东印度公司的驻军。她日记中关
于这些地方的细节都经过"精心挑选"，从这些细节中可以看
出她对欧洲习俗的坚持以及欧洲人的自我中心主义。在这期
间，她的精力明显越来越好，人也越来越自信。在达卡时她
身体不佳，抑郁症突发，40 岁就进入了更年期，她身体还出
现了一些胆结石发作的症状。但是到了马德拉斯后，这些问
题都消失了，或者说她选择忽略它们。在那个时候，她遇到
的大多数东印度公司官员都比她年轻，但其中有几位在她旅
行途中或刚刚结束后就死了。这些人并不是死于战争，而是
死于高温或疾病。1776 年年底，她在宜佳浦尔遇到的约翰·
坎德勒上尉以及在阿斯卡接待过她的弗朗西斯·班迪内尔上
尉都因为中暑或生病去世了。[22] 在剩下的旅途中，伊丽莎白
夜间要么睡在床上，要么睡在轿子或帐篷里，她很少能在凌
晨 2 点前入睡。她时而得忍受日晒、雨淋以及感冒。她一有

机会就吃牡蛎、喝马德拉酒，因此经常消化不良。

　　精力恢复后，马什开始频繁参加社交活动，她似乎已经习惯了扮演"在某种程度上我们为自己选择的任何角色"。在这一点上，她就像同时代的杰出日记作家詹姆斯·博斯韦尔，他是苏格兰人但生活在伦敦，所以在某种程度上也是局外人。[23] 一个人的自我具有可塑性，可以通过多种方式得到呈现。作为一个刚到次大陆的移民、一个在特殊情况下旅行的女性，伊丽莎白·马什必须尝试新的角色，其实她一直都觉得自己有必要做这样的尝试。这段旅程进行到一半时，她致力于重塑自我，努力赢得他人的尊重和关注，有时她甚至显得过于放纵了。在菲比·吉布斯的小说《哈特利之家》(*Hartly House*) 中，一位住在加尔各答的英国妇女说过这样一句话："无论我在英国的地位多么低下，但在这里我就是高贵的公主。"这位女性的底气来自她在孟加拉的土著仆人、作为英国人的优越感以及炫耀性的消费，她在英国本土可享受不到这些。她渴望成为另一个人，渴望在印度过上更好的生活，伊丽莎白·马什想必能理解这种欲望。不过就马什而言，她的底气更多来自次大陆的英国人——特别是那些有身份、有地位的英国人——对她的尊重，而不是当地人。在马德拉斯旅行中途，她似乎在寻找"一个社会"，一个认可她的社会，并且可以"让我快乐"。[24]

[197]

在日记中，她反复回味别人对她展现出的礼貌和尊重，尤其是那些有影响力的男性。她对马德拉斯市之行只有一句评论——她"见到了很多人"，她告别达卡时也只有一句评论——"殖民据点的熟人……尽可能以最友好的方式与我告别"。她第二次去默吉利伯德纳姆时热情地记录道："我的朋友每天都来看望我……每天晚上，我会在茶桌上招待睿智有礼貌的人，座无虚席。"在伊查普尔，她写道她可以"和一大群人用餐，他们彬彬有礼，让人愉快"，她和这些人之间的聊天"气氛活跃且美好"。就像在阿斯卡一样，那儿也有音乐，人们邀请她"在首席小提琴手的伴奏下演唱了多首歌曲"。最让她开心的是，那儿还有舞会。在甘贾姆，东印度公司在当地的负责人会举行舞会，"他们向我致意，让我用小步舞曲开场"。而按照惯例，一般是由举办舞会的夫妻领舞，受邀参加舞会的人先在一旁观看。一周后，罗伯特·马恩塞尔（"委员会的二把手"）安排了一场晚宴，她发现"所有人都在等待我领舞，于是我走进了舞池"。[25] [198]

根据伊丽莎白在社交活动中取得的这一连串令人心酸、微不足道的成就，我们可以看出，在那个阶段，生活在印度的英国富人以及即将成为富人的英国人非常喜欢抱团。当时他们在次大陆的权力仍然极其不稳定、有时甚至虚无缥缈，他们通过数不清的英国仪式和习俗来黏合、巩固自己的小圈子，比如喝茶、串门、打牌、舞会以及衣着。无论天气多么炎热，乔治·史密斯等东印度公司军官都会将羊毛制服喉咙位置的纽扣扣好。这些习惯还可以将来自欧洲不同地区的中等富裕和富裕的白人团结在一起，不仅包括东印度公司的英国和爱尔兰籍的正式员工及家属，还包括漂泊在印度的葡萄牙人、丹麦人、荷兰人、瑞士人和德国人（虽然法国人人数不多，但仍被视为威胁）。1780 年，一位前东印度公司官员写道：

> 由于印度的欧洲女性人数很少，因此与世界上任何其他地方相比，印度更鼓励家庭之间多多来往……欧洲人互相拜访。通过这种做法，他们越来越熟络。[26]

但伊丽莎白·马什的社交政治比这更复杂。在马德拉斯旅行时，就那些和她聊天、跳舞、唱歌、打牌的人而言，他们在诸多文化层面肯定算欧洲人，但就出生地和教育而言，并非所有人都能算欧洲人。当时，东印度公司的一些军官和她一样是混血，由于白人女性数量稀少，东印度公司的文官和武官又得娶妻生子同时解决自己的欲望，他们和印度女人生下的孩子被称为"乡村人"（country born）。东印度公司里[199] 那些父母是英国人但出生在印度的军官很可能根本没有去过

伊丽莎白·马什的磨难：一个女人的世界史

英国，乔治·史密斯似乎就是这样。[27]伊丽莎白兴奋地参加了一场又一场舞会、牌局、华丽的晚餐和精致的野餐，这些社交活动不仅仅体现了在印"英国人"对英国文化身份的认同，更体现了他们血统的多样性。但这些"体面"的社交活动并没有促进种族平等（在当时这个词语或概念意义不大），事实上英国本土为了促进社会平等而制订的类似仪式也未达到预定目标。但无论是在印度还是在英国，这些活动可以让"不同群体的人出现在同一地方，允许不同群体在遵守一套共同礼仪的基础上进行互动"。伊丽莎白可能想通过学习跳小步舞曲去巧妙隐藏或伪装自己的出身，毕竟她不是名门闺秀。[28]

这从一个方面解释了为什么伊丽莎白·马什认为她生命中的这段插曲如此令人振奋。在马德拉斯地区，英国人的势力远没有在孟加拉地区那般根深蒂固，但他们也不像加尔各答大多数富人那般守旧。她模糊不清的出身、支离破碎的过去和较为复杂的经历现在不算什么。她远在达卡的丈夫生意破产，她在朴次茅斯的廉价公寓里度过了自己的童年，这些不光彩的过去都不为人知。尽管她因为隐瞒自己母亲的真实出身而感到些许羞愧，但这种情绪被她接收到的赞美抵消了。她那些同伴同样可以通过一套公认的社交礼仪、着装规范、言行举止等掩盖自己的混杂出身和背景。在旅途这一阶段，伊丽莎白·马什在某种程度上变成了现实版的灰姑娘，她可以去参加舞会。尽管乔治·史密斯上尉似乎在 1765 年才加入东印度公司的军队，但该地区军官的死亡率很高。在他和伊丽莎白去过的殖民据点以及参加的聚会中，他的级别往往是最高的。这种情况下，史密斯和伊丽莎白所到之处总能听到"各种赞美……鼓声和横笛声……通过各种方式向我们表达尊敬"，总能受到"各种关注和盛情款待"。[29] 作为船匠的女儿，伊丽莎白在过去的生活中作出过各种妥协，而现在她可以陶醉于人们对她的奉承，从她日记中的相关描述可以看出她欣喜若狂。

她的旅行经历了两个晚春到晚夏，她的头发被晒得开叉，有时她甚至累到哭泣，因为"只能睡在一张薄薄的垫子上，垫子不断被汗水打湿又不断风干，有时垫子会很烫，我无法躺下"。但她并没有放慢脚步，她写道她"喘不过气来"，"但精神十足"。"我，"她在另一个场合（不必要地）吹嘘道，"是个不安分的人。"的确，她在东印度公司的殖民据点逗留时，经常不顾天气的炎热脚步飞舞到第二天清晨。当时一位去过印度东部的英国人挖苦道，临时改造出来的舞池几乎变成了一个室内游泳池，不仅浸透了舞者的汗水（和他们的体臭），还浸透了不断泼到地板上的水，以保持双脚凉爽、防止木地板开裂。[30] 但伊丽莎白高兴得昏了头，不愿承认这些："气温太高的话地板就得一直保持湿润，但有时我们无法抗拒跳

舞。"在最热的日子里温度会升到115华氏度（约46摄氏度）以上，但总有"愉快的夜晚"：[201]

> 草地像往常那样铺上了桌布，晚餐我们吃了凉肉和牡蛎——唱完歌，跳完舞，我们坐上轿子——月光皎洁，先生们在我的轿子外面陪着我走了好几英里——我们聊了一整夜。[31]

读到这些段落时，读者得提醒一下自己，伊丽莎白·马什可是来这里疗养的，而且她在法律上是詹姆斯·克里斯普的妻子。

当时还发生了什么事情她并未在日记里一一道出。虽然她偶尔会在马德拉斯地区的不同据点、军营和港口之间辗转，但在1775年6月下旬至1776年2月的大部分时间里，她都住在埃洛尔。这是一个军事据点，距离马德拉斯300英里，驻扎着约1000名印度士兵和700名欧洲士兵。在埃洛尔，史密斯负责指挥一个团，伊丽莎白并不是一个人住而是和他住在同一屋檐下，住在"那个最令人愉快的地方"。[32]

尽管伊丽莎白·马什在日记中反复强调社会礼仪和习俗，

但她在生活和旅行中的许多时刻都违反了这些习俗和礼仪，这是她亚洲之行的第二个明显矛盾。

乔治·史密斯是谁？他可能于 1746 年出生在马德拉斯，父母是英国人。1765 年，他成为东印度公司军队的少尉，一年后成为中尉，1772 年晋升为上尉。他可能是理查德·史密斯将军的亲戚，理查德确实在埃洛尔指挥过一个团。[33] 但"乔治·史密斯"这个名字在英语社会太常见了，伊丽莎白·马什很可能在日记中用它作为另一男子的化名，对这个人我们一无所知。

[202]

无论这位乔治·史密斯是谁，伊丽莎白在日记中严格把控了和他相关的内容。她只是称他为"堂弟"，但并没有透露他们之间具体是什么关系。在 18 世纪，人们会用"堂兄弟"来表示亲戚关系，但不一定意味着血缘关系。她只字未提该男子的外貌，也未提及他们在旅途中的任何交谈，尽管读者有时可以推断出他们聊天的内容。在日记接近尾声时，她才提到他们曾睡在同一个沙滩这个细节。当时大雨倾盆，她和史密斯正缓慢穿过奥里萨邦返回孟加拉。直到晚上，他们才发现一条水位较低、他们可以穿过的河流：

[203]

> 我们的人又迷路了，因此不得不在海滩上一直待到天亮，尽管这里经常有老虎出没，但睡意克服了所有顾虑，

　　　　　　　伊丽莎白·马什的磨难：一个女人的世界史

我从未睡得如此甜美——我堂弟的轿子就停在我附近。

但她随即补充解释道:"所有仆人都在。"[34]

她的亲戚篡改了她关于这一片段的文字记录,事实上他们篡改了她日志中许多内容。她的印度旅行日志是在日记的基础上整理而成的,原稿可能更长。1788年,她的女儿伊丽莎白·玛丽亚将这本旅行日志交给了伊丽莎白·马什的弟弟约翰·马什。因为他宠爱姐姐,日志才保存了下来。他把这份日志以及她的摩洛哥旅行的草稿用红色烫金皮革装订在一起,衬页带有大理石花纹。他还把自己的藏书票作为序言,上面印着盾形纹章和他的座右铭,那时家族中的成功男性都有自己的徽章和座右铭。伊丽莎白·马什去世后,她的亚洲日志进了家族档案,从得体的装订和存放可以看出日志显然受到了尊重。但其中一页似乎被刀割掉了,还有两页被黏在一起。[35]

不仅伊丽莎白本人严格审查(如果可以用这个词的话)了自己写下的关于乔治·史密斯的内容,她的后代也篡改了她日志中不体面的内容。在长达18个多月的时间中,伊丽莎白·马什抛弃了丈夫和儿子,和一个比她年轻但不是直系亲属的男子结伴而行,甚至在他的房子里住了半年多。她的 [204] 行为无疑违反了女性操守,要知道她在旅行之前以及之后都是相当看重操守的。尽管她很谨慎，但她提供的线索已足够揭示她对乔治·史密斯的吸引力以及她从中得到的乐趣。她写道当他们一起住在甘贾姆时，有一天晚上史密斯留下她独自去和东印度公司在当地的负责人共进晚餐，她在日记中强调这是"我的意愿"。伊丽莎白和丈夫的通信没有一封留存至今，这让人更加怀疑她与史密斯可能不仅仅是堂姐弟。如果她在旅途中确实和詹姆斯·克里斯普保持通信，她在日记中肯定会提到这一点，然而并没有。她只是提到在 1775 年 1 月 23 日这一天，当她即将前往马德拉斯时，克里斯普派了一艘满载"新鲜物资"的船给她，那天之后她再也没有提到过他。直到旅途结束，她才在日记中留存下来的最后一页称呼他"我亲爱的克里斯普"。[36]

1769 年伊丽莎白·马什撰写《女俘虏》时，偶尔也会对她丈夫表现出轻蔑甚至残忍，前后似乎相吻合。自那时以来，她所处的环境开始发生变化，这也影响了她的行为。当时的报纸、讽刺诗和小说经常指责生活在印度的欧洲中上层女性，嘲讽她们"空虚无所事事"、奢侈浪费，有时甚至行为不检点：

> ……然而，亲爱的姑娘！此地别有魅力，
>
> 如我暖暖胸怀！

在其他任何地方，

我们女性都无法享受更多的自由。

美人为达目的张开自己的双臂，

每一频秋波都会让情人拜倒在她的石榴裙下。[37]

这类（来自男性的）讽刺漫画和指责其实是将整个白人 社区的道德沦陷部分怪罪到边缘化的女性成员身上。在这之后，一种新的论调在印度次大陆逐渐流行起来，它认为在印英国女性的种族歧视比男性更严重，这其实也是将白人道德滑坡怪罪到女性身上。但是，当人们谴责次大陆的英国女性比英国本土的女性更加淫荡和放纵时，他们也在变相承认一个事实——刚到新环境的女性有时可以跳出传统性别角色的桎梏、大胆进行冒险。18世纪80年代，一位小说家谈起英国外派群体时写道："在加尔各答，男性对女性的控制并未写入婚姻条款。"[38]

究其根本，是因为正统白人女性以及可以算作白人的女性数量实在是太少了。伊丽莎白·马什刚到达孟加拉时，整个地区的白人女性加起来可能还不到200人，但这里却有4000名英国军人、250名东印度公司的文职官员，私商、工匠、各种血统的仆人和水手则更多（具体人数不详）。[39]由于白人女性本来就少，再加上有大批本地仆人和奴隶可以帮她们做家务、带孩子，她们比欧洲和美洲殖民地的女性享有更多自由。当时美洲一些新开发的、偏西部的殖民地的女性同样稀少，但她们往往需要参与艰苦的体力劳动，她们没日没夜地耕地、栽培、收割、修谷仓、建外屋、做饭、洗衣、缝衣、做泡菜、做肥皂，这些活动往往会进一步强化她们的传统性别角色，并且促使移民家庭为了生存群居在一起。[40] 相比之下，印度次大陆的欧洲移民不需要开发土地。在这里，白人女性是珍贵的存在，特别是有些资源的白人女性，她们能让自己享受更多的闲暇时光。

[206] 因为这个原因，再加上次大陆长期以来形成的商业和文化网络，一些新来的白人女性不再是大英帝国的附属品，她们能为自己谋取经济利益。1771 年至 1785 年沃伦·黑斯廷斯担任孟加拉总督时，他的第二任妻子、出生在德国的玛丽安·黑斯廷斯利用她在次大陆的人脉，在 18 世纪 90 年代之前为自己敛到 10 万英镑。[41] 虽然其他女性不能像她那样受贿，但许多寡妇和未婚女性似乎都亲自参与了亚洲贸易。比如孟买的玛丽·克罗斯，18 世纪 70 年代她经常与波斯进行贸易；再比如伊丽莎白·马什在加尔各答的朋友兼贵人乔安娜·罗斯，她通过印度私家银行向英国人放贷，有时也向本土商人放贷。还有一些女性则帮助丈夫打理手头事务。1775 年，伊丽莎白在默吉利伯德纳姆旅行时遇到了伊丽莎·德雷珀，早

些年她丈夫负责东印度公司一家工厂，它位于孟买市周边，那时她负责替丈夫处理大部分官方和商业文书。伊丽莎·德雷珀写道："我不得不在他办公室度过大部分时间。"当她不用在丈夫办公室工作时，或者不在"海滩游泳、看书——并且在纸上潦草涂鸦"时，她还得"应酬满屋子的做航运的绅士，他们向我们打听印度、中国和亚洲各地的交通状况和情报"。[42]

印度其他享有特权的女性抓住机会学习知识，弥补她们在英国本土的遗憾，比如玛格丽特·克莱夫。她丈夫叫罗伯特·克莱夫，他参加了 1757 年普拉西战役并且取得了胜利，他还是英国第一任孟加拉总督。据说克莱夫喜欢学习"天文学、太阳系和地球仪的使用等方面的知识"以及数学。在印度－波斯和印度教文化中，数学在传统上具有重要意义，次大陆精英白人女性似乎趋之若鹜。受玛格丽特·克莱夫的影响，加尔各答一位重量级钻石商人的女儿玛格丽特·福克也爱上了数学，于 [207] 是她开始研究欧几里得和牛顿，她去世时留下了五卷数学推导和两卷代数练习（但似乎全部被她家人销毁了）。"此外，"她儿子在他的回忆录中写道，"她热爱自由，讨厌自己的意志受到束缚。"[43] 那时，东印度公司的高级官员对印度－波斯以及后来的印度教科学和文化越来越感兴趣，一些女性也明显受到了感染。伊丽莎白·马什在维沙卡帕特南（Vizagapatam）认识了塞缪尔·约翰斯顿的妻子海丝特·约翰斯顿，她雇用了"她身边最优秀的婆罗门，为她收集有关印度教数学和天文学的知识"。海丝特·约翰斯顿的父亲是苏格兰贵族，这进一步说明了当时上层女性对印度数学的热爱。1783年，海丝特·约翰斯顿的苏格兰老乡科林·麦肯齐到达马德拉斯，她将他介绍给她的当地学者圈子，从而极大地帮助了麦肯齐去收集南印度重要的学术手稿和文物。[44]

当时在印欧洲女性渴望享受、能够享受多大程度的性自由，打破多少传统尚不清楚。由于传统习俗的禁锢、当地仆人的持续监视（他们高度重视女德）以及英国法律的诸多限制，白人女性很少与印度男性建立关系。1730年之后的法律规定，"每个在国外出生的孩子，如果其父亲是在不列颠出生的新教臣民"，这些孩子在法律上也可以被视为在不列颠出生的臣民。1772年，这种特权得到扩大，"不列颠出生的新教臣民（男性）"在国外生的孙辈也可以视为在不列颠出生的臣民。许多东印度公司官员和亚洲妻子或情人生育子女，他们充分利用法律赋予他们的特权，然而这一特权却将[208]英国女性拒之门外。其实在1791年之前，英国议会一直拒绝就英国妇女在海外诞下的"外国"孩子的国籍问题立法。[45]

然而在那个时代，欧洲女性与亚洲男性之间的友谊以及肉体上的交集远远超过她们愿意承认的，这点可以从她们的信件和遗嘱中看出。"傍晚，"年轻的玛格丽特·福克于1783

　　　　　　　伊丽莎白·马什的磨难：一个女人的世界史

年在加尔各答写道，

> 巴豪德……来了，他仿佛一位骑士，穿着一双漂亮的靴子。他的头巾是漂亮的天竺葵色，这是彩虹中最美丽的那抹色彩。今天是报喜节，我很喜欢这个节日。他的腰带是浅黄色的。下马后，他站在那里玩起了马鞭，神情漫不经心又悠然自得。[46]

　　一些证据表明，在印欧洲人之间的不正当性关系不一定会损害已婚妇女在次大陆的名声，在英国本土则不然。1773年，伊丽莎·德雷珀抛弃了她在孟买那位懒惰、暴力的丈夫，与约翰·克拉克爵士私奔了。1775年，伊丽莎白·马什在孟加拉湾的海豚号上遇到了克拉克爵士，之后她在默吉利伯德纳姆见到了德雷珀，那时她已经脱离了爵士的"庇佑"。伊丽莎白记录道，伊丽莎·德雷珀仍然能够与她的叔叔一起主持"上流社会的招待会……接二连三的派对和订婚仪式"。她叔叔当时是东印度公司在默吉利伯德纳姆地区的负责人，他卷入了一段激情四射的同性关系。[47]众所周知，在同时代的欧洲或者美洲殖民地，如果一位女性因和情人私奔而卷入丑闻，她多半会失去主持上流社会活动的资格。

　　在这种背景下，尽管伊丽莎白离开丈夫和孩子一年多，尽管她和一个未婚男子一起旅行，甚至同住一个屋檐下，但她在马德拉斯总统府仍然受到了上流社会白人的盛情款待。[209] 从中可以看出，在印英国女性以及男性有时能够进行风险更大、更独立的旅行。

马什在旅途中的行为说明了另一点。不管在 18 世纪还是 21 世纪，旅行者可以利用其广泛的亲属关系降低长途旅行的舟车劳顿。靠着和理查德·史密斯将军以及乔治·史密斯的关系，伊丽莎白·马什在印度东部和南部的旅行变得更加轻松。虽然广泛的亲属关系可以缓解长途旅行的辛劳，但必然会让小家庭和夫妻关系紧张起来，有时甚至会造成破坏。虽然伊丽莎白·马什的印度之旅多少是因为她的任性和欲望，但这并不是她与詹姆斯·克里斯普的婚姻出现裂痕的全部原因。事实上，在这之前他们两人都频繁跨越大洲和大洋进行长途旅行，或主动或被动，他们两人最初的结合也是因为这点。他们夫妻之前的关系越来越紧张，也是两人频繁流动付出的诸多代价之一。

那时候，马什家族的成员已经非常清楚跨越海洋和大陆的旅行将如何影响个人婚姻和声誉。18 世纪 30 年代，米尔伯恩·马什前往牙买加，他在那里向一位名叫伊丽莎白·布歇尔（或布歇、布尔歇尔）的女人求爱，她第一任丈夫詹姆斯·埃文斯的生活因此被打乱，失去了安宁。18 世纪 70 年代

　　　　　　　伊丽莎白·马什的磨难：一个女人的世界史

初，伊丽莎白·马什的大哥弗朗西斯·米尔伯恩·马什在海外服兵役期间，似乎与中士艾萨克·迈尔斯的妻子生了一个孩子。乔治·马什为了不让家族陷入丑闻，只好把艾萨克·迈尔斯安排在查塔姆海军造船厂的一个香饽饽岗位，作为对他的补偿。[48] 米尔伯恩·马什最年长的堂兄米尔伯恩·沃伦的经历最为有力地向整个家族说明了个人长途冒险如何让夫妻感情破裂，如何让一个家支离破碎。 [210]

米尔伯恩·沃伦也是一位水手。18 世纪 50 年代初期，他秘密地和一位叫玛丽·布朗的女子结了婚，然后撇下她独自去了马德拉斯，打算在那里当船匠赚大钱。1762 年，英国海军和东印度公司的军队联合入侵菲律宾马尼拉（Manila），沃伦加入了战斗，他登上了海军上将塞缪尔·康沃尔的 74 门大炮旗舰诺福克号，成为马什家族第一个到达东南亚的成员。[49] 自 16 世纪西班牙占领这些岛屿以来，马尼拉已发展成为连接东西方贸易、财富和人员的最重要的国际通道之一。来自西班牙南美洲殖民地的白银定期通过马尼拉运往亚洲，以支付来自中国和印度次大陆的商品。从 17 世纪初开始，每年都有成千上万的亚洲人经由马尼拉迁移到墨西哥。该殖民地吸引了来自西班牙、中国、日本和墨西哥的移民，他们与当地居民一起过着比较舒适的生活。1762 年到 1764 年，英国持续占领马尼拉，进一步为其多元文化锦上添花。600 名印度士兵随英国部队一起来到这里，其中一些人选择留在马尼拉安家。[50]

1763 年，米尔伯恩·沃伦乘坐诺福克号回到马德拉斯，但他在马尼拉的时候已经将从次大陆私人贸易中赚到的钱全部投资到贵重货品中。他计划先在马德拉斯卖掉一部分贵重商品和具有异国情调的商品，然后把剩下的带回伦敦以高价出售，为自己和妻子玛丽换来一些安全保障。然而诺福克号在返回马德拉斯的途中遭遇风暴，他的梦想连同所有货品一[211]起沉入海底。1765 年当米尔伯恩·沃伦终于从次大陆返回伦敦时，他几乎身无分文。他还发现自从自己七年前撇下妻子独自离开后，她一直对自己不忠。作为马什家族的大家长，乔治·马什让沃伦接替米尔伯恩·马什成为梅诺卡岛的海军军官，这一次让他务必带上妻子。

在梅诺卡岛，沃伦夫妻的婚姻再一次破裂，伦敦的拱门法院宣读了沃伦的离婚申请，这个教会法院专门受理离婚申请。1768 年之前，沃伦夫妇一直在梅诺卡岛的"马洪港同居"，然后：

> 她，即前文提到的玛丽·沃伦，不顾自己的婚姻誓言且对上帝没有一颗敬畏之心，被魔鬼怂恿和引诱，经常与驻扎在前面提到的马洪港的第三步兵团的上尉威廉·马多克斯·理查德森频繁私会，发生肉体关系。

伊丽莎白·马什的磨难：一个女人的世界史

米尔伯恩·沃伦告诉法院，只要他离开马洪岛，理查德森和玛丽·沃伦就会在岛上新建的漂亮的海军军官房子里私会，"躲进卧室"。当沃伦发现两人的关系时，他起诉要求离婚，要求"结束同吃同住的生活"。[51] 于是在1769年这一年，马什家族不仅要应对詹姆斯·克里斯普因破产而逃往印度带给他们的影响以及伊丽莎白·马什在《女俘虏》中的爆料，还得处理米尔伯恩·沃伦冗长麻烦的离婚诉讼。换句话说，马什家族不得不同时处理发生在家族的三件不幸之事，其中涉及的事件和人物涉及北非、西非、地中海、佛罗里达州以及印度次大陆和东南亚部分地区。

就伊丽莎白·马什的情况而言，虽然又一次长途旅行可能会进一步破坏她和克里斯普的关系，但也让她找到了新的 [212] 方向并重新开始人生，不仅仅是在情感和性方面。1776年2月上旬，乔治·史密斯的团奉命离开埃洛尔前往马德拉斯。他和伊丽莎白没有跟随大部队离开，而是在殖民据点逗留了"几日"，借口史密斯需要护送"剩下的生病或被隔离的士兵"。直到2月22日，他们才离开他们同居的住所，"带着泪水和无限的遗憾，在那里度过了许多快乐的时光"。[52] 此前的旅程已经让她发生了巨大变化，现在她得继续前行，前路将遇到不同的风景。

第一周的时光轻松快乐，"生活是崭新的，甚是愉快"。当部队向默吉利伯德纳姆进发时，她和乔治·史密斯乘坐马车跟在后面，在那里她有了新的打算。他们的东道主、默吉利伯德纳姆的新代理负责人是一位苏格兰人，名叫昆廷·克劳福德。伊丽莎白·马什"被特地介绍给他"，因为他和米尔伯恩·沃伦曾在马尼拉待过一段时间，并且和乔治·史密斯之间"长期……亲密无间"。不同于她迄今为止遇到的大多数东印度公司的官员，克劳福德尽管古怪贪婪，但博学多才，会说多种语言，精通经典著作，对比较神话和宗教研究很感兴趣。几年后他写下："憎恨或鄙视任何持不同信仰的人，不公正地评价他们或者傲慢地谴责他们，事实上也许违背了仁慈智慧的上帝。"克劳福德认为有必要对比研究伊斯兰教、印度教和基督教，这很重要，因为"迄今为止地球上绝大部分居民"都信奉这三个宗教之一。与东印度公司其他许多知识分子一样，克劳福德越来越关注印度教及其信徒。1790 年他在伦敦出版了一本书，他在书中说他希望"公众暂时将注意力从伊斯兰教徒和基督教徒身上转移到次大陆的居民身上"。[53]

[213]

克劳福德的智慧和勤奋远非伊丽莎白·马什所能企及。在默吉利伯德纳姆的五个星期里，他们之间的交流让她对自己见到的一些宗教场所和建筑产生了强烈的好奇心。4 月初，

　　　　　　伊丽莎白·马什的磨难：一个女人的世界史

乔治·史密斯受命前往阿斯卡监督当地军事法庭的一场诉讼，她抓住了这一机会。阿斯卡位于次大陆内陆，距离甘贾姆约40跨（80英里），乃马德拉斯总统府的最北端。她原本计划在默吉利伯德纳姆等着坐船回加尔各答，但现在她决定和史密斯一道向北走陆路。她写道，"走内陆前往孟加拉对我来说是一个绝佳的机会"，因为这会推迟她返回达卡的时间，让她和史密斯相处更久，同时让他们有机会观察和探索次大陆内陆地区。[54]

伊丽莎白·马什探索次大陆内陆的愿望姗姗来迟，对于读者来说，这似乎是她旅途中最明显的矛盾之处。她从1774年12月就开始旅行了，然而根据她的日记，直到1776年春天她才开始好奇、开始关注次大陆的文化和居民。在这之前，她的注意力被糟糕的健康状况占据，同时她沉浸于自己受到的优待。当然，她这些行为和表现也是有其他原因的。

接下来她在旅途中遇见的人自然以南亚人为主，日记中相关篇幅也自然被南亚人占据。她写道她一离开马德拉斯后就乘坐轿子快速赶路，速度远超詹姆斯·伦内尔的预期："不 [214] 到六小时轿子就移动了28英里，轿夫八人，实行两班倒。"她在日记中经常提起她的"三个女奴"，她们给她洗衣服，伺候她在桶里洗澡，看守她珍贵的茶叶。有时她们骑着小公牛跟在她轿子后面，有时她们乘坐当地人称为"多利"（*doli*）

的交通工具，"这是一种制作比较粗糙的轿子"，她写道，时不时就有男奴送来新鲜牛奶以"为我们制作黄油"，还有男奴在最热的时候为她的轿子撑起遮阳伞。还有许多人短暂出现在她日记中，他们为她搭帐篷、拆帐篷、做饭、送信或搬运东西。从这个角度上说，本地人（尤其是男性）无处不在。但是在大多数时间里，他们的存在好比英国乡间传统庄园中的用人：一方面他们保证了庄园的正常运转，另一方面他们尽量待在庄园的边缘角落让自己保持隐形。伊丽莎白·马什在日记中从来没有用这些奴隶的印度名字称呼他们。[55]

但这并不能说明伊丽莎白对奴隶的确切态度。有那么几次她和詹姆斯·克里斯普在文字中提到了他们在伦敦雇用的仆人，他们也没有提供这些人的名字。[56] 自以为是的上流社会人士只会对彼此尊重和礼貌，这些用人从未享受过，无论在什么地方、无论什么出身。即使伊丽莎白·马什现在成了奴隶主，但她对和她一起旅行的这些人的态度我们知之甚少。在克里斯普定居的达卡地区以及次大陆的其他地方，富人基本都拥有奴隶，无论他们是亚洲人还是欧洲人：

> 这个国家的奴隶制习俗如下：任何没有父亲、母亲或其他亲属的人……任何缺乏生活必需品的人，可以卖身……为奴。任何拥有一个或多个奴隶且缺乏生活必需品

的人，可以随意将奴隶卖给其他任何人，从那一刻起买家成为奴隶的新主人。奴隶的孩子、孙子等所有后代自动成为买家的奴隶，他们必须执行主人的所有命令，包括耕地、建房等苦差事。

伊丽莎白·马什在次大陆内陆旅行时身边至少跟着三名女奴（她似乎给其中两人取名"菲利斯"和"玛丽"），虽然读者不太能从中看出她对印度人和种族的态度，但却能看出她对财富和地位的追求。[57]

[216]

　　在旅途中她也遇到了几位印度精英男性，但她同样没有提供他们的姓名。但每当伊丽莎白遇到东印度公司的白人男性高级官员时，她都会仔细记下他们每一位的名字。1776年4月，伊丽莎白一行前往阿斯卡途中遭遇"陆地强劲气流"，他们被迫"躲进一栋新建的房子，主人是一位有名望的黑人"，除了房主的肤色她没有再提供任何其他信息，包括他的名字。[58]这表明在某种程度上，她认为他没有权利，这种看法或许是下意识的。她在日记里对待这个男人的方式与她对待旅途中短暂相遇的白人妻子、流浪的白人儿童、白人私人士兵和白人仆人的方式相同：她虽然注意到了他们的存在，但拒绝承认他们的身份和价值。

　　以上表明，读者不应该对伊丽莎白·马什对种族差异的态度抱有浪漫的、不切实际的幻想，也不应该夸大——但同时也不能忽视——她态度的不同之处。

那时，她似乎不怎么关注旅途中遇到的不同人种之间的肤色差异。在《女俘虏房》中，她描述了她遇到的各种摩洛哥人——摩尔人、阿拉伯人、犹太人、柏柏尔人、贝都因人、撒哈拉以南的军奴等，有些皮肤"黝黑"，有些皮肤"蜡黄"。她的出版商使用了"黄褐色"这个笼统词语，但她的词库中并没有这个表达。[59] 尽管马什灵活使用了多个词去描述肤色，但她大部分时间都非常关注她和绑架自己的摩洛哥人之间的宗教、文化鸿沟。在书中马什将她在摩洛哥遇到的非欧洲人称为"异教徒"，而称自己为"肤色白皙的基督徒"（fair Christian）。当她逃离马拉喀什和西迪·穆罕默德后，她曾在一位欧洲商人的房子里避难，她在书中提到了她到达那里的第一个感受："能够与信仰相同的人同处一个屋檐下是一种幸福，感谢上帝赐予我这种幸福。"[60]

[217]

自 15 世纪以来，越来越多的欧洲移民将印度次大陆的土著称为"黑人"，伊丽莎白也是这样，但她在旅行日记中并未强调她和土著的肤色差异，她也从未强调过自己是"白人"。她在日记中描述军事堡垒时，借鉴了乔治·史密斯对它们的观察和评价。她写道，维扎加帕坦的军事堡垒陈旧到"无法抵御任何强大的进攻，尤其是欧洲强国"；比姆利伯德姆

　　　　　伊丽莎白·马什的磨难：一个女人的世界史

（Bimlipatam）的堡垒"只能抵御……乡村军队"；克塔克（Cuttack）的马拉萨要塞"又小又弱"，它的几个守卫"主要是来装点门面的"。[61] 这些评价很专业，显然出自乔治·史密斯。这些堡垒要塞和伊丽莎白·马什之前提到的孟加拉湾东印度中队一样，都见证了亚洲地区权力的迅速更迭。马什之所以模仿史密斯对当地防御工事进行评论，可能主要还是为了突显自己的不同和优越感。这一次让她引以为傲的并不是自己正统基督教徒的身份，而是西方的军事技术和力量，它将她和土著仆人区分开来。

但她的优越感并不总是出自她的本能，而且随着旅途越来越远，这种感觉明显减少了。即使在旅行初期，和其他在次大陆旅行的欧洲女性移民相比，伊丽莎白·马什似乎更能欣然接受主要由土著士兵和仆人组成的随行团。18世纪60年代中期抵达印度的杰迈玛·金德斯利在其出版的游记中写道："我刚到达时，大量黑人涌至岸边，这让我无法安心。"18世纪 [218] 70年代，玛丽·摩根写道："如果我单独和黑人待在一起，天知道我会怎样。"当时她和自己的军官丈夫已经在加尔各答生活了好几年，这类女性似乎永远无法在次大陆获得心安。"请上帝宽恕我，"她继续写道，"……我无法忍受他们的身影。"[62] 伊丽莎白·马什在印度游记里并没有体现对土著的强烈厌恶之情，也没有文字表明她单独"与黑人在一起"时会感到恐惧。

事实上在旅途的最后阶段，她越来越习惯本地人的陪伴，这份坦然在很大程度上和她特殊的背景有关。18世纪中叶，从欧洲移民到印度的几乎所有女性和大多数男性之前都很少或根本没有接触过其他大陆、民族和文化，但马什显然不一样。虽然她母亲的出身未知，但来到次大陆之前，她本人不仅去过摩洛哥，还去过朴次茅斯、梅诺卡岛、直布罗陀和毕晓普斯盖特等国际化程度高的地方。此外，她小时候肯定在皇家海军舰艇上碰到过流浪的黑人和亚洲水手。尽管伊丽莎白·马什有时会强调自己的不同，但她习惯了生活在不同环境中，所以有时候种族差异在她心中并没有那么重要。

从另一个方面看，她过去有机会以及没有机会体验的事物共同决定了她在亚洲之行中对土著文化和社会的体验。她在日记中几乎完全没有提供关于印度精英男性的细节，这反映了她对种族、宗教和民族存在偏见，但同样也揭示了她因渺小无力被人看低的事实。1777年杰迈玛·金德斯利出版了她的印度游记，她在序言里放了一张"伟大的穆斯林教徒"的某位后宫佳丽的照片。这位佳丽曾在阿拉哈巴德热情款待金德斯利和她的军官丈夫。18世纪80年代，伊丽莎白·普劳登和丈夫理查德·奇切利·普劳登一起访问勒克瑙，当地精英热情接待了他们，时间更长、花费更高。伊丽莎白·普劳登在日记中记录道，勒克瑙的纳瓦布阿萨夫德-道拉多次邀

[219]

请她吃早餐，参加宴会，观看大象比武、舞蹈和烟花秀。纳瓦布还向她展示了他收藏的一些珠宝和他创作的诗。1788 年在她即将离开时，他交给了她一份头衔授予契约，尊称她为"贵妇人"（*begum*）。1778 年她和丈夫在加尔各答时，当地一名纳瓦布前来拜访他们，他身旁站着 200 名随从，"八头大象、几台精致的轿子和一大群马"。[63]

和伊丽莎白·普劳登相比，伊丽莎白·马什从没有受到精英阶层这般关注。在马德拉斯期间，阿尔科特地区的纳瓦布穆罕默德·阿里·可汗·瓦拉甲似乎从未邀请她到自己位于切帕克的新宫殿。这位纳瓦布了解苏菲主义以及波斯学术和诗歌，同时对欧洲特别是英国的艺术和商品品位颇高。大家都知道他会亲自接待欧洲女性，其中包括画家凯瑟琳·里德。如果伊丽莎白到过他的宫殿，她一定会把这个情节写进书里，但她只字未提。根据书中内容可以判断，其他本地贵族会给她提供住宿，但不会亲自接待她。奥里萨邦克塔克地区的统治者曾允许她在他的镇上短暂逗留，她写道她"听说他的宫殿非常宏伟"，但她显然没有机会去参观。[64]

伊丽莎白与詹姆斯·克里斯普居住在达卡时，他们的房子里堆满了象征着地位的次大陆物品，她在旅行途中也被这类物品包围。同印度精英和东印度公司高级官员一样，她乘坐轿子 [220] 旅行，带着很多随从，有时候甚至还有手持仪仗的人（*chobdar*）

走在最前面。然而任何注意到她的本地人一眼就能看出她的身份其实并不高贵，她只是一个外来者，信奉不同宗教并且吃肉。他们很可能也觉得她不怎么懂礼仪，因为她并没有体面地躲在轿帘后面，而是经常下来散步、聊天、跳舞，或与各种各样的男人露天喝酒。亚洲人对她的怀疑和蔑视再加上她自身的偏见，不可避免限制了她能做什么、能看见什么、能理解什么。

然而她的最大障碍却是无知。"维诺特、柏尼耶、塔韦尼埃、德拉瓦勒的游记，"1783年詹姆斯·伦内尔夸张地写道，"人手一本。"他提到的这些人都是欧洲最知名的游历过次大陆的权威人士：尚德·泽·维诺特是法国的旅游作家和语言学家；法兰西斯·柏尼耶是一位医生，曾访问过德里的莫卧儿宫廷；让·巴蒂斯特·塔韦尼埃是法国旅行商人；彼得罗·德拉瓦勒是意大利探险家。他们以及更多游历过次大陆的男性都接受过良好教育并且野心勃勃，人们即使没有读过他们的书也听过他们的大名。[65]伊丽莎白大概率没有阅读过这些人的著作或者其他昂贵的学术著作，这点可以确定。虽然她聪明好奇，但她绝不是一个勤奋好学的人，更算不上学者。虽然她在亚洲旅行时对昆廷·克劳福德谈到的印度神话和宗教深感兴趣，但她对这些领域一无所知。此外，语言也构成一大障碍，她无法阅读印度–波斯和印度教学者的著作，无法与她遇到的土著居民轻松交流。那个时候，男性若是渴

伊丽莎白·马什的磨难：一个女人的世界史

望跻身东印度公司的高层，比如她的儿子布里希·克里斯普，
他们就会花更多时间学习亚洲语言，尽管几乎没有男性会伊
丽莎白途经的那些地方的主要方言，比如泰米尔语、泰拉古
语和奥里萨邦的奥里亚语。她自己似乎懂些"摩尔语"或洋
泾浜印度斯坦语，可以吩咐她的仆人和女奴，或者向他们提
问。但她认真学习土著语言和习俗的机会有限，更何况她不
像东印度公司的男性那样渴望升职加薪。

所有这一切，她的偏见、她微不足道的社会和经济地位、
她的无知、她见过的不同类型的人、在不同地方的不寻常经
历以及她的好奇心，影响了她在旅途中的眼界和行为。1776
年春天，她终于开始探索次亚洲内陆。从她对自己第一次主
动探索土著文化的记录中可以看出她的活力和急切，同时也
可以看出她知识的匮乏。4 月 20 日在前往阿斯卡的路上，她
经过了斯里卡库拉姆（Srikakulam）附近，英国人将这个地方
称为"奇卡克拉"，因为他们发现"斯里卡库拉姆"太难念。
当时天气炎热，她"快累死了"。不过她：

> 一大早就起来了，然后在几位先生的陪同下参观了一
> 座著名的清真寺——我不顾危险爬到了顶层（没有女人可

以做到）——台阶在清真寺的一侧，每一阶长度最多 1.85
英尺，宽度约半码——它们和清真寺的一侧相连，寺庙另
一侧是高高的悬崖，没有手扶栏杆——和我一起来的先生
们帮不了我，我只能抓着其中一位的大衣衣角——我的眼睛
全程盯着台阶——当我们到达顶层时，这个高度的景色让人
陶醉，是我能想象到的最美的景色之一——回程更可怕——
因为十分危险——当我安全回到地面后，我很高兴。[66]

　　斯里卡库拉姆附近有许多重要的宗教场所，无法确定伊
丽莎白去的是哪一个。不过她参观的并不是"清真寺"，而是
一座印度教神庙，这点几乎可以确定。她也许参观的是距离
斯里卡库拉姆几英里的阿拉萨瓦神庙，这是次大陆上唯一一
个祭拜太阳的寺庙。她更有可能去的是斯里卡库拉姆神庙，
那儿有一座高高的五层门塔（gopuram）。不管她去了哪一个
神庙，她都能看到神灵、半神人以及神话人物和动物的雕塑
和雕刻，还可能看到壁画，但她只字未提。伊丽莎白·马什
的注意力全部放在她能理解的事物上了，包括她的体力和美
丽的风景。

　　六天后，她参观另一座"清真寺"，她写了下类似的内
容，比如她为了参观它爬了两个小时的山，她再次让自己沉
浸在如画的风景中。当他们终于到达阿斯卡时，她说这是一

个"美好的夜晚"：

> 穿过几个面积较大的村落，看上去很富裕——月亮高
> 高挂在夜空中，大部分村落周围都是神圣的佛塔——河流
> 和麦田——总而言之，当我们快到阿斯卡时，眼里皆是美
> 好——迷人的村落、高高的树木、漂亮的牧场、高耸的山
> 丘、肥沃的山谷、蜿蜒的河流，我从未见过如天堂般的美
> 景。我无法入睡，因为眼睛不断捕捉到新的美好。

尽管她借用了不少英国小说中的陈词滥调（"美好""迷 [223]
人""天堂般的"），她还注意到村子周边的灌木被酷热和疾风
带走了水分，树枝相互摩擦，有时还会起火："景象令人愉快
但又让人害怕。"[67] 乔治·史密斯刚刚处理完阿斯卡的军事法
庭诉讼，他们便继续旅行。

5月15日，他们再次出发，第二天凌晨2点左右才停下
来"稍微睡一觉，直到天亮才醒来。随从的轿子从我们身边
经过，但仆人们没有注意到我们，因此错过。他们正急着赶
往甘贾姆，误以为我们在前头"。在没有随从的陪伴下，这
两人独自去了一个不知道名字的地方，这里"全部住着婆罗
门"，（伊丽莎白以为）这里有一百多座印度教寺庙和神圣场
所，其中一些建在地下。那时，她第一次在日记中表现出负

罪感。由于天气太热，史密斯护送她进入一个地下寺庙，到那一刻她才知道不信教的人禁止进入这些寺庙的内部，而且只有在附近的水池或河流中进行沐浴后才有资格在神庙里祭拜。她意识到自己的行为"给可怜的婆罗门造成了巨大痛苦，我们离开后他们不得不耗费巨大的精力净化这座寺庙，他们可能得贡献许多祭品才能再次使用它"。虽然她仍然称这个地方为"清真寺"，但她注意到了一些内部细节。她写道，每座地下神庙都供奉着一个神（Swammy）。Swammy 其实应写作 *Swami*，它是印度教神奎师那的称号。虽然她对印度教一窍不通，但她并没有退缩。当他们到达甘贾姆时，她再次决定放弃乘船回加尔各答，而是选择继续"探索内陆"，她仔细地写道，"在我之前……从没有欧洲女性走过"这条线路。[68]

　　尽管甘贾姆距离加尔各答只有 370 英里，但伊丽莎白的决定还是很轻率。自 1767 年以来英国接管了甘贾姆，但英国对这一地区的管理一直不怎么稳固。尽管东印度公司在甘贾姆安排了 2000 名驻军，但这个地方仍然受到来自北方的马拉萨军队的威胁。伊丽莎白以最传统的语言风格评价道："这个部落无法无天，从不遵守条约。"要回到加尔各答，她和随行就必须向北穿越奥里萨邦，但"我们对接下来的路程没有一个明确的计划"。奥里萨邦位于米德纳普尔（Midnapur）之外，它基本上处于马拉萨家族而非东印度公司的控制之下。

[224]

从 1775 年开始，马拉萨家族和东印度公司就一直处于公开交战状态。自离开达卡以来，伊丽莎白·马什第一次迈出了东印度公司的军事影响力范围之外。[69] 旅程剩下的这一个月几乎占据了她日记 1/3 的空间，在那段时间中，她在旅途中遇到的困难越来越多。

5 月 30 日，她和乔治·史密斯一行到达了吉尔卡湖（Lake Chilka），该湖长 40 英里，是亚洲最大的咸水湖，与大海仅隔着狭长的陆地和页岩。他们担心会陷进泥沙中，决定不绕行而是直接乘渡船前往奥里萨："我们的轿子放在船上面，行李和仆人则在旁边，我们顺利度过了那天晚上。"5 月 31 日午夜，他们在马尼克帕塔姆的海滩上岸，但他们得知那里正在闹饥荒，因此没法获得足够的新鲜大米。一行人被迫分开，其中大部分苦力乘坐之前的船回到甘贾姆。这也意味着他们不得不放弃许多沉重的欧洲手工艺品和舒适的装备，包括"我们的帐篷、桌子、椅子，以及我的一大箱亚麻布"。从中可以看出，她之前的旅行在某种程度上有多么惬意。即使在这之后，他们的旅行团似乎仍然有 60 人左右，除了她和史密斯外其他都是亚洲人。6 月 2 日，当他们到达她称为"乔戈瑙"（Jaggurnaut）的小镇时，他们又遇到了困难："那些海关官员拦住了我们……要求查看我们的通行证，怀疑我们无权继续前行。"乔治·史密斯最终摆平了这件事，这似乎是伊丽莎白

[225]

第一次直面本地人的公然挑衅与不敬。[70]

　　"乔戈瑙"指现代的普里（Puri），这里有一座200英尺高的神庙，建于12世纪，供奉毗湿奴（Vishnu），他化身为札格纳特神（Jagannath）或"世界之神"（Lord of the World）。正是在这个地方，伊丽莎白·马什作为旅者和游记作家的局限性——以及她的一些优势——得到了最充分的体现。她写道，这里的"商业街大约和伦敦的干草市场一样宽——月圆之时，人们都出来站在街上交谈，人潮涌动"。伊丽莎白一行缓慢穿行在人群、朝圣者、寺庙工作人员以及卖棕榈叶画、珠宝和食物的商贩中间，他们路过了她口中的"大宝塔，供奉着著名的主神毗湿奴"。但有人告诉她："当地人从未见到过神像，陌生人一律禁止靠近宝塔围墙。"宝塔围墙用石头砌成，像堡垒一般，有象门、狮门、马门和虎门。她并不满意，想去了解更多："一位婆罗门向我描述了神像外观，他说神像只有一只眼睛，由一颗硕大的钻石制成，位于额头正中，周围还镶嵌其他宝石。"她察觉到这个男人在撒谎，目的是打动像她这样无知的异教徒，让他们感到惊奇。她抱怨说，普里有500个婆罗门，"每个婆罗门讲的故事都不一样，无法得知真相"。[71]

　　她无法理解的事情还有更多。早在17世纪初，一些博学的英语人士就介绍过普里作为朝圣地的巨大意义，尽管他们提供的信息往往不是十分准确。鉴于伊丽莎白的教育程度，她自然没有读过这些文献。[72] 她发现他们刚好赶上"盛大的节日，（来自印度最遥远地区的）朝圣者们……带着贡品去朝 [226] 拜札格纳特神"，她感觉她和婆罗门交谈时，对方在隐瞒一些重要信息。但无论是她还是乔治·史密斯上尉都不知道乘车节（Ratha Yatra）即将来临，这是印度教毗湿奴派的重要节日，也是次大陆地区最盛大、最重要的印度教节日之一。[73] 他们的印度教仆人要么也不知道，要么故意隐瞒他们，后者可能性更大。由于普里在忙着为乘车节作准备，街道拥挤不堪，她和史密斯不得不赶快离开。

札格纳特神的眼睛凝视着前方，又大又圆好似莲花。他的肤色是黑色的，脸上带着微笑，张开的双臂象征着他的仁慈和无所不知。神像一般有五英尺左右高，但乘车节的神像却大得多。巴达丹达大街横贯普里，它让伊丽莎白·马什想起了干草市场。这条街很宽，乘车节期间，战车会载着札格纳特神像通过这里。战车有 45 英尺高，带 16 个轮子，每个轮子宽七英尺。除了札格纳特神像的战车，还有他弟弟巴拉茹阿玛以及妹妹须跋陀罗的战车，虽然尺寸小一些，但都有三层楼高。每逢乘车节，人们都会重新制作、粉刷神像，在神像身上进行雕刻，同时挂上镜子、图画、铜铃和铁锣。神像乘坐着这些巨型战车穿过普里，掩盖在鲜艳的织物和华盖之下。[74] 作为一头雾水的外来者，伊丽莎白·马什虽然无法理解这一切，但这不影响她观看游行。在接下来的几天里，她日记中全是朝圣者的故事，她看到他们坚定地朝普里走去，和她的旅行团渐行渐远。朝圣者"数量惊人，每个人都带着各种贡品"；"成千上万的朝圣者要去朝拜札格纳特神"；"许多人背着年老体衰的男男女女，好让他们在札格纳特神附近死去"。她观察到，朝圣者中女性占绝大多数，她们中的许多人"拿着一壶恒河水，绑得整整齐齐"。在某种程度上，伊丽莎白·马什似乎很容易对她的土著仆人产生怜悯之情。当他们被雨淋湿时，她会生火，让"抬着我们轿子的可怜人"取取暖。但她对普里朝圣者的评论更能体现她对旅行团之外的印度土著的仁善和好奇，也许是因为这些人和她一样跨越了遥远的距离。她发现，其中一些"已经走了1000多英里"。"他们看上去无害，给我们挪出空间让我们通过，"她写道，"我没有暴露自己，而是在我的轿帘上挖了一个洞，这样我可以看见外面发生的事，外面的人却不会看见我。"[75]

[227]

当他们离克塔克越来越近时，他们一行开始受到骚扰，开始感受到不加掩饰的敌意。6月5日，"强热风来袭……我们差点脱了层皮。"他们好不容易找到一处专供旅行人士休息的地方，它却被马拉萨骑兵占领了。这些骑兵不仅拒绝腾出地方，还对史密斯上尉相当无礼，但旅行团只能尽量不去激

伊丽莎白·马什的磨难：一个女人的世界史

怒骑兵并迅速离开。旅行团里的几个印度士兵想干一架，但史密斯命令他们撤退。当仆人们看到东印度公司的军官和印度士兵竟然不战而退，他们也"无礼起来，令人头疼，而且拒绝搬运行李，除非我们给他们双倍工资，我们别无选择只有答应"。当他们到达奥里萨的首都兼马拉萨的权力中心克塔克时，他们发现那里"又大又乱，挤满了居民"，他们的压力增加了。一天早上，他们"被拒绝在城市自由通行"。另一天早晨，一些地方官员"对我们的行李征收重税"。后来他们终于逃离了克塔克，来到了一个村子。"轿子几乎无法穿过围观人群，人群中全是男孩和成年男人，他们每个人都拔出了匕首或刀子，用各种难听的话辱骂我们。"[76]

　　他们一行虽然饥肠辘辘，但不敢从怒火沸腾的村里人那 [228] 里获取食物，只能依靠有限的余粮。吃牡蛎喝马德拉酒的日子早已过去，有一段时间伊丽莎白只能吃几块被水软化的饼干，其他人也一样。此外，她的衣着风格也开始发生变化，她抛弃了欧洲着装传统。季风季节总是大雨倾盆，她从马拉萨的"小贩"那里买了几卷平纹细布，然后将它宽松地裹在自己所穿欧式服装的外面。在印度社会，一个人的衣服布料往往标志着他的身份和地位，布料就是他们的面子。虽然伊丽莎白的丈夫曾从事纺织业，但她有可能不知道这个信息。现在，她开始在不同天气里尝试不同的穿搭，她的试验在次大陆的欧洲女性中并不常见，而且她在马德拉斯地区也没有这样做过。举个例子，他们在奥里萨的重要港口巴拉索尔（Balasore）过夜时，她从"葡萄牙人"那里借了一件衣服。在次大陆，"葡萄牙人"这个词通常指混血儿，也可用以委婉称呼白人官员的土著情人。[77]

在这之后不久，她就要与乔治·史密斯告别了，他或许是她旅途中最熟悉的存在。根据她的日记，乔治·史密斯上尉未寻求长官的批准就继续陪同她穿越奥里萨，这属于擅自行事。为了不葬送他作为马德拉斯军官的职业生涯，他不能再未经上级批准继续前行进入孟加拉和另一个总统府了。从几个星期前开始，她就在为他们的离别而伤感了："一想到即将与我亲爱的堂弟分开，每时每刻都让我感到痛苦。"尽管她努力"让自己接受，告诉自己生活中难免会与自己尊重和钦佩的人别离"。6月 13 日早上"5 点左右"，"离别时分还是到了"。"我离开了我最最亲爱的堂弟——他要去甘贾姆，我要去加尔各答，"她写道，"整整几个小时我的每一寸灵魂都沉浸在悲伤中。"[78]

[229]

然而从她对旅程最后阶段的描述中可以看出，她的恼怒和无助超过了悲伤。当她到达米德纳普尔后（这个据点标志着她正式回到了安全地带、回到了东印度公司的统治范围），她独自在"堡垒附近的树下"坐了一会儿，然后才去见当地负责人皮尔斯先生。他"礼貌地"接待了她，他们"边走边

伊丽莎白·马什的磨难：一个女人的世界史

聊"，但他们的对话显得"正式而僵硬"。她希望自己"再次回到刚刚那棵大树下，继续享受自由，继续放松自己"。[79]此外，她不得不与布里森先生打交道，这是她感到恼怒的另一个原因。她是和乔治·史密斯在奥里萨遇到的他，当时他迷路了，身无分文。乔治·史密斯坚持要布里森和他们一起旅行，这样自己离开后这位欧洲男性可以替自己保护伊丽莎白。但她不乐意，因为他"毫无文化"，"20岁左右，长得过于高大"，身上一分钱没有，非要分享她所剩无几的口粮。"他……发现我用处很大，"她厉声说，"而我则发现他是一个没用的拖油瓶。"在她旅程的早期阶段，她在日记中尖刻地提到，有一次他们遇到一只老虎，土著仆人立马"放下我们的轿子"就跑了，"史密斯上尉威胁他们……但没有用，因为他们下一次还会这么做"。不过现在，她对土著仆人的鄙视减少了，信任却增加了，她认为自己不需要任何欧洲男性的陪伴，因为"有足够多的印度兵和苦力保护我"。鉴于伊丽莎白的态度，布里森大部分时间都躲在他的轿子里，因此最终得由她以及她的印度士兵、苦力和轿夫找到回到孟加拉腹地的最安全路线，他们必须"蹚过潮湿的、耕种过的稻田"。[80]

旅程的结束意味着伊丽莎白·马什要回归家庭了。她的 [230]

经验和知识现在要丰富得多，她的思维更开阔，对自己的了解更深刻。从她的印度游记中不仅可以看出她喜欢东印度公司，还可以看出她渴望被所谓的"欧洲"上流社会接纳。然而与此同时，有那么一些时刻她也想摆脱东印度公司和上流社会。游记反映出她在多个领域知识匮乏，还反映出她对其他种族的蔑视和无情，但同时她偶尔也会表现出学习热情，以及对土著人民的好奇心和同情心。从日记中还可以看出她与东印度公司、英国人以及大英帝国之间的联系，虽然这种联系有时候显得比较脆弱或模糊，她在日记中选择隐瞒的内容充分说明了这一点。如果伊丽莎白·马什在旅途中曾参加过基督教礼拜或者独自敬拜过上帝，那她肯定会提及，但她并没有。印度教寺庙，也就是她坚持称之为"清真寺"的地方，逐渐引起了她的兴趣和好奇，但《圣经》或礼拜时用的祷告书未在她书中出现过。此外，她到达马德拉斯后从未提到过东印度公司或其军队举行的国庆典礼。在埃洛尔等军事营地，她肯定会看到旗帜飘扬，听到礼炮响起，见证军队列队庆祝皇室生日和其他典型的英国纪念日，而这些场面从未在她书中出现。在她的旅程中，随着她变得越来越"健忘"（deciduous），她对这些事情越来越不在乎。[81]

从她在日记中闭口不谈的内容、省略的内容以及一笔带过的内容可以推断出伊丽莎白·马什与詹姆斯·克里斯普之

　　　　　　　　　　　伊丽莎白·马什的磨难：一个女人的世界史

间的一些矛盾。1776 年 6 月 20 日她返回加尔各答，但她并没有立即租船返回达卡，与 18 个月未见的丈夫和儿子团聚，而是在这个城市停留了六个星期。其间，她或许住在朋友乔安娜·罗斯带花园的房子里。她之所以这么做，是因为她此次旅行还有其他目的。有权有势的理查德·史密斯将军是伊丽 [231] 莎白·马什的亲戚，乔安娜·罗斯又是将军的亲戚，此外她还是一位对商业感兴趣的富人。1774 年 12 月，伊丽莎白正是在罗斯位于加尔各答的一处房产里告别了丈夫和儿子，"他们当时在那里出差"，然后她与乔治·史密斯开启了亚洲之旅。大约在那个时候，也就是 18 世纪 70 年代中期，乔安娜·罗斯借给詹姆斯·克里斯普一大笔钱用于发展他的纺织生意。[82] 1776 年 6 月下旬至 7 月上旬，伊丽莎白·马什可能就住在罗斯的房子里。她之所以选择在加尔各答逗留，可能不仅仅是拖延与丈夫团聚的时间（这个原因也可能完全不成立），还是为了通过某种方式帮助丈夫获得罗斯的借款。在旅程结束她即将到达加尔各答时，一位男性——"来自加尔各答的罗斯先生"——在郊区迎接她，然后护送她进城。此人应该就是约翰内斯·马蒂亚斯·罗斯，他是乔安娜·罗斯的亲戚，也是荷兰东印度公司在孟加拉的负责人，他与许多英国公司和私商有广泛的业务往来。[83] 这个人的身份提高了上文所作推测的可能性。

读者越是仔细阅读伊丽莎白·马什的印度游记，就越会注意到她喜欢社交生活、喜欢受到关注，她享受年轻军官也就是她堂弟的陪伴，她对本土宗教、民族、城镇、风景越来越感兴趣，她热爱旅行和探险。此外，读者还会注意到她对商业和经济的兴趣经久不衰。她尤其关注"纺织品贸易活跃"的地区，比如默吉利伯德纳姆、马达波兰、普利卡特、宜佳浦尔（盛产靛蓝布料）、克塔克、甘贾姆等，毕竟她丈夫从事过这类贸易。她一边旅行一边观察沿途的经济活动：在阿斯卡，"黄铜和铜贸易繁荣"，当地居民"食物丰富，喜欢存钱"；因巨拉姆周围有许多浅盐田，它们被"一座座大山围绕，供开采出口"；维沙卡帕特南擅长制造、出口高级家具，在那里"许多工匠将……漂亮地镶嵌在象牙和黑木中"，这里还"生产袜子"，"大量袜子被运往全国各地"。[84]

[232]

在伊丽莎白·马什眼中，她在次大陆旅行时途经的地方并不只是"巨大的博物馆，里面全是废墟，土著全是老古董"。[85]作为游客她肯定会关注桥梁、堡垒和宫殿遗址等景点，但她和那个时期次大陆其他移民一样，也关注沿途不同城镇和据点的商业和制造业发展水平，挖掘商机。事实上，她选择在加尔各答以及其他地方停留，很可能是为了帮助她的商人丈夫。在旅途各个阶段，她明显在培养和有影响力的东印度公司员工的关系，这不仅仅是迎合她自己的虚荣心、增加安全感，也可能是为了在某种程度上帮助到詹姆斯·克里斯普。她有时会在日记中写下一些神秘语句，比如"我们结束了所有事务"，"事务"可能不仅仅指收拾箱子和整理衣服等个人琐事。[86]

尽管她在旅途中和乔治·史密斯结伴而行，远离丈夫詹姆斯·克里斯普，但她在某种程度上仍然重视自己的婚姻，这是她亚洲之旅的最后一个矛盾之处。克里斯普的破产、她的出书，或许再加上他的奴隶贸易和他们当初结婚的原因，这些因素让他们的婚姻关系在她赶往次大陆之前就趋于紧张。她此趟旅行从多个层面进一步拉大了他们夫妻之间的距离，尤其是她在旅途中发生了诸多变化。无论是她还是克里斯普，现在都不太可能安于长时间居住在水道之城达卡。但从一些证据中可以看出，她仍然将自己和克里斯普的利益捆绑在一起，她愿意为丈夫的生意付出一些努力。尽管她可能不太愿意和他住在一起，甚至不怎么陪伴他们的孩子，但她会努力[233]帮他赚钱，以提高夫妻俩的生活水平和社会地位。1776 年 7 月下旬，就在美国通过《独立宣言》仅仅两周之后，她终于回到"我亲爱的克里斯普和宝贝儿子"身边。

第六章　世界大战　家族变迁

[234]　　为了反抗英国殖民统治，北美洲东部海岸线爆发了一场大规模的革命战争，它粉碎了伊丽莎白·马什的生活，逼迫她重新规划未来。美国革命者成功争取到欧洲一些主要殖民国家和海上强国——法国、西班牙和荷兰的支持。这些国家先是秘密支持美国，然后变成公开支持。再加上大英帝国及皇家海军本身的影响力，战火一直烧到多个大陆边界，并蔓延到地球上每一片海洋。战争几乎立即席卷了加拿大，并快速波及美洲各个原住民区，随后逐渐蔓延到英国、法国、西班牙、荷兰位于加勒比海和地中海的势力范围、北欧、印度次大陆部分地区、非洲北部和南部部分地区以及中美洲部分地区。美国独立战争对其经济、外交以及人口造成了影响，这种影响进一步扩大到南美、俄罗斯、西非、中国，并最终延伸到新南威尔士州。[1]

　　克里斯普家族和马什家族中许多男性的生计与英国本土、大英帝国、皇家海军、海洋、东印度公司和长途贸易息

　　　　　　　　　伊丽莎白·马什的磨难：一个女人的世界史

息相关，因此他们的生活不可避免地受到这场混乱、血腥的战争的影响。这反过来影响了伊丽莎白·马什，她自始至终都是一个矛盾体。虽然她内心坚定、自私、渴望旅行，但她并不是一位独立女性。虽然她打破了女性传统行为规范，但她的独立性并没有因此提高，反而降低了。她出版了私人游记《女俘虏》，多次免费搭乘皇家海军军舰，在几十名士兵和奴仆的陪同下探索次大陆。要做到这些，她不得不依靠男性，寻求他们的帮助。因此当横贯大陆的美国独立战争越来越多地波及她身边的男性时，她的旅行自然就受到了限制，发生了质的改变。现在她无法继续沿着自己选择的路线游历印度次大陆，也无法拥有大批随从，因为东印度公司的军队马上就有更紧急、更危险的事情要去做。战争的爆发让她体会到切肤之痛，她身边一些关系最近的亲人和朋友或直接或间接因战争而死。这样一来，她不得不寻找额外的收入来源。她踏上了一段全新的、艰苦的航行，这一次并不是为了获得心灵启迪，而是为了生存。与此同时，她不得不降低她自己和孩子们的生活水平。

因为伊丽莎白·马什遭受的这些冲击、经历的这些变化，1776 年 7 月，她结束了亚洲之旅返回达卡和丈夫团聚。从那时起，她的写作生涯戛然而止，她再也没有记录过她遇到的新事物、欣赏的新风景以及她发生的变化。她再也没有出版新的游记，也没有留下任何手稿或信件。所以自 1776 年年中起，我们只能通过她的行为去推测她的想法和情感。要做到这一点，我们必须仔细阅读其他人的笔记和叙述，经过多番努力寻找答案。我们需要从数位男性的文字中重建伊丽莎白·马什的晚年生活，她会时不时地利用他们，他们对她的经历和成就产生了深刻影响。

[236] 在这些男性见证者中，第一位必定是她的丈夫詹姆斯·克里斯普，他改善、决定了她的生活。当伊丽莎白探索印度东部和南部时，他留在孟加拉赚钱。他在印度北部经营纺织品，同时替东印度公司监督当地盐的生产和销售，以此养活自己和家人。

❀

甘地（Gandhi）曾抱怨英国统治者征收的盐税"从穷人的角度来看极不公正"。他这句话很好地解释了为什么几个世纪以来世界不同地区的众多统治者都征收盐税。盐这种物品哪怕最穷的人都离不开它，所以政府对它征税。盐可以用来交换其他物品，在某些社会中它还是一种支付方式。[2]盐几乎存在于人体的每个部位，对生命至关重要。在过去，火药的制作也离不开它。在冷藏技术出现之前，人们用它来保存食物。孟加拉的纳瓦布垄断了盐业，这说明盐这种矿物质不可或缺。东印度公司接管孟加拉后，继续对盐实行垄断，且方式更为严格。1772 年，孟加拉地区盐产量保守估计约九万吨，全由东印度公司垄断。它还往孟加拉各地派遣盐官，他们代表公司监督生产。这样一来，东印度公司接管了传统上大多由当地地主把持的盐业。[3]

詹姆斯·克里斯普在布卢阿做盐代，这里面积大、水域多，现在靠近孟加拉的诺阿卡利县。克里斯普的职位具有重要的政治和经济意义，同时对体力要求很高。他必须监督数千名盐农（malangis），并定期采集盐样进行质检。他还得监督盐库（golas），根据他的计算，布卢阿至少有 286 个盐库。他抱怨说大部分看上去"不像盐库更像牛舍"，这个比喻挺接地气。克里斯普的另一职责是确保孟加拉河的网状水域不会淹没这些地势低洼、摇摇欲坠的盐库，尤其是在 6 月至 9 月"雨季到来、洪水泛滥"的时节。他还得统筹布卢阿地区称盐工作，安排船只和牛车将盐在规定日期运输到规定地点，以进行拍卖。此外，他得用波斯语、孟加拉语和英语三种语言准备拍卖告示，并将它们张贴在整个区域。最后，克里斯普必须确保在拍卖会上购买盐的本地商人及时收到货物，并且"没有任何理由投诉"。[4]

东印度公司派了一位副手帮助詹姆斯·克里斯普完成这些任务，他们手下还有 40 名孟加拉助手。没有他们，这个管理系统就会瘫痪。克里斯普会定期骑马、骑大象和坐船巡视布卢阿，每月（有时每两周）向他在达卡省委员会的直属上级报告，并提交一份详细的账目。这些账目一经核实就会被送到孟加拉总督沃伦·黑斯廷斯以及他在加尔各答的委员会手上，他们有权依次审查这些账目，因为盐的利润占公司在孟加拉收入的很大一部分。1775 年 3 月，黑斯廷斯在一份通告中提醒詹姆斯·克里斯普等盐官，他们的任何疏忽大意或"任何纵容"，任何不"警惕和守时"，都将"损害政府收入的一个重要来源，并且将使你承受我们的严重不悦，你也会颜面扫地，失去原有地位"。[5]

[238]　　起初，克里斯普在布卢阿的盐代工作进展顺利。在他的领导下，生产水平似乎有所提高。和大多数见过他的人一样，达卡省委员会的成员佩服他精力旺盛。"我们完全有理由对他的勤奋和条理感到满意。"1775 年他们告诉黑斯廷斯。[6] 在某些方面，伊丽莎白·马什的丈夫在他的新职位上算得上幸运。和次大陆地区自以为是的英国贵族不同，盐代并未和东印度公司签订契约，因此不属于公司的正式员工，所以他们的工作缺乏保障，但好在基本工资够高，每年约 450 英镑。尽管他现在不得不面对完全陌生的地形和制造业网络，但他在盐贸易以及与不同民族、不同语言打交道方面拥有丰富的经验。伊丽莎白·马什的洋泾浜"摩尔语"在大部分情况下勉强够

用，但她的丈夫除了要会说印度斯坦语，还得学习一点孟加拉语和波斯语。波斯语乃行政、法律和税收的基本用语。[7]

尽管詹姆斯·克里斯普很努力，但他在新职位上取得的成功却逐渐离他远去，很大程度上是因为他面临的挑战实在太残酷，超出了任何人的能力范围。在这之后，北印度著名知识分子古拉姆·侯赛因·汗·塔巴塔拜曾评价道，东印度公司在孟加拉的负责人和员工都是新上任的，他们之前主要在次大陆沿海当兵或做贸易。其中一些人"压迫他人、做事无规则、反复无常、不稳定、侵吞公款"，没有正确的公共服务精神，明显缺乏行政管理经验，能力配不上职位。"他们完全不了解孟加拉的税收方法，"古拉姆·侯赛因指责道，"不会估算财政收入，也无法理解税收政策。"这些指责当然也适用于詹姆斯·克里斯普以及他在达卡的直属上司。[8]

东印度公司 1765 年才开始管理布卢阿，1772 年才开始垄[239]断这里的盐业。詹姆斯·克里斯普本人也才移民到次大陆不久，他的上级部门达卡省委员会于 1774 年才成立，委员会成员对当地的了解十分有限。不仅仅是克里斯普自己，就连他东印度公司的上级都在一边履行职责一边恶补关于当地的知识。所以，他们明显缺乏能力，不能使事情正常运转。举个例子，克里斯普曾代表他的印度文员和审计员向达卡省委员会申请日常办公用品，委员会回复道："我们无权为你提供文具。"再举个例子，克里斯普的上级要求他在整个布卢阿地区修建防水盐库，用于储存该地区生产的盐。由于"整个地区的地势都很低"，克里斯普必须雇用大批工人来抬高盐库所在河岸。然而克里斯普抱怨道，公司要求他来承担全部费用。[9]他手头资源有限，而东印度公司希望他完成的工程又极其浩大，这对上进心强的克里斯普来说是一种折磨。他知道自己若想继续做盐代，就必须表现出色并且为公司营利。

不了解当地情况再加设备不足，这两个因素都阻碍了东印度公司垄断盐业。与此同时，一些公司官员也在破坏公司业务。1773 年开始，东印度公司规定，孟加拉的欧洲人"无论是直接还是间接参与盐贸"都是违法的，除非他们代表公司。相比之下，孟加拉的土著居民则"有权进行公开贸易"。在东印度公司全面垄断的仁慈框架内（至少理论上讲是这样），印度人可以自由地在孟加拉地区进行盐贸易。事实上，[241]个别公司官员继续从中揩油，通常在当地盐官的掩护下进行。一位盐官描述了来自公司内部的破坏力，詹姆斯·克里斯普不得不应对这种破坏力：

> 在某些时期，盐用大船运到达卡，并在那里公开拍卖……在公开拍卖的环节中，我可以看出不小的阴谋，因为我注意到虽然当地人名义上有权购买，实则并不能。盐

伊丽莎白·马什的磨难：一个女人的世界史

最终全部被委员会成员的家属买走了，他们通过这种方式为自己谋取了巨额利润。[10]

即使克里斯普未非法交易盐（没有证据证明他参与其中），他仍然需要非常巧妙地对他那达卡上司的狡猾操作睁一只眼闭一只眼。

布卢阿本地居民经常会进行反抗，有时被动有时主动，这一直让克里斯普感到头痛。第一股反抗力量来自一贫如洗的盐农，深秋时节他们在海边和咸水河附近挖盐池，这是生产盐的第一个环节。

> 他们先修建闸门，涨潮时盐水从闸门流入。盐分在土壤中沉积，随着春潮带来更多的盐水，土壤中也会沉积更多的盐。海水和含盐土壤结合在一起，产生了高浓度盐水。他们将其倒入长条形盆中，约200个盆凑成一组，用泥浆黏合在一起，然后放入穹顶形的窑炉。制盐工人在每个窑炉的南北两端都开置了通风口，微风可以从通风口进入窑炉，像扇子一样扇火。随着窑炉里的盐水逐渐蒸发，工人们……倒入更多盐水，一次一勺，直到每个窑炉大约装满3/4的盐晶体。[11]

盐农为了补贴收入会偷偷制作盐，他们晚上经常在达卡茂密的林子里或者自己的茅屋里生产盐，妻子会在一旁帮忙，然后将这些"非法"产品卖给走私者。东印度公司雇用的从盐农手中采购盐的人也会从中揩油，损害公司利益，他们经常以自己的名义大量出售盐。为了掩盖这一行为，他们会在供应给公司的盐中掺入沙子或伪造账目，有时他们甚至拒绝提供任何账目。詹姆斯·克里斯普抱怨道："他们一再承诺会按规章办事，却一再违背承诺，一再欺骗我，我发现我再也不能指望他们好好工作了。"此外，布卢阿的盐库全是土做的，还没有人看守，盐库的盐经常流入周围居民区。1775 年 6 月，克里斯普在一份报告中说，他盐库里大约有五万篓（maund）盐被非法盗走，其中大部分被小偷在夜间乘船盗走。[12] 当地地主有时会赞助这类针对盐库的偷盗行为，英国殖民者剥夺了本属于他们的盐业和利润，他们因此愤愤不平。"这些地区的人是一群走私者，他们不顾一切，"1776 年克里斯普在拉克什米普尔写道，"他们拥有一支武装力量。"布卢阿和孟加拉其他盐区多次报道说，东印度公司的盐船在缓慢驶向拍卖地点时遭到袭击。有时，盐走私者会向船上的旗帜开火，这些旗帜代表着东印度公司以及联合王国。[13]

要知道詹姆斯·克里斯普自己曾经就是一名走私者，而他现在却需要防范走私者，同时应对来自英国人和亚洲人的反抗，以保护东印度公司财政收入。这种全新的经历让他感到不适甚至越来越反感。当克里斯普努力在布卢阿履行盐代职责时，他对殖民地环境并不了解，他的工作也超越了他的能力范围，因此徒劳无功。此外，当时全世界的统治者都在 [243] 收紧税收政策，这引发了越来越多的反抗。

在那个时期，美洲、亚洲、北非的部分地区以及欧洲都在增大税收力度，与此同时遇到的反抗也越来越多。国家之间的竞争越来越激烈、冲突越来越尖锐，"对于工业化前的军备竞赛来说，财力对军事力量的重要性不亚于战略和技术进步。"因此统治者们迫切想提高财政收入。这场肆虐全球的财政"饥荒"在多大程度上引发了一场"全球危机"，这一点尚无定论。但学者们都赞同一点，那就是统治者们不断增税导致 18 世纪下半叶民众对政府的反抗越来越激烈，范围也越来越广。[14] 1773 年至 1774 年乌拉尔哥萨克人的普加乔夫起义以及 1781 年新格拉纳达（New Granada）的考姆奈罗起义的主要目的就是反抗政府在战时增税。在普加乔夫起义中，导火线是凯瑟琳大帝需要更多的钱来支撑俄罗斯对奥斯曼帝国的战争。在考姆奈罗起义中，导火线是西班牙需要更多资金投入美国独立战争。不仅仅是基督教国家的统治者在通过增税以为更大的军事行动提供资金，摩洛哥的西迪·穆罕默德也在努力签订新的商业条约以及对进出口贸易征收更高的关税，以扩充自己的军队、稳固自己的统治。[15]

[244]

美国独立战争的部分爆发原因同样在于英国试图将更严苛的税收政策强加到美洲殖民者身上，以偿还它在七年战争期间欠下的债务，巩固扩大大英帝国的势力版图。18 世纪六七十年代，东印度公司与迈索尔和马拉萨打仗，它在加尔各答和马德拉斯大建新防御工事，同时迅速扩充军队。这些开支数额惊人，于是东印度公司开始对印度北部的土地征收新税，并尽力提高其从盐和鸦片生产销售中获得的利润。[16] 事实上，世界不同地区的统治者采取的增税举措不仅具有相似性，还相互交织。为了缓解东印度公司在次大陆的财政困难，1773 年 4 月，英国议会通过了《茶税法》（ *Tea Act* ），首次批准东印度公司用自己的船只将剩余的中国茶叶直接出口到英属美洲殖民地的四个港口，其中之一是波士顿。这些港口的居民认为这一法案威胁到了他们自己的走私活动，侵犯了他们的正当权益，象征着英国对他们的剥削。1774 年 11 月，愤怒的波士顿市民将九万磅东印度公司的茶叶倒入港口。[17]

从詹姆斯·克里斯普在布卢阿做盐代的职责以及遇到的诸多困难来看，他身上体现了鲜明的时代特征。当时世界各地活跃着众多代理人，他们努力为各自渴望资金和权力的政客主子谋取额外收入，克里斯普便是其中一员。在这一过程

伊丽莎白·马什的磨难：一个女人的世界史

中，他们会遇到挑衅和阻挠，有时甚至还会遇到暴力反抗，愤怒的美洲殖民者就会这么对待罗得岛州和马萨诸塞州的海关官员。虽然克里斯普在布卢阿执行他的盐代职责时没有遭到辱骂和殴打，但是他的工作同样让他感到痛苦。虽然他努力让自己解脱，但无济于事。

克里斯普经常向上级抱怨，如果不给他增派更多兵力，他就难以应付针对东印度公司盐业垄断的反抗行为，美洲殖民地的海关官员也会向上级反映类似问题。早在 1775 年，克里斯普就告诉达卡省委员会，他至少还需要三个印度兵来协助他完成工作，"这是我的职责所必需"。一年后，他请求"增援约 12 个印度兵"。[18] 但是，他每一次请求增援兵力基本 [245] 都被东印度公司拒绝了。一来公司本就承受着经济压力，二来美国独立战争的影响很快就会波及次大陆。克里斯普在达卡和加尔各答的上级认为，只要他愿意付出更多，一切就都会好起来。从一开始，上级就规劝他多到现场，多花些时间在工作上："你得对自己的工作负责……如果你迄今为止还未培养起责任感，你现在必须履行盐代职责，确保不会延迟交货。"[19] 东印度公司的盐业垄断体系本就存在缺陷，人力物力供应不足，此外也不怎么合法。在这种情况下对克里斯普提出这种要求，对他来说是不公平的。但是有一点东印度公司说对了，克里斯普经常擅自离岗。在伊丽莎白·马什与乔治·史密斯一起悠闲旅行期间，他曾多次写信给上级。从这些信件中可以看出，克里斯普在罗基布尔（Lakshmipur）度过的时间比在达卡还多。英国人将罗基布尔小镇称为"幸运之孔"（Luckipore），小镇靠近梅克纳河和恒河的交汇处，距离达卡约 68 英里水路。罗基布尔并不是产盐中心，而是纺织中心，这里的织工因生产优质纺织品而出名。这些纺织品既供次大陆的精英消费，也供海外客户使用。[20]

比起东印度公司的盐代工作，克里斯普对达卡这个地方及其商业潜力越来越感兴趣。他天生不适合当官，不喜欢为别人打工，同时也不愿意将自己拴在同一个帝国。在巴塞罗那和伦敦的时候，他身上就已经体现了这些特点。刚到次大陆时，他迫于生存需要不得不在东印度公司找了一份差事。他之前破产时，同样是迫于生存需要不得不加入东佛罗里达州的殖民计划。但是，詹姆斯·克里斯普在本质上是一位商人，这意味着"他的业务不会局限于同一个地区，而是遍布全球，他的行为表明，他始终认为自己是一位世界公民"。[21]秉承这样的价值观，他的兴趣和抱负远远超出了潮湿的布卢阿地区。事实上，在克里斯普抵达达卡并成为盐代之前，他就已经开始与波斯进行贸易。波斯一直是孟加拉布料的重要市场，孟加拉布料不仅在这里销售，也会通过它进入奥斯曼帝国。东印度公司的记录显示，截至 1774 年，克里斯普从英国进口淀粉、肥皂、原油等原材料到加尔各答，用于布料生产和精加工。大约就在这个时候，他找到了一个新的商业伙伴。此人名叫亨利·洛奇，当时是达卡省委员会的秘书，为东印度公司的正式员工。1775 年，他们的商业伙伴关系已经广为人知了，加尔各答最高法院曾因一起本土织工提起的诉讼，要求两人出庭陈述达卡纺织业的现状。[22]

　　到目前为止，克里斯普的行为并没有任何异常，东印度公司也没有理由表示反对。公司高层认为，像亨利·洛奇这样的次大陆全职员工完全可以自己做做生意，以提高收入。虽然詹姆斯·克里斯普不是公司的正式员工，但他持有公司董事颁发的执照，该执照允许他在孟加拉及其沿海地区从事私人贸易，这点大家都知道。所以，公司默许他一边拿着盐代的工资，一边将孟加拉生产的纺织品运往波斯和亚洲其他地方销售。但在 1775 年至 1776 年伊丽莎白·马什外出旅行时，詹姆斯·克里斯普踩到了一条重要的红线。他开始在罗基布尔度过大量时间，东印度公司在那里控制着一家规模庞大的纺织厂。他似乎还开始与公司的纺织品代理商竞争，从罗基布尔的织布工那里购买优质布料，而公司也主要依靠这些布料实现在亚洲以外市场的出口目标。简而言之，詹姆斯·克里斯普开始反抗公司的 [247]
规则，开始试探公司的底线。在巴塞罗那和伦敦时，他也进行过类似的反抗和试探。

罗基布尔的一座建筑成为克里斯普挑战东印度公司底线的工具，他与公司一位员工就这座建筑发起了旷日持久的争斗。此人叫亨利·古德温，他负责罗基布尔的工厂，有权有势，且不赞成克里斯普的行为。这座建筑是一座不起眼的平房，"周围有一个半敞式走廊，遮檐用旧席子做成"，附近还有一条露天沟渠，是这里唯一的卫生设施。这座建筑的优势在于它的位置，它距离东印度公司布厂入口仅250码。每天，住在平房的人可以看到所有进出工厂的本地织工和布料商，甚至可以拦下他们中的任何一位与自己私下达成交易。根据亨利·古德温的说法，詹姆斯·克里斯普第一次到罗基布尔时，他只能睡在自己的平底货船中，他平时会乘坐这艘船在孟加拉河上执行公务。这艘船加了顶，可以充当移动住房。根据古德温的说法，他慷慨地将空置的平房借给克里斯普，"供他在罗基布尔短暂停留时居住，应该不会超过一个月"。但克里斯普一回到达卡就写信给古德温，告诉他自己要长期占用平房，"他发现……房子由达卡委员会管理，他希望可以对平房进行改造，提高它的舒适度"。[23]

古德温看完信后非常生气，决定收回平房。它可不只是一座房子，也是一个办公室。达卡省委员会无权管理它，它属于东印度公司商务部，是为公司雇用的在罗基布尔地区收税的工作人员准备的。至于詹姆斯·克里斯普，他什么身份？他有什

伊丽莎白·马什的磨难：一个女人的世界史

么资格长期住在那里？他"不是公司的正式员工，盐代没有任何资格要求公司提供住宿"。但是，在克里斯普的新商业伙伴亨利·洛奇的推动下，达卡省委员会最初并没有理会古德温的反对意见。平房位于达卡区内，因此议会有权按照他们认为的恰当的方式分配它，他们希望詹姆斯·克里斯普在罗基布尔履行盐代职责时使用它。就这件事的争论又持续了一年，在这期间平房一直空着。相关通信中的语气越来越愤怒，有几次信件还寄到了沃伦·黑斯廷斯的办公室。最开始，他站在詹姆斯·克里斯普这一边。[24]

古德温坚持认为，这件事不仅仅关乎一栋平房，还关乎更多。在个人层面上，这场就"不舒服的住所……全由垫子搭的平房"发起的旷日持久的争吵，说明了伊丽莎白·马什的丈夫似乎经常因为他的不耐烦、不谨慎而招来别人的怨恨和怀疑。[25]詹姆斯·克里斯普的商业风格反映了他强大的野心，同时暴露了他资金不足。对于和他接触过的一些人来说，尤其是伦敦的乔治·马什或孟加拉的亨利·古德温这类更传统、更自大的人来说，詹姆斯·克里斯普更像是一位无情的机会主义者，喜欢破坏规则且不够诚实。古德温抱怨说，他"没有受到克里斯普的礼貌对待"，他其实想说伊丽莎白·马什的丈夫不是一位绅士。他写道，克里斯普"是一个非常虚伪的人"。东印度公司一位税务官希望自己搬进罗基布尔平房，他对克里斯普提出了同样严厉的批评："在我看来，克里斯普先生不愿意自己承担任何费用，他会想方设法逃避。"这位税务官和古德温并没有当着詹姆斯·克里斯普的面指责他，他们可不想打架。但是他们将这些信的副本邮寄给了加尔各答贸[249] 易委员会，该机构负责监督公司旗下的工厂和投资，这种做法的伤害性依然很大。[26]

无论是亨利·古德温还是那位心怀不满、无房可睡的税务官，他们都心知肚明为什么詹姆斯·克里斯普如此想要这座平房。他们声称克里斯普想移居到罗基布尔，所以他得在那里为自己建造一所新房子。1776 年 5 月，古德温在邮寄给贸易委员会的信中写道：

> 我忍不住想补充一下……就克里斯普先生在罗基布尔居住一事，在我看来，这与盐代的职责不符，也违背了他岗位的意义。我认为，盐代应该居住在盐产地或盐产地周边，以便他直接监管业务。如果他将本属于自己的职责委托给他人，那么在我看来，他对公司没有什么用处，他不如就住在达卡甚至住在加尔各答，而不是罗基布尔。的确……据我所知，14 个月以来，这位盐代的身影从未出现在盐产地。

为了给克里斯普最后一击，古德温在这封信中附上了税务官

伊丽莎白·马什的磨难：一个女人的世界史

本人对詹姆斯·克里斯普的评价："他之所以想居住在这里，与其说是为了服务公司，不如说是为了进行他自己的私人贸易。"[27] 税务官的这句评价基本属实，但克里斯普还有其他目的。

　　事实上，詹姆斯·克里斯普之所以想去罗基布尔，并不全是为了在那里发展自己的私人贸易。虽然亨利·古德温和税务官的评价基本正确，他确实在考虑放弃自己在达卡的漂亮房子然后到罗基布尔定居，但他可能还有更隐秘的个人动机。那个时候，也就是 1776 年初夏，伊丽莎白·马什已经和乔治·史密斯一起旅行将近 18 个月了。1769 年、1770 年和 1771 年年初的大部分时间里，詹姆斯·克里斯普都见不到妻子，他可能已经受够了。在罗基布尔，他除了找到了丰富的奢侈面料来源，可能也找到了其他女性的陪伴和性慰藉。尽管这一点只是猜测，但可以肯定的是，他之所以被罗基布尔吸引，不仅仅是因为各种压力和诱惑，还因为他天性渴望那些能够带来丰厚利润的冒险。

[250]

　　18 世纪 70 年代初期，次大陆的东印度公司官员发现实现纺织品出口目标的难度越来越大，尤其是在优质布料品种获利最高的欧洲、北美、加勒比等市场。[28] 尽管东印度公司控制、胁迫织工的能力颇强，但其整个孟加拉地区的代理经常抱怨当地织工违抗他们，选择将布料卖给亚洲或欧洲私商等竞争对手。一些孟加拉织工直接拒绝继续为公司工作，据报道，那些剩下的继续为公司生产布料的人则偷工减料。许多织工抱怨说，东印度公司支付的费用不再能覆盖购买纱线和食物的成本。1769 年至 1770 年发生了大饥荒，大量织工饿死，这在短时间内增加了幸存者的议价筹码。就在东印度公司忙于应对来自孟加拉当地纺织工人和竞争对手的挑战时，有迹象表明，英国本土和其他市场的消费者对其出口纺织品的需求正在趋于平缓，于是大量卖不出去的货物开始在公司仓库中积压。[29]

这些变化让不少地方感到十分焦虑，包括罗基布尔，东印度公司在当地的工厂一直为西方市场生产质量上乘、色彩鲜艳的布料。1776 年 4 月，就在亨利·古德温对詹姆斯·克里斯普进行人身攻击的前一个月，他写了封信给加尔各答贸易委员会，警告他们东印度公司正在失去对罗基布尔的织工的控制。由于公司提供的价格低于"织工购买布料的实际成本"，他无法保证采购到规定数量的优质布料。[30]古德温还在信中说道，罗基布尔的一些独立织工为了弥补从公司这里遭受的损失，选择将布料卖给私商，卖给詹姆斯·克里斯普这样的人。在这个革命年代，克里斯普似乎不再满足于将自己局限在亚洲范围内进行贸易。他还希望——也许他也需要——将孟加拉生产的优质布料出口到海外。他不满意自己在达卡的处境，不满意盐代工作的艰苦和挑战，也不满意妻子长期不在身边，因此他想补偿自己。他想得到罗基布尔的平房，或者能在那里拥有一套自己的房子，这样他就可以轻易从反抗东印度公司的织工那里买到最好的纺织品。

1776 年年末，亚当·斯密看到东印度公司在印度次大陆部分地区的商业受到挑战后，在其《国富论》中表达了他对这些挑战的认可，认为它们符合次大陆居民的利益，并且能保护贸易自由。斯密写道，东印度公司及其员工是一群"掠 [252]夺者"。他们"长期垄断"加尔各答、马德拉斯和孟买地区的英国贸易，这一行为是不可取的，而且在商业上有失公正。他认为："当独立冒险家能够与股份公司进行公开、公平的竞争时，后者应能继续经营好其所有海外贸易，这似乎和现实经验不符。"[31] 当这些"独立冒险家"在东印度公司的地盘上与其竞争时，他们会卷入什么样的风险，这点亚当·斯密却没怎么谈及。詹姆斯·克里斯普选择和东印度公司竞争，这在情理之中，一是因为他的性格和经商风格，二是因为他早年在马恩岛积累了丰富的走私经验，三是因为盐代工作并不是铁饭碗，他刚刚破产且有一家子人要养活。[32] 作为布卢阿地区的盐代，他时常目睹当地居民和东印度公司官员挑战公司权威。他可能也受到了鼓励，于是开始违反公司规则，相信自己可以逃脱惩罚。他已经近距离观察到公司的低效和一些弱点。1776 年深秋，他尝到了惹怒公司的苦果。

就针对詹姆斯·克里斯普的一些投诉，沃伦·黑斯廷斯展开了调查。虽然他最终认为克里斯普作为盐代，其行为"似乎不应受到指责"，但加尔各答贸易委员会坚持解雇他。[33]事实上，委员会解雇他并不是因为他能力不够，或者是他经常旷工，而是因为他的商业偷盗行为。他被解雇，并不是因为他未能协助公司垄断盐业（其他任何一位盐代也无法做到这点），而是因为他在罗基布尔与公司抢生意。几个月来，克里斯普为了阻止了威廉·贾斯缇斯取代自己继任布卢阿地区的盐代，他拒绝交出账目，拒绝交出从该地区盐库收集的盐，但这仅仅是一种拖延战术。1777 年 2 月，克里斯普收到了一份严厉的警告，"你的代理机构及津贴将在 3 月最后一天失效"，你会看到"我们派遣新的盐代"。3 月的时候，他仍未妥协，于是收到了更直白的警告："如果继续拖延，那么本月 31 日之后，你的工资将停止发放。"[34] 从 1777 年 4 月 1 日起，詹姆斯·克里斯普从纺织品贸易中赚到的钱成了他唯一的收入来源，但他无法完全了解他的生意所在地，而且美国独立战争的战火正在迅速蔓延。

1777 年年末，东印度公司一位高级官员写道，对在次大陆生活的欧洲移民来说，"没有铁饭碗是极其悲惨的，一想到要过这样的低质生活……我就不寒而栗"。[35]詹姆斯·克里斯普失去盐代工作以及舒适稳定的薪水后，受影响的不仅是他本人，还包括刚刚回到他身边、需要他供养的妻子。

在克里斯普被解雇后不久，他的亚洲贸易似乎在继续扩大。1778 年，东印度公司一位官员甚至将他列入了居住在达卡的欧洲私商名单，"据我们所知，这些人拥有大量贸易往来"。[36]在此之前，一些与克里斯普夫妻关系密切的人认为，这对夫妻的压力不仅仅源自他们各自的漂泊。1776 年年末，加尔各答的富有寡妇乔安娜·罗斯在遗嘱中给伊丽莎白·马什留下了 5000 卢比（约 500 英镑），与她遗赠给沃伦·黑斯廷斯的金额相同，他是她的遗嘱执行人之一。起初罗斯只给了伊丽莎白 4000 卢比，但她后来意识到她的朋友理应得到或者需要更多。[37]这 5000 卢比可能是伊丽莎白·马什一生中收到的数额最大的一笔钱。不过根据法律规定，已婚妇女得到的任何遗产及其最终支配权归属于她丈夫，伊丽莎白就是已婚妇女。按照詹姆斯·克里斯普以往的性格，他似乎会让妻子随意支配这笔钱。但他刚失去了一份稳定的薪水，伊丽莎白·马什决心好好利用乔安娜·罗斯的慷慨遗赠，好好谋划她和丈夫的未来。

她的决心建立在好几个动因之上。1767 年克里斯普破产，

[254]

他们夫妻失去了房子、宝贵的物品和社会地位。他逃去北美洲后，她和孩子被迫搬去查塔姆依靠父母，这些过往历历在目。所以，当克里斯普现在遇到新的经济困难时，她本能地想采取一些行动。此外，这也与她的性格和家庭背景有关。

伊丽莎白·马什在朴次茅斯的水手女眷中长大，同其他港口的水手女眷一样，她们对待金钱、婚姻和女性行为规范的态度必然不同于那些丈夫在陆地上工作的女性。英国的普通法将丈夫和妻子视为一个法人，且丈夫占绝对主导，这一规定也适用于孟加拉地区的英国移民。从法律上讲，妻子依赖丈夫，这是贴在她们身上的标签。[38] 但对水手女眷这个群体而言，这些法律条文完全没有意义。身为水手的妻子，当她们的丈夫、父亲或者兄弟远航时，有时候连续好几个月，有时候连续好几年，她们就必须依靠自己。如果这些男人死在途中，那就得一辈子靠自己。水手的女眷经常需要艰难度日，她们可能会找份有偿工作，或者向海军部或私人船主索要拖欠男性亲属的薪水，或者让男人在出海前给她们写一份授权书。那些频繁远航的男人迫于社会和家庭的压力，往往会配合这些女性的权宜之计。这些女人本来就是因为他们的职业性质才过着高风险生活，如果他们拒绝供养女眷，她们还怎么生存？从朴次茅斯到次大陆，伊丽莎白·马什跨越了遥远的距离，不仅仅是在地理层面，也是在社会和文化层面。1777 年当她和詹姆斯·克里

[255]

斯普在孟加拉再次面临着潜在经济风险时，她决定主动为自己谋划将来，她的做法符合水手女眷的传统。[39]

1776 年 1 月，她的母亲，也就是老伊丽莎白·马什在查塔姆去世（家族留存下来的信件中仅对她的去世表达了悲伤，其他什么都没有说）。[40] 1776 年 7 月伊丽莎白回到达卡后才收到母亲去世的消息，但她并没有想办法赶回英国安慰父亲或向已故母亲表达敬意。那年余下的时间里以及 1777 年大部分时间里，她似乎停留在达卡。詹姆斯·克里斯普有时在家，有时在外出差。她有时间去思考他们的处境，去仔细阅读来自英国和西班牙的亲人寄来的信件，它们六个月之前就送到了。从信件中她得知母亲去世后家中发生的事，她父亲成功追求到一位更年轻的女人。1776 年 12 月，米尔伯恩·马什再婚了，他又一次为自己寻觅到一位有钱妻子。她叫凯瑟琳·索恩，是个寡妇，富有且受人尊敬。伊丽莎白的亲戚在信中告诉她，米尔伯恩的身体逐渐衰弱，他的"健康状况非常糟糕"，他可能也需要一个女人来照顾自己。[41] 母亲离世未能让 [256] 伊丽莎白回到英国，但当她得知父亲再婚的消息以及身体状况后，她决定离开孟加拉返回英国。当时，她和詹姆斯·克里斯普团聚还不到一年，现在她又一次决定只身远行。

此次航行的花费可能来自乔安娜·罗斯的遗赠。伊丽莎白·马什的这一决定受到了她家族传统的影响，马什家族的成员习惯在海上航行、工作和冒险，家族中好几代人都尽量在为女眷提供一些独立的收入来源。马什家族的男性常常在他们的遗嘱中指定他们的妻子为唯一执行人和受益人。1753年，米尔伯恩·马什的父亲，也就是在船上当木匠的老乔治·马什去世时，他将自己微薄的财产全部留给了妻子，任命她为遗嘱唯一执行人，并让另外两名女性作证。[42] 即使一些家庭成员不在海上工作，他们的遗嘱依然体现出对女性独立的重视。由此可见，整个家族的男人无论是不是水手都在坚持保障女眷的生存。1782年，伊丽莎白的军官兄弟弗朗西斯·米尔伯恩·马什在遗嘱中将钱留给了一个私生女，他还谨慎地规定道，这笔钱"仅供她个人单独使用，她未来的丈夫不管是谁，都无权动用这笔钱偿还债务、举办订婚仪式等"。[43] 当家族男性将他们的财产分配给婚生子女时，他们很少遵循男性长子继承制的惯例。相反，"平均分配"这个表达频繁出现在他们的遗嘱中，它同样体现了对女眷独立性的重视。一般情况下，马什家族的男性留给每个女儿的金额与留给每个儿子的金额相同，只有少数例外。

伊丽莎白·马什非常了解这个家族传统，她也意识到父亲再婚和身体变差可能带来的后果，所以她自然开始担心父亲会怎么立遗嘱。如果米尔伯恩·马什去世后将他的大部分甚至全部财产留给他的年轻新婚妻子凯瑟琳·索恩怎么办？

[257]

伊丽莎白·马什的磨难：一个女人的世界史

虽然这个可能性微乎其微，毕竟父亲是一个传统的人并且深爱他的家庭，但她依然会焦虑。米尔伯恩很可能会按照马什家族的传统，优先保障他的二婚妻子能够体面生活，然后将剩余财产平均分配给三个孩子，弗朗西斯·米尔伯恩·马什、约翰·马什以及他疼爱的独生女伊丽莎白。如此一来，她也会成为父亲遗嘱的重要受益人。但根据英国法律，父亲留下的财产自动归她丈夫所有。考虑到詹姆斯·克里斯普在孟加拉所承受的压力以及不断扩大的战争对贸易的影响，这一次，他可能不会心甘情愿放弃这笔横财。

伊丽莎白·马什对父亲遗产的担忧不仅仅是为了她自己。对儿子布里希·克里斯普来说，米尔伯恩·马什如何分配遗产并不重要，因为他拥有强大的语言能力，很快就能在东印度公司获得作家一职，这是文职人员等级阶梯上的第一个台阶。伊丽莎白虽然可以不管布里希，让他自己照顾自己，但她不能不管女儿伊丽莎白·玛丽亚·克里斯普。1777年，她才满13岁。自五年前从印度回到英国查塔姆后，她一直靠米尔伯恩抚养，接受了昂贵的女性教育。米尔伯恩死后，谁来照顾伊丽莎白·玛丽亚？她会去哪里？如果詹姆斯·克里斯普的生意再次失败，如何为她找到合适的丈夫、筹备体面的嫁妆？伊丽莎白·马什脑子里不仅在担心父亲的死，也在担心她自己和克里斯普。大多数从欧洲来到印度次大陆的移民会过早死亡，而且往往走得非常突然。如果詹姆斯·克里斯普死了，她怎么办呢？她现在已经年过 40 岁，又经历过一场大病，万一她也不久于人世呢？那时，谁可以照顾伊丽莎白·玛丽亚呢？

[258]　　伊丽莎白·马什余生大部分时间都在思考如何在硝烟四起的时代背景下解决这些问题。1777 年年底或 1778 年年初的某一天，她从加尔各答启航，在父亲去世之前赶到了朴次茅斯，并和他一起做出一些安排。[44] 1779 年 5 月 17 日，69 岁的米尔伯恩·马什去世，就在前几个月他立下了一份新遗嘱。这份遗嘱遵循了马什家族的传统，给予了他的女眷充分的关照，但同时有创新之处。他在遗嘱中要求"以与我亲爱的亡妻相同的方式下葬……并且合葬在同一个墓里"，但他也为他的遗孀做了打算。由于查塔姆的房子是海军部提供给供应主管的，凯瑟琳·马什无法继续住在里面。米尔伯恩在附近的罗切斯特购买了一些房屋和土地，以保证她有固定收入。此外，他在遗嘱中规定凯瑟琳可以随意挑选他的亚麻布、瓷器、盘子、家居用品和"最好的家具"，同时还可以获得价值 700 英镑的公债和政府股票利息。他的长子弗朗西斯·米尔伯恩·马什则可以获得价值 900 英镑的公债的利息，而约翰·马什将免除他欠父亲的大部分债务。[45]

　　然而，伊丽莎白·马什什么也没拿到，但这正是她和父亲商量好的，因为直接留给她的钱都可能会到詹姆斯·克里斯普或他的债权人手上。因此，米尔伯恩在遗嘱中跳过女儿，将 300 英镑留给了孙女伊丽莎白·玛丽亚，她满 21 岁时就可以继承。如果伊丽莎白·玛丽亚在 21 岁之前结婚，米尔伯恩的遗嘱执行人将立即向她支付"300 英镑信托和所有利息"。米尔伯恩·马什在遗嘱中还为孙女做了其他安排。当他第二任妻子去世时，他遗赠给她的所有股票和财产都要根据男女"平均分配"的家族传统平分给两个儿子和孙女伊丽莎白·玛 [259] 丽亚。换句话说，伊丽莎白·马什对女儿未来的担忧——尽管不是她对自身未来的担忧——得到了解决。她成功为女儿准备了一份拿得出手的嫁妆，以后可能还会增加。

遗嘱相当于一部短小精悍的自传或者压缩版的账目，不仅可以体现一个人有多富有或有多贫困，还可以体现他们在生活中最关切的人或事、他们最亲密的亲友以及这些人的难处。米尔伯恩·马什在遗嘱中只提到了一个姓克里斯普的人，即他的孙女伊丽莎白·玛丽亚·克里斯普。除她以外，他再也没有提到第二个姓克里斯普的人。从这一点可以明确看出，米尔伯恩不信任也不看好自己那位努力打拼、不够可靠的女婿。克里斯普不仅在地理位置上和米尔伯恩相距甚远，性格上也截然不同。他的遗嘱长达四页，其内容详细地展现了米尔伯恩一生取得的丰功伟绩。自 1765 年他在查塔姆负责食品供应以来，这份工作就缺乏挑战性。但那时米尔伯恩仍然富有创造力和活力，他不满自己提前步入了退休生活。于是他在查塔姆食品供应区设计并组织修建了一个新码头，搭建了一个72英尺长的新仓库，扩建、翻新了该区域的许多办公室，并在战争初期迅速组织了一个近海防御体系。[46]因为工作压力不那么大，他能够花更多时间去巩固自己的财富。18世纪20年代，米尔伯恩的父亲在遗嘱中只给妻子留下5先令。半个世纪之后，米尔伯恩·马什给家人留下了超过5000英镑（按购买力计算相当于今天的近50万英镑）。他赶在战争结束前离世也算一种幸运。1783年，英国与新成立的美国及其欧洲大陆盟友之间谈判达成了《巴黎和约》（*Peace of Paris*），根据合约，梅诺卡岛回归西班牙统治，萨弗伦岛连同其完美、昂贵的全新海军备用设施一并移交给西班牙，这可是米尔伯恩·马什的杰作和心血结晶。

[260] 多年来，米尔伯恩为他独女的幸福作出了诸多贡献，伊丽莎白·马什已经对父亲的牺牲习以为常。1765年，为了离女儿更近一些，他辞去了在萨弗伦岛的工作回到英格兰。通过克里斯普夫妇在东佛罗里达州的企业的相关法律文件可以看出，米尔伯恩不仅经常充当他们的证明人，还经常借钱给他们。[47]1770年伊丽莎白·马什第一次去印度的费用是米尔伯恩承担的，1771年她儿子独自前往次大陆的开销也由米尔伯

恩埋单，次年她女儿伊丽莎白·玛丽亚·克里斯普从次大陆返回查塔姆后一直由米尔伯恩抚养。此外，伊丽莎白·马什也经常利用米尔伯恩在海军中的关系，通过父亲在各个港口和大陆的熟人，免费或低价搭乘船只。

但现在伊丽莎白的父亲已经离开人世了，她丈夫在世界另一端的孟加拉。战争爆发，她无法和两位仅存的、血缘关系最近的男人团聚。当时她的哥哥弗朗西斯·米尔伯恩·马什是英国第 90 步兵团的一名少校，家人一直视他为"聪明优秀的学者"。马什少校随团被派往背风群岛（包括安提瓜、圣基茨、蒙特塞拉特和尼维斯），这次远征于1782年夺走了他的性命。[48]伊丽莎白的弟弟约翰·马什也深陷战争，只是他是以文职的身份且在另一个地方。自 1768 年以来，他一直在西班牙南部海岸的马拉加担任英国领事。当时大多数英国领事都会通过一边履行商业职责一边亲自参与贸易来提高薪水，约翰·马什也不例外。领事们除了为来自他们所代表的州的来港船只和个人提供服务，他们还是专业的情报人员，需要尽可能多地收集情报。战争正式爆发之前，约翰·马什甚至就已经成了一名间谍，之后又发展成为间谍头目。在《独立宣言》发表前六个月，他向伦敦递交了多份报告，汇报说西班牙和法国海岸的美国商船正在想方设法绕过议会颁布的航海法规"开展商业活动"。他还定期与英国驻马德里大使馆和 [261]

直布罗陀当局通信，分享他收集到的关于西属和葡属美洲的所有动向。他在伊比利亚和法国的一些主要港口（如塞维利亚、卡塔赫纳和土伦）招募了一批代理人和线人，负责为他收集政论手册、哲学文本和机密。这样，伊丽莎白·马什的弟弟就能让他在英国政府的上级了解欧洲大陆列强的参战过程，以及战争规模的扩大。他发送的重要情报包括：1778 年 4 月，"大批军事物资和 4000 名步兵朝着北美的方向"从土伦出发；"塞维利亚和其他地方"的面包师"夜以继日地工作，为船只制作饼干"，为西班牙海军进攻作准备；"加泰罗尼亚海岸正在准备军事物资，如攻城炮、沙袋和用于修建战壕的常见工具"；荷兰驻马拉加领事"通过机密渠道"向他透露，海牙的将军在下达"准备 30 艘船的士兵的命令"。[49]

　　直到 1779 年 7 月西班牙正式对英宣战时，约翰·马什才被迫离开马拉加，但他继续在葡萄牙收集了几个月的情报。因此米尔伯恩·马什去世后，他无法及时帮助他姐姐。伊丽莎白·马什转而向另一位同样经历着战争带来的巨变的男性亲属寻求帮助，她的叔叔乔治·马什。

　　1776 年之前，乔治·马什从未离开过英格兰南部，也从未在海上进行过哪怕十分短暂的旅行。多亏了这种相对平静的生活，他可以充当家族历史的执笔人和保管人。传统上，通常由女性记录、保管家族的历史，因为她们的行动受到更多限制，她们有时间去了解记录家族成员的生活，或许她们也希望通过这种间接方式给家族历史戳上自己的印章。[50]虽然乔治·马什专注的事物本质上更男性化——和一支具有全球影响力的庞大海军打交道，但只是通过纸笔墨，他并未像许多男性亲戚那样经常航行、过着没有规律的生活。陆上生活安全而忙碌，他喜欢（不准确地）引用伊壁鸠鲁诗人卢克莱修（Lucretius）的哲学长诗《物性论》（*De Rerum Natura*）："看到一艘失事船只，我们并不害怕，反而心情愉悦。"乔治·马什不懂拉丁语，没有能力进行准确翻译，正确的译文应该是这样的："海风拍打着海水，站在陆地上凝视着另一个人挣扎，这是多么美好。"乔治·马什好像一只生活在航海时代的旱鸭子，他"满足地躺在安乐椅上，口袋里装着财富"。1776年之前，乔治只考虑过一次去海外发展。那时他才20来岁，只是一位仍在努力奋斗的海军文员，他曾短暂考虑过去安提瓜工作以提升自己的职业生涯。[51]这一想法没有实现，他还是安于待在家里赚钱。但现在，大规模战争的爆发迫使他不得不走出他的舒适区。

自从他不在海军部担任埃格蒙特伯爵的秘书后，他的政治地位一直在上升。1772年，他成为海军委员会委员，该部

门全权负责皇家海军船只的建造、维修以及物资供应，同时
管理其在国内外的所有造船厂。一年后，他升职为海军部书
[263] 记官，成为海军委员会的二把手，基本年薪超过 830 英镑。
这一新职位要求他必须出席每一次董事会，1775 年之后，他
每周得工作六天，从早上 10 点到黄昏：

> 海军部书记官的职责包括接收、整理、登记、保管来
> 自海军部、财政部和其他海军委员会通讯部门的所有命令
> 和信件，并予以回复……保存委员会所有活动记录……根
> 据海军部或海军委员会的指示转发命令……用于指挥船
> 舶和舰队的设备、供应和保管……根据委员会的协议记录，
> 拟定船舶物资合同以及船舶租用合同；登记合同，并转发
> 其副本……保存委员会收到的所有账单……检查发放给
> 阵亡人士遗孀和遗孤的票券，并支付他们补偿金……登记
> 海军中尉的通行证明；向军舰上校、中尉和船长发放通行
> 证，确保他们领到工资……接收、整理和保管官员送来的
> 日记和航海日志……检查、核对受雇测量木材的供应商的
> 账目。[52]

在战争最激烈的时候，皇家海军拥有 310 艘船只，其中
包括 100 多艘战列舰，雇用了 10.6 万名水手，8000 多名海军

伊丽莎白·马什的磨难：一个女人的世界史

造船厂工作人员，其海外基地的雇员则更多。尽管乔治·马什有几名助手协助他，他的工作量依然很大。[53] 因此，他工作起来比之前任何时候都更加卖力。

乔治·马什不仅要开始监督跨洋冲突中的供应、物资、财务、人员伤亡赔偿以及资料归档，他还经历了其他变化。1776 年 2 月，他突然奉命前往汉堡，这"可能是我经历过的最难受、最危险的旅程"。他和一位名叫乔纳斯·汉威的海军委员会成员在汉堡一直待到 5 月下旬，其间"克服了许多困难、解决了无数麻烦"。回程途中，他经过了 40 个德国、比 [264]利时和法国城镇。他在家谱中写下的相关叙述读上去特别沉闷、特别压抑，从中可以看出他对这次旅行是多么不情愿甚至多么愤恨。他不得不经过"扎伦多夫、奥斯纳博格、罗沙蒙德、博肯、维肯多夫……哈勒、塞尔、明斯特"（其中存在拼写错误）等，途经汉诺威（Hanover）、鲁汶、布鲁塞尔（Brussels）、里尔（Lille）和圣奥梅尔，最后到达加来（Calais）乘船回家。[54] 对英国政府来说，这次任务是成功的。那时，它正忙于与不伦瑞克－沃尔芬比特尔、黑森－卡塞尔、安斯巴赫－拜罗伊特以及其他公国签订条约，以为战争雇佣更多的德国士兵。为了向多个海外目的地运送人员、武器和物资，英国使用了 13.8 万吨航运能力。在汉堡，乔治·马什和他的同事通过谈判成功租用到 3.4 万吨船只，以便将 1.7 万名德国士兵运送到北美洲，"他们毫发未伤地到达了目的地"。[55]乔治·马什虽然为自己的专业精神感到自豪，但他并没有从这次任务中得到其他慰藉，因为他内心其实在同情美洲移民。

他在私人书信中毫不含糊地表达了这一立场。他写道，与前殖民地的战争"令人非常不快"。但作为一名专职公务人员，他得遵守规定，不能就政策发表意见。同时，他也不打算冒着风险这样做，毕竟他没有财富可以继承，"这一切与我无关"。因此，他选择继续站在官方立场，严厉地、无情地在官方文件中控诉这场战争。"但私底下，"他写道，"我为这场战争感到抱歉，或者为政府的决定感到抱歉。"[56]乔治·马什震惊于战争的性质（美国殖民者原本也是英国人，这等于手足相残），以及不断上涨的人员和金钱投入。根据他的职责，他必须在每个工作日里记录每一笔投入。此外，他的性格和信仰也促使他站在美国敌人那一边。虽然乔治·马什是一位虔诚的英国国教徒，但他在个人作风上绝对属于清教徒。尽管他已经靠自己的努力取得了成功，但当别人暗示他"出身卑微，父母贫穷"时，他的心仍然会感到刺痛。此外，美国人拒绝世袭制，这也赢得了他的暗中支持。乔治·马什出任海军部书记官时，他曾宣誓效忠国王，1773年和1778年乔治三世和夏洛特女王在朴次茅斯检阅海军时他还陪同。尽管如此，他从未发表过书面评论，表明自己热情拥护君主制，他

[265]

伊丽莎白·马什的磨难：一个女人的世界史

之后也没有接受皇家宫廷剧团的观演邀请，"我不是那种愿意充分利用这个机会的人"。事实上，他有些责怪国王坚持任命他为海军部书记官，这一职位带来的"荣誉华而不实"，反而加大了他的工作量，薪水却不比他之前的职位高。[57]

乔治·马什在世时一共聘请别人为他创作了三幅肖像画，其中一幅战时肖像画传达了他对自己的复杂看法：一方面他是一位公务员，而另一方面他不支持自己的主人。这副肖像由艺术家本杰明·威尔逊创作。18世纪60年代，本杰明·富兰克林代表美国殖民者访问伦敦时，威尔逊曾为他作画。和富兰克林一样，威尔逊也是一位狂热的业余科学家，他自己进行电流实验。威尔逊对实验和科学的兴趣可能是他吸引到乔治·马什的原因之一。威尔逊虽然是英国人（他隶属军械委员会），但他似乎同情反对派，这一点也和马什一样。威尔逊画笔下的许多重要人物都持有相同立场，例如罗金厄姆侯爵。[58] 在他为乔治·马什创作的肖像中，这位海军部书记官站着，穿着剪裁得体的深色衣服，即使50多岁仍然保持着身材，但明显的双下巴又暴露他一直在努力控制自己的体重和饮食。画中的他和现实中的他一样，聪明、精明、强大、目光如炬。他已经脱下一只皮手套，正准备脱下另一只。他的 [266] 右侧摆放着文件、账簿和羽毛笔。画中，乔治·马什正在为他的陛下乔治三世处理海军紧急事务，然而这位君主却没有出现在画中。

　　尽管乔治·马什反对战争，但他愿意继续留在高薪管理岗位上。他的这一选择符合伊丽莎白的利益和前景。父亲去世后，乔治·马什偶尔会给伊丽莎白母女一些钱，他还会为她在皇家海军舰艇上安排低价舱位。1779 年 11 月，乔治·马什为她和女儿在约克号货船上安排了座位。这艘船为 664 吨，由加勒比人建造，目的地是马德拉斯。约克号有 14 门大炮和 12 门旋转炮，这些武器必不可少，因为法国和西班牙舰队都站在美国这边（12 月下旬，约克号的指挥官贝奇诺上尉曾看到一艘西班牙护卫舰）。[59] 船上还有其他女性，包括伊丽莎白·马什的两个印度奴隶"菲利斯"和"玛丽"。她们陪伊丽莎白母女一起去英格兰，现在又一起回印度。约克号到达马德拉斯时，伊丽莎白曾短暂下船，亲自将她叔叔的一些官方信件交给了一名海军官员，这也是她能免费乘船的条件之一。到达次大陆后，两个印度仆人帮着伊丽莎白打开了一个锻制金属箱子，这个箱子来自丈夫克里斯普的一位同姓亲戚，他从事珠宝贸易，伊丽莎白帮他把一箱子珠宝运到次大陆。

　　约克号在海上行驶了漫长的七个多月，一是因为贝奇诺上尉为了躲避危险选择绕道，二是因为他们偶尔需要停下来等待护航队。好在菲利斯、玛丽、伊丽莎白·玛丽亚和伊丽莎白·马什本人并不着急赶往次大陆。由于 1772 年伦敦的萨默塞特案件，现在强行将奴隶从英国带走属违法行为，而且人们普遍认为英国国土上不能也不应该存在奴隶制。1772 年之后，东印度公司开始把与雇主一起从次大陆来到英国的奴隶称为"仆人"，他们的作用是服侍雇主。[60] 菲利斯和玛丽到达英国 后，她们获得了短暂的自由（至少名义上如此），这次返回次大陆意味着她们又得恢复奴隶身份，又得失去自由。这次旅程中，伊丽莎白再次享受到了特权。东印度公司的董事为她开具了许可证，批准她再次前往次大陆，"她已获许带上她的女儿……以及两位黑人仆人……前往孟加拉和朋友团聚"。就伊丽莎白而言，"和朋友团聚"这个表述非常重要。她此前探索次大陆内陆的时候，就表现出她有心帮助克里斯普发展生意。此次航行的目的地是马德拉斯，乔治·史密斯上尉就驻扎在附近。约克号并没有直接开往孟加拉，而是在那里停留了一阵。此次她选择在战时不顾与日俱增的危险从英格兰前往次大陆，拿自己的（以及其他人的）生命冒险，并不是出于夫妻义务。正如东印度公司在许可证中所说的那样，她是为了"和朋友团聚"，而不是她的丈夫。[61]

❀

她为什么还要回次大陆？那时战争规模和影响都在不断扩大，她丈夫的纺织品生意已经完蛋了，他失去了唯一的经济来源。作为从达卡向波斯湾地区出口纺织品的私商，1775年至1776年波斯围攻入侵巴士拉时，詹姆斯·克里斯普的生意必定也遭到了破坏。巴士拉好比印度洋的里窝那，这里是[268]东西方贸易的中转站，阿拉伯、亚美尼亚、犹太、印度、葡萄牙、荷兰、希腊、威尼斯、法国和英国的商人都在这里做买卖。巴士拉建有131座瞭望塔，向来都是印度北部纺织品出口到奥斯曼帝国的重要中转站。每年有两只大篷车车队将纺织品和其他商品从巴士拉运往阿勒颇，其组织水平堪称亚洲顶级。阿勒颇是新月沃土最大的城市，也是奥斯曼帝国仅次于伊斯坦布尔和开罗的第三大城市。据估计，18世纪70年代初期，每年大概有3000包至3500包北印度棉花制品进入巴士拉，它们主要来自孟加拉并且主要由英国船只运送。随着波斯入侵并占领巴士拉（占领一直持续到1779年），这类贸易几乎完全中断。[62]

和孟加拉地区许多其他欧洲和亚洲商人相比，詹姆斯·克里斯普受到规模日益扩大的美国独立战争的影响更为严重。1776年之前东印度公司就已经开始承受财政压力，而战争让公司的财政雪上加霜，公司在印度北部的现金以及获批贷款越来越少。公司船只运往英国的茶叶、纺织品、香料、陶瓷和豪华家具大部分会再出口到世界其他地区，尤其是欧洲大陆、加勒比海和美洲13个殖民地。1775年美国独立战争爆发后以及整个战争期间，美洲大陆殖民地的居民几乎没有能力继续购买这些再出口奢侈品。此外，南部殖民地的种植园主从英国奴隶船上购买的非洲奴隶的数量大幅降低，这进一步损害了东印度公司的利益，因为英国奴隶贩子经常用亚洲纺织品购买西非奴隶。战争规模越来越大，美国私掠船的胆子和破坏力也越来越大，东印度公司在加勒比的市场也受到了影响。随着法国、西班牙以及荷兰加入战争支持美国，形势更加严峻。这些大国严重阻碍了东印度公司进入西欧市场，之后公司同这些国家以及他们资助的军队在印度南部和印度洋打了起来，这迫使公司将资源从商业转移到战争。[63] 1776 年，孟加拉的英国商人抱怨 [269] "缺钱"，抱怨银条流失到中国。第二年，信贷变得更加困难，加尔各答的贸易额与 40 年前相比几乎没有增加。1779 年，孟加拉纺织品的出口数量和价值都直线下降。[64]

詹姆斯·克里斯普拼命应对接踵而至的打击。乔治·马什写道，他"过度扩张自己的生意，最终毁掉了自己，也毁掉了与他有关的人"。他的文字透露着得意，因为现在发生的一切证明了他当初的警告是正确的。[65] 为了应对这次危机，克里斯普拼命工作，他设法找来了一些债权人和合伙人，并且申请到了一些贷款，以帮助自己渡过难关。他的搭档亨利·洛奇是达卡省委员会的委员，这个身份还是有一些影响力的。

克里斯普此前认识的一些商业伙伴也能为他提供一些帮助，所以他拉来他们做合伙人。比如威廉·卡托，他能说一口流利的波斯语，而克里斯普则不能。卡托在达卡担任海关关长助理，他有亲戚在加尔各答一家代理行工作，该行可以向商人放贷。克里斯普还向私人借钱，他向乔安娜·罗斯借了 1.8 万多卢比，但在她死后他拒绝归还这笔钱。他还从当地商人和银行家那里借到大笔资金，这一点都不令人惊讶。[66]

1778 年年底，克里斯普的处境越发令他绝望，所以他开始缠着东印度公司支付他做盐代时拖欠的费用。"在我们看来，这非常奇怪，"沃伦·黑斯廷斯回复克里斯普的申请时冷冰冰地写道，"如果克里斯普真的有权获得这些钱，他为什么等到现在才开口。"[67] 克里斯普明知没有什么胜算却仍然坚持

[270] 向解雇他的东印度公司求助，他是在自取其辱。这表明，随着克里斯普债台高筑，随着他的商业计划一个接一个失败，他承受着巨大的压力。1779 年年中，克里斯普被痛苦和恐惧吞噬，他开始借酒消愁，喝光了多箱波特酒和马德拉酒，它们存放在达卡空置的房子里，这一切"摧毁了他的身体和精神"。[68] 他的妻子不仅不在他身边，还在想方设法阻止他得到米尔伯恩·马什的遗产。伊丽莎白·马什在她父亲去世后，她并没有表现出返回达卡的意愿，而是在乔治·马什在泰晤士河以南布莱克希思租的漂亮房子里住了几个月。当克里斯

　　伊丽莎白·马什的磨难：一个女人的世界史

普生意失败、疾病缠身时，他们的儿子被叫回来处理他的事。

早在 1778 年，未满 16 岁的布里希·克里斯普就获得了东印度公司的作家职位，在新招聘的 21 名候选人中排名第三。[69] 他的早熟和勤奋很快引起了沃伦·黑斯廷斯的注意。其实在这之前，黑斯廷斯就已经注意到他卓越的语言能力。1779 年 6 月，黑斯廷斯将布里希派往加尔各答的威廉堡，这里有一群聪明的年轻人工作着。他们负责将印度和波斯的法律和行政文本翻译成英文，为日后东印度公司管理这些地区作准备。黑斯廷斯可能有心想让布里希·克里斯普加入翻译团队中。然而为了父亲，他不得不放弃这次机会，并于 8 月递交了离开加尔各答前往达卡任职的申请。[70] 詹姆斯·克里斯普生病期间，只有两位印度仆人照顾他，他们的薪水由布里希支付。1779 年 12 月 23 日，亨利·洛奇获得了管理克里斯普房产的授权，由此推断克里斯普大概在 10 月下旬或者 11 月离世。克里斯普去世后，布里希帮助亨利·洛奇料理父亲的后事。[71]

詹姆斯·克里斯普去世的具体日期未知，因为他留下的一切都被系统性抹去了，包括他的记忆。由于他走之前没有立遗嘱，1780 年 3 月上旬，他的全部财物被拍卖。[72] 他在达卡的房产及其家具被出售，连同那些各种文化风格的物品，比如甜品杯、黄油面包盘、由亚洲买手竞标买到的四把孔雀扇，以及其他 19 件物品。詹姆斯·克里斯普的真丝套装、荷叶边衬衫和棉质内衣也被卖掉。他的黄金表盘和表链、整套剃须刀、剃须刀盒、磨刀石、肥皂盒和"一些穗子"加在一起只卖了七卢比。布里希婴儿时期的衣服以及伊丽莎白·马什的旧骑马裙和衬裙也被卖掉了。从这些物品中，人们可以感受到这个家庭现在是多么缺钱、多么想用手头的东西换钱。的确，他们现在非常需要钱。拍卖的全部收益被用来支付那两位照顾詹姆斯·克里斯普的用人的薪水，同时归还拖欠乔安娜·罗斯庄园的钱，共 1.8 万卢比，分两期还清。达卡的房子最后一次被搜查时又发现了 720 卢比，这应该是克里斯普去世时手头的全部流动资金。有了这 720 卢比再加上拒绝偿还男性债权人欠款，这个家庭终于在账面上实现了收支平衡。[73]

伊丽莎白·马什的婚姻就此结束，不仅仅是在法律层面，也是在心理层面。她计划乘坐约克号回次大陆时，可能还不知道詹姆斯·克里斯普已经病入膏肓，她也并不是为了和丈夫团聚才回去的。1780 年 6 月她到达马德拉斯时，克里斯普已经去世六个多月，他们在次大陆共同生活时使用的所有物品似乎都已消失。在她看来，詹姆斯·克里斯普明显没有履行丈夫的职责，这种行为似乎尤其应受谴责。马什家族的男性都会在遗嘱中照顾女性，会想办法为她们的生活提供一些保障。然而，克里斯普死后没有留下遗嘱，这让她第二次身

[272]

　　　　　　　　　伊丽莎白·马什的磨难：一个女人的世界史

无分文。她再一次失去了房子和家当，就连她"配有银盖的调味瓶架"也不例外。此前伊丽莎白·马什可能还会因为自己在婚姻中的种种过错而有所内疚，但现在这些内疚都烟消云散了。虽然詹姆斯·克里斯普的男性债权人手上还留有和他相关的文件，但无论是她还是他们的子女似乎都懒得去保管。他的名字甚至都不会刻在伊丽莎白·马什的墓碑上。布里希·克里斯普在家庭财产拍卖会上只买得起——或者只愿意购买—— 一个银杯，这可能是一件洗礼礼物。他为父亲的葬礼支付了172卢比，约合17英镑。如果詹姆斯·克里斯普在达卡下葬，如果他的坟头有墓碑，现在也已经找不到了。[74]

当伊丽莎白·马什和伊丽莎白·玛丽亚终于从马德拉斯回到孟加拉后，她们住在一个叫胡格利（Hooghly）的地方，布里希在那里为她们准备了一个小房子。胡格利位于加尔各答西北 25 英里处，这里是鸦片生产中心，设防严密，洪水泛滥，好在物价相对较低，适合养生。乔治·马什得知这两个女人在那里"过得很幸福"，布里希负责她们的生活开销。每当他能从达卡的工作中抽身，他就会来住上一段时间，陪伴母亲和妹妹。[75]虽然母子三人暂时获得了一些安全感，并且已经走出了克里斯普离世的阴影，但他们现在的生活算不上完美。虽然布里希·克里斯普在公司的收入加上他自己做生意赚到的钱足以养活母亲和妹妹，但他也是最近才获得作家一职，况且他的生意才刚刚起步就得应付疯狂的战争给商业造成的影响。所以他没有能力为妹妹准备更丰厚的嫁妆，她目前只有从外公米尔伯恩·马什那里继承的些许遗产。

[273] 　　1780 年，伊丽莎白·玛丽亚满 16 岁。那时生活在加尔各答的年轻单身白人女性数量稀少，何况她继承了父母的样貌以及母亲的音乐天赋，因此她不太可能缺乏男性关注。乔治·马什的独女在十几岁时死于肺病，他通过对伊丽莎白·玛丽亚的宠爱来减轻丧女之痛，他在家谱中这样描述侄女："受过良好教育，才华横溢并且貌美如花。"[76] 之后，国会议员兼政治哲学家埃德蒙·伯克将她推荐给几位贵族朋友时写道："这位年轻女士举止特别随和得体。"1800 年，当印度 - 波斯旅行家阿布·塔利卜·可汗在爱尔兰遇到伊丽莎白·玛丽亚时，她已步入中年。他后来用文字赞美她："一位了不起的女性……性情温和，举止优雅，了解音乐，声音甜美。"鉴于自己的处境和需求，伊丽莎白·玛丽亚戴上了面具，刻意呈现出随和优雅的美好形象，同时隐藏真实的自己。由此可以看出，她是一位"无比理智"且坚强的女性。[77] 但这些品质都不足以帮助她克服父亲离世后自己面临的困境，或者说

伊丽莎白·马什代表女儿面临的困境。

伊丽莎白·玛丽亚的困境可以从《希基孟加拉公报》（*Hicky's Bengal Gazette*）中得到体现。这是一份有伤风化的周报，由前外科医生詹姆斯·奥古斯都·希基在加尔各答发行。在 1782 年沃伦·黑斯廷斯将报纸关闭之前，希基利用它来诋毁、揭露孟加拉"欧洲社会"的名人。由于伊丽莎白·玛丽亚·克里斯普漂亮、关注度高，他想通过公报探究、揭露她的困境本质。他刊登了一些她的爱慕者邮寄来的不雅甚至低俗的诗句：　　　　　　　　　　　　　　　　[274]

> 快推出酒瓶，我的小伙儿们，快点儿，
> 让我们为美丽的女孩干杯，
> 她们为印度这片土地增添了色彩。
> 让我们祝愿无比美貌的克里斯普小姐身体健康，
> 其他美女在她面前不过是陪衬而已。

毕竟，伊丽莎白·玛丽亚没钱也没靠山，她几乎没有任何能力进行反击：

> 哎呀，我多么渴望结婚，
> 坐上属于我自己的马车！

这里，希基是在讽刺克里斯普小姐。她频繁参加加尔各答的舞会和晚宴，有时由她母亲陪同，有时由她哥哥陪同，但她每次到场或离开时，总是坐在别人的马车里。希基讽刺她内心渴望有一辆属于自己的马车。在他看来，她显然需要一个丈夫，需要金钱和稳固的社会地位。即使如此，希基还是注意到了伊丽莎白·玛丽亚的谨慎和刻意压制的绝望，她努力保持合适的社交距离、努力不违背社会习俗。1782年，她参加了一场化装舞会，"克里斯普小姐，"他评价她在舞会上的表现时写道，"穿着一条乔治风格的裙子装腔作势。"[78]

[275]　　伊丽莎白·玛丽亚·克里斯普的任务是找到并嫁给一位合格的男性，他要足够富裕，能够将她从胡格利以及她母亲经历过的不安中解救出来，他要愿意娶她，一个家庭背景一般且经济拮据的女子。此外，她必须谨慎地完成这项任务，她不能表现得过于轻浮，因为这样会让克里斯普一家本已好坏参半的名声雪上加霜。加尔各答面积广、人口多、财富分配不均、有一些宏伟的建筑，但这里始终是一个边境小镇。无论是白人女性还是非白人女性，她们都很重视自己的名声和节操。

　　伊丽莎白·马什的身体越来越差，手头资金不多，丈夫去了另一个世界，战争肆虐人间，所以她没有多少自由也没有多少选择。这种情况下，她一心想为女儿觅得一位良配，

伊丽莎白·马什的磨难：一个女人的世界史

这似乎成了她人生中的倒数第二个目标。伊丽莎白·马什一生都在冒险，然而在人生快到达终点站的时候，她的任务却是为自己寻找佳婿，走上了其他女性的老路。但马什的行动和计划通常是出于基本生存需求，以及改变、改善自身环境的愿望。在她离世之前，她得安顿好那个没有经济来源的女儿。对女孩来说，好的归宿就等于一段美满的婚姻。其实这个目标也可以视为伊丽莎白·马什过去雄心壮志的延续，而不是中断。伊丽莎白·马什生命中的最后一幕便是为伊丽莎白·玛丽亚找到一个满意的丈夫。在这一幕中，她的个人处境以及对女儿的期盼与一系列公共事件、一些通晓多种语言的演员交织在一起。

伊丽莎白·玛丽亚最终嫁给了乔治·希（George Shee）。1754年，他出生在爱尔兰西部梅奥郡的卡斯尔巴。他是家中长子，父亲是小地主，信奉天主教，母亲是埃德蒙·伯克的亲戚。1770年，伯克动用自己的影响力将乔治·希安排到东印度公司当作家，最开始是在孟买。伯克喜欢这个年轻人，不怕麻烦地定期从伦敦给他寄书，并鼓励他撰写政治新闻。[79]1776年9月，也就是詹姆斯·克里斯普做盐代的最后那年，乔治·希移居孟加拉，那时他的社会地位就已经高于他未来妻子的家庭了。乔治·希的父亲是地主，他自己是东印度公司的正式员工，前景一片光明。在加尔各答，他"很受欢迎，人们对他的评价颇高"，此外他似乎还有不少存款。乔治·希抵达孟加拉后不久，他的一位朋友写道："他的时间花在管理军事仓库、欣赏音乐和骑印度最好的马上面。"他还参与政治辩论和党派活动。他致力于维护"英国在东方的利益"，同时他觉得自己心系着生活在孟加拉地区的"1600 万英国子民的安全和幸福……"如果有人蔑视莫卧儿帝国在孟加拉和次大陆其他地方取得的成就，他会予以反驳：

> 我可以轻而易举地驳倒这一指责。如果一个伊斯兰政府治下的领土居民不够多、不够富裕，那么我们东印度公司绝对不会接替它。我们获得的领土，并没有日益衰落。[80]

乔治·希发表的这些论点和看法主要是针对加尔各答的菲利普·弗朗西斯。最初，这两个人因为都来自爱尔兰而走得比较近，不久之后他们又因为埃德蒙·伯克走得更近了。他们都热爱政治，尽管专业知识水平和手中权力有较大差距。菲利普·弗朗西斯年长乔治·希 14 岁，他是都柏林人，在外交、从政和时事评论方面都有经验。1773 年，他被任命为加尔各答新成立的五人最高委员会成员，他一到那里就迅速成为东印度公司内部谴责沃伦·黑斯廷斯声音最大的人。弗朗西斯知识渊博，天生能言善辩，是一位野心勃勃的激进派政客，之后他也被自己的野心和激进所害。在他的职业生涯中，他支持美国革命、支持废除奴隶贸易、支持法国大革命，这表明他具有开阔的视野。[81] 英国在英属美洲殖民地（弗朗西斯在那里有地）遇到了一些麻烦，而东印度公司在世界另一头的次大陆遭遇了失败，这两件事之间存在重要的相似之处，他能清楚地看到这些相似之处。"美洲之失，"《独立宣言》发布几周之后他写道，"只是孟加拉之失的前兆。"那时，他似乎就成功预判到英国会失去对美洲殖民地的统治。[82]

[277]

虽然乔治·希的地位远远低于菲利普·弗朗西斯，但他很快就将这个年轻人视为他在加尔各答的"家人之一"，他欣赏、助长了他的鲁莽（"你是一位充满激情的绅士"），把公司赞助的有用的东西扔给他，并利用他对自己的钦佩。[83] 弗朗西斯前往孟加拉之前在一份私人备忘录中写道：

> 我有必要鼓励年轻人来找我，我可以了解到他们当前对人和事的看法。虽然他们缺乏判断力，但他们足够坦率。

在加尔各答，他和乔治·希不仅在政治活动和新闻事业上进行合作，还一起追求女人和享乐。"我俩，"弗朗西斯写道，"都是那种除了自己的感官其他什么都不能确定的人。"[84] 伊丽莎白·马什之所以选择将女儿嫁给乔治·希，一是因为他富有、上进、人脉广，是一位理想的结婚对象；二是因为他和孟加拉最有权势的政治人物之一建立了一段令人陶醉的不平等友谊。

❀

1778 年 12 月 8 日星期二，大约晚上 10 点 30 分，一个名叫米闰的人在加尔各答一个富人区里看到了"一个奇怪的东西"——一架奇怪的梯子，它靠在该区一栋红房子的外墙上。他将这件事报告给了一位印度警察。当两人正在研究这架"踏杆可以移动"的竹制梯子时，他们发现一个身穿黑衣的高[279]大身影从屋子里溜了出来。印度警官"根据他的身材、容貌和肤色"认出他就是"参赞弗朗西斯先生"，和房子主人乔治·格兰德是朋友。格兰德是法瑞混血，也是东印度公司的正式员工。这位印度警察知道格兰德当时不在红房子里，他去了俱乐部，但他 16 岁的妻子凯瑟琳独自一人留在家中。两个印度人抓着梯子不放，"把它给我，"弗朗西斯用印度斯坦语说，"我会给你们钱，我会让你成为大人物。"[85]

两个印度人没有买账，而是把弗朗西斯推进屋子，"推到连接二楼的地方，那里有一盏灯笼和一个楼梯"。弗朗西斯继续塞硬币给这两人，即使光线昏暗，他们仍可以从硬币发出的"微弱声"中判断它们不是卢比而是金币。他们把他按在

伊丽莎白·马什的磨难：一个女人的世界史

椅子里，印度警察"把他的手臂固定在椅子扶手上，让他不要动"。当凯瑟琳·格兰德下楼命令他释放弗朗西斯时，他拒绝了："我不会听你的！"他告诉她："你可以回房间了。"印度警官派米闰去找乔治·格兰德。他离开后，两名欧洲男子破门而入，其中之一就是乔治·希。他把印度警察摔在地上，但他很快就被另一个印度仆人摔倒在地。菲利普·弗朗西斯趁乱逃走，乔治·希却被抓住绑在椅子上。乔治·格兰德回家并知晓一切前，他们是不会放他走的。

连续几个月，这件事情在加尔各答成为人们茶余饭后的谈资。菲利普·弗朗西斯抱怨道："这个被诅咒的地方终于掀起了一点儿风浪。"[86]就伊丽莎白·马什和她的女儿而言，1778 年 12 月 8 日晚上发生的事情表明，在加尔各答寻找丈夫这一任务对她们来说十分微妙和危险。同时这件事情也表明，作为一名未婚且陷入困境的年轻女士，伊丽莎白·玛丽亚·克里斯普游走在加尔各答欧洲上流社会时，她是在冒险，她必须保持警惕并掌握"装傻"这门艺术。乔治·格兰 [280] 德随后向加尔各答最高法院提起诉讼，庭上印度和欧洲证人都一致认为，菲利普·弗朗西斯长期以来一直被凯瑟琳·格兰德所吸引，他非常关注她，但是没有确凿证据表明凯瑟琳本人知道"或者提前允许"弗朗西斯在深夜非法来访，所以她应该不知道弗朗西斯"为什么会出现，更不用说通奸了"。

虽然没有证据表明她是同谋，但乔治·格兰德还是迅速和她离了婚。[87]

1778 年凯瑟琳·格兰德的处境与伊丽莎白·玛丽亚·克里斯普的处境存在诸多重要的相似之处，那一年伊丽莎白·玛丽亚已经步入加尔各答社会两年了。两个女人都非常年轻，非常漂亮。凯瑟琳·格兰德出生在印度南部的一个丹麦殖民地，父母是法国人。她嫁给法瑞混血乔治·格兰德后便移居加尔各答。两个女人都经历了水土不服以及文化冲击，并且她们都属于弱势群体。伊丽莎白·玛丽亚没有父亲也没有钱，她的家庭几乎破败不堪。凯瑟琳·格兰德是一位法国天主教徒，现在生活在英属殖民地上，而当时英国和法国在打仗。她的丈夫比她大，性格似乎阴晴不定，而且比较暴力。[88]菲利普·弗朗西斯深夜出现在她家中，随后乔治·格兰德无情地选择离婚，这两件事让她"名誉扫地"。和丈夫离婚后，她别无选择只能答应弗朗西斯做他的情妇。她的经历表明，加尔各答这个城市对于那些无人保护的弱势女性来说是多么危险，即使她们认为自己是欧洲人，即使别人也视她们为欧洲人，即使她们的家庭具有较高的社会地位。她的经历同时表明，当时加尔各答在很大程度上仍是一个保守的边陲小镇。[89]

菲利普·弗朗西斯在加尔各答的行为不符合他在伦敦时呈现出的一贯形象。同前美洲殖民地的大多数政治革命家以

[281]

及法国大革命中的大多数革命家一样，弗朗西斯在英国和印度从政时，一方面致力于推广自由、拥护激进的变革，另一方面又将妇女关在自由之门的外面。作为孟德斯鸠和卢梭的学生，弗朗西斯理所当然地认为在一个自由、良好的社会中，"妇女应该自重"。后来，弗朗西斯在写给他儿子的一系列观察中写道："如果哪一天伦敦街头不再有妓女，那这就是女性普遍堕落的标志，也是帝国衰败的前奏。"在他看来，妓女好比一条阴沟，她们能使正派女性保持洁身自好："我们牺牲一部分女性以拯救其他女性。"维护正派女性的美德是一项重要的社会责任以及政治善行——至少在某些地方是这样，因为"一旦女性失去了美德，那么男性很快也将失去美德"。[90]

1774 年弗朗西斯离开伦敦前往印度之前，他叮嘱妻子注意自己的言行，同时要正确教导女儿。他规定了女儿应该读什么样的书、看什么样的剧，要求她们尽量减少社交。"让女孩们学会庄重、谦虚和矜持，"他坚持道，"我可不喜欢野丫头。"然而在乘船前往孟加拉的途中，他却在书信中告诉一位男性友人他渴望"拥有船上一半美人"，他还告诉对方自己反对"美人私有化，因她们乃生活中最重要的必需品之一"。[91]他在性方面如饥似渴，这说明他是个虚伪的人，这与他好辩的性格和政治信仰脱不了干系。当弗朗西斯来到达加尔各答后，他越发肆无忌惮地发泄自己的欲望，不仅发泄到印度女性身上，甚至发泄到欧洲女性身上。尽管年轻的凯瑟琳·格兰德的丈夫也是东印度公司的官员，尽管她受人尊敬，这并未阻止弗朗西斯。

[282]印度人在阻止菲利普·弗朗西斯追求凯瑟琳·格兰德的过程中发挥了主要作用，也是他们抓住了乔治·希，导致他被短暂逐出加尔各答上流社会。于是，伊丽莎白·马什的女儿有了可乘之机。当乔治·希试图救出自己的朋友兼贵人弗朗西斯时，乔治·格兰德的几个仆人将他"摔倒在地"，格兰德称赞仆人们为"拉杰普特人"（Rajputs，即传统勇士团）。之后，乔治·希在弗朗西斯的指示下突然离开了加尔各答，以避免在最高法院作证。一位"为加尔各答治安官服务的苦力"帮忙找到了他并将他带了回来。根据东印度公司的记录，这位名叫"赛伊克·多纳"的苦力和其他官员在金德讷格尔的一处房子里发现了藏匿在此的爱尔兰人。[92]乔治·希之所以选择孤注一掷将自己藏起来，是因为这桩不光彩的性丑闻逐渐上升到政治丑闻，幕后推手正是沃伦·黑斯廷斯。因为他，加尔各答最高委员会频繁讨论弗朗西斯的尴尬行为，伦敦的公司董事充分了解了此事进展。1779 年 2 月 8 日，加尔各答最高法院开庭，格兰德的仆人们出庭作证，其中包括米闻，他是格兰德家的餐侍。仆人们讲述了 12 月 8 日晚上发生的事。那位印度警察也出现了，但他与其他人不同，他识字

所以可以在证词上签名。证人中还包括凯瑟琳·格兰德的混血女仆安妮·拉格达。[93]

1778 年年末和 1779 年年初，这些印度人的行为和证词影响了加尔各答的很多人，其中就包括住在胡格利的伊丽莎白·马什。她的容颜在逐渐衰老，女儿也未出嫁。1779 年 3 月 5 日，最高法院裁定菲利普·弗朗西斯与另一名有夫之妇的"通奸罪"成立，并处以五万卢比（约 5000 英镑）的罚款。这一事件削弱了他在加尔各答的政治地位，进一步恶化了他与沃伦·黑斯廷斯的关系，1780 年 12 月他返回英国。名誉扫地的凯瑟琳·格兰德已经离开孟加拉前往法国，她后来嫁给了拿破仑的外交部长查尔斯·莫里斯·塔列朗。那时，[283] 乔治·格兰德在好望角结束了为荷兰人工作的职业生涯。[94] 对于伊丽莎白·马什和她的女儿来说，乔治·希的丑闻对她们有利，这改变了一切。他被强行带回加尔各答，由于印度苦力们已经向法庭陈述、谴责了他的行为，他不得不在加尔各答最高法庭作证。他承认菲利普·弗朗西斯事先告诉过他"去格兰德先生家"的计划，还承认在 1778 年 12 月 8 日晚上，弗朗西斯让他保管他用来伪装自己的黑色衣服。乔治·希甚至还告诉法庭，他这位有权有势的朋友告诉他"如果能找人给他制作一个梯子，那就帮了他的忙"。乔治·希找来一个"黑人木匠"在他的院子里制作梯子，也就是米闰口中

的"奇怪的东西"。一名认识他的东印度公司员工之后评价
道："希先生……为他自己塑造出了一个尴尬的形象，首席
大法官评论说他的行为应该受到谴责，因为它贬低了绅士的
品格。"[95]

　　经此一劫，乔治·希被迫淡出上流社会圈子，被迫离开
加尔各答。为了弥补他，菲利普·弗朗西斯安排他去非鲁卡巴
德（法鲁卡巴德）就任"税收官"，"这个城市位于恒河西岸，
靠近德里南边。"通过这个职位，希从他的薪水和贸易中赚到
一大笔钱，但那段时间他也脱离了加尔各答的上流圈子，无法
参与东印度公司的党派政治。弗朗西斯对他说："你是时候保
持低调了。"[96]1782年，乔治·希似乎才回到加尔各答，很快
[284] 《希基孟加拉公报》就报道说他在追求伊丽莎白·马什的女儿：

　　　　我愿为玛丽亚创作一首赞歌，

　　　　愿缪斯们助我一臂之力；

　　　　玛丽亚是所有美德的化身，

　　　　是完美的存在。

　　　　美德、甜蜜的灵魂、才思、判断力和谦虚，

　　　　在她的胸膛闪耀；

　　　　在她身上，我看不到虚荣、看不到激愤，

　　　　一切都是宁静而神圣的。[97]

　　　　　　　　　　伊丽莎白·马什的磨难：一个女人的世界史

在一定程度上来说，伊丽莎白·马什和她女儿通过一位亲戚认识了希。在此之前，伊丽莎白·马什经历的好事同样归功于她的亲戚。那时，她的弟弟约翰·马什已经搬到科克就任一个新的政府职位。科克是一个大型港口，位于爱尔兰西南部。在那里，约翰·马什负责监督运送给北美和加勒比地区的英军和盟军的粮食和补给。他在对美战争中扮演着一个齿轮的角色，他在这个职位上的高效和清廉引起了埃德蒙·伯克的注意，很快获得了他的青睐。埃德蒙·伯克在科克拥有政治利益，他在那里也有亲人。同时，他也是乔治·希的亲戚和贵人。[98] 当经历重创的希终于回到加尔各答时，他理应接近伊丽莎白·马什和她的女儿。这对母女也经历着不如意，她们乐意接纳他，但她们还是花了一年的时间才成功拿下他。"克里斯普小姐那些不同寻常的优点深深打动了我，我无法否认这一点，"1783 年 3 月乔治·希承认道，"我不能让自己的言语和行为相矛盾。"[99] 其实他内心还存其他顾虑，即伊丽莎白·玛丽亚的财富有限、前景也很黯淡。

乔治·希写了一封长信给伊丽莎白·马什，信中他坦率 [285]地略述了他感情的转变："你可能会问我，为什么最开始我没有受到这些顾虑的影响。"他感谢"你对我毫无保留的真诚"，并承认最开始一段时间他对伊丽莎白·玛丽亚的关注"毫无意义"，他的文字既天真又无情。但现在，"如果命运眷顾我，我特别想从她那儿得到一份礼物，以证明我对你女儿的好感"。如果伊丽莎白·马什"认为我出现在胡格利很可能会让人感到焦虑"，那么他就会离开。所以，她不得不保持耐心继续和他周旋，同时伊丽莎白·玛丽亚必须确保乔治·希那"难以抑制的好感"不会诱骗到她，确保她不会重蹈凯瑟琳·格兰德在加尔各答的覆辙。1783 年 8 月 2 日，两位女士最终如愿以偿。乔治·希与伊丽莎白·玛丽亚在胡格利的房子里举办了私人婚礼，他成为伊丽莎白·马什的女婿。[100]

对伊丽莎白·马什来说，这项成就建立在巨大妥协之上，透露着些许绝望。此前她因为经济原因和自己的野心将年仅 10 岁的布里希·克里斯普送到波斯，现在她出于同样的原因将她未成年的女儿嫁给了一个名声不太好的人。但在乔治·希的朋友眼中，他"拥有非常活跃的思维和迷人的举止"，浑身上下洋溢着"正直和诚实"的气息。[101] 乔治·希和伊丽莎白·玛丽亚成婚并在达卡担任公司司法职位后，他开始忙着收集孟加拉有关沃伦·黑斯廷斯的情报，决心让他也尝一尝深陷丑闻、走向毁灭的滋味。乔治·希有时将这些消息直接寄给伦敦的菲利普·弗朗西斯，有时寄给埃德蒙·伯克，有时寄给他自己的叔叔约翰·伯克，他在城市经商，同时充当弗朗西斯和伯

[286]

伊丽莎白·马什的磨难：一个女人的世界史

克之间的联络人。之后，一场针对沃伦·黑斯廷斯的声讨运动被掀起，议会也起诉了他。这场调查旷日持久，是当时议会对次大陆东印度公司发起的耗时最长的公开调查，乔治·希在其中发挥着配角的作用。在埃德蒙·伯克看来，这场调查也是在抨击大英帝国的权力和价值观，以及他口中的"地域道德"。伊丽莎白·马什的亲戚理查德·史密斯将军参与了对黑斯廷斯的起诉，新婚的伊丽莎白·玛丽亚·希也参与了，只不过是以一种间接的方式。1786 年年末，菲利普·弗朗西斯在给乔治·希的信中写道：

> 在彻底扳倒他之前，祈祷你笔耕不辍……请注意，这封信绝不能让任何人看到，希夫人例外，我特别信赖她的友谊和谨慎。一旦议会开会，针对你的朋友黑斯廷斯先生的起诉将带来新的活动。[102]

伊丽莎白·马什有多清楚、有多关心她女婿的政治斗争，这点不得而知，但她肯定清楚、关心乔治·希的收入。结婚之前，根据他自己的估计，他每年"保底能赚到 2000 至 3000 英镑"，主要是通过在次大陆以及同中国进行硝石和鸦片贸易。[103] 因此他有足够的经济能力供养那位婚前叫伊丽莎白·玛丽亚·克里斯普的姑娘。此外，乔治·希是东印度公司的正式员工，他可不像私商那样极易受外部因素干扰，这在一定程度上保证了他新婚妻子的地位和安全。即使这桩婚姻存在瑕疵，对伊莉莎白·马什来说也是十分理想的。

[287] 　　美洲、亚洲、非洲和欧洲地区的战争以及相关事件一起改变、打散了她原生家庭，也摧毁了她的丈夫詹姆斯·克里斯普，让她先后经历了危险、丧偶和贫困。她不得不再次求助于她自己的理智和创造力、求助于她的大家庭，不得不再次漂洋过海。现在，因为一场涉及许多欧洲人和亚洲人的丑闻，她剩下的那个只有她可以依靠的女儿嫁给了一个有钱人。约翰·肖尔还出席了他们的婚礼，伊丽莎白曾和他一起搭乘亲善号，他之后会成为印度总督。未来可期！

尾　声

　　根据乔治·马什的说法，1783 年 8 月伊丽莎白·马什在 [288]
女儿结婚之后不久，发现她的一个乳房得了"严重的癌症"。
乔治·马什在家谱中记录这个信息的时候他已经老了，所以
对时间的记忆没有那么准确。伊丽莎白确实得了癌症，但似
乎是在 1784 年，而且在好几个月的时间中她选择隐瞒病情，
独自忍受病痛。伊丽莎白去世后，布里希·克里斯普为了减
轻母亲受病痛折磨带给他的痛苦、柔化相关记忆，他把她描
述成"一位与残酷无情的病魔耐心斗争的烈士"。事实上，她
在面对病魔时可能并没有那么有耐心，她只是害怕失去求生
的机会，害怕只能被动忍受病痛的折磨。所幸的是，1785 年
年初她终于"下定决心"采取行动，她等到儿子和女儿都出
城的那一天请来了外科医生。[1]

　　生活在印度次大陆上的欧洲移民，尤其是那些小殖民据
点的欧洲移民，无论男女，生病时经常求助于印度医生。[2]伊
丽莎白·马什可能在布里希位于加尔各答的房子里接受了乳

房切除术。多亏了儿子和女婿乔治·希，她有钱为自己请到一位欧洲医生。西式乳房切除术不使用麻醉，目的是让手术过程中的患者保留一些体面，因为整个过程很激烈且不可避免地让人产生性联想。病人通常会穿着衣服，只露出乳房部位。她可能被绳子或皮带绑在椅子上，手臂被全程举起，以让胸大肌抬起患癌乳房。仆人或者医生的助手会尽可能地让她的脖子和肩膀固定在椅背或床褥上。与此同时，外科医生会跨坐在病人的膝盖上，然后开始手术：

[289]

> 整个切除过程中，我断断续续地尖叫着……当医生切开乳房拿开手术刀后，疼痛似乎并没有减轻，空气突然从伤口灌进去，好似一把把微小而锋利的刀片，要将伤口边缘撕开——当我再次感觉到手术刀时——它逆着肌肤的纹理——划出了一条曲线，如果我可以这么说的话，我的身体奋力反抗着，似乎要制服医生的手，他不得不从右手拿刀换到左手拿刀——说真的，那时我认为自己要死了。我不再努力睁开我的眼睛——眼睑感觉被缝合在一起了，而且缝合得如此牢固，以至于都陷到眼眶里了。当医生第二次取出手术刀，我以为手术结束了——哦，不！可怕的刀子又来了——这次比之前更痛，因为它要将这个可怕的腺体和它所附着的部分分开……手术还在继续……随后

　　　　　　伊丽莎白·马什的磨难：一个女人的世界史

我感到刀子在我的胸骨上发出噼啪声——刀子在刮擦我的胸骨![3]

　　另一位女性范妮·伯尼描述了 1811 年她自己接受乳房切除术的经历,从第一刀到包扎伤口一共持续了 20 分钟,她的文字具有非凡的力量,不仅仅是因为其令人毛骨悚然的细节和文学感染力。在 18 世纪和 19 世纪初接受乳房切除术的妇女当中,绝大多数术后都活不了多久,她们没有机会记录自己的手术经历。有些人很快死于疼痛和恐惧,更多人则死于术后感染,即使外科医生可能会用烧红的铁块烧灼伤口。但是,导致这些乳腺癌手术失败的主要原因是患者迟迟不肯手术,伊丽莎白·马什就是这样,原因显而易见。结果,癌细胞一直扩散到淋巴结,再大的手术也无力回天。 [290]

　　伊丽莎白·马什在手术中活下来了。"手术过程中,她遭受了极大的痛苦。"乔治·马什写道(不必他说人们也能想象其中痛苦),她"靠顽强的毅力"坚持下来了,她的孩子们事后才知道。手术结束后,她的外科医生拿出他的医疗秤,称了称切除的肿瘤及其附着的乳房组织,"重达五磅"。尽管加尔各答的春天酷热难耐,伊丽莎白术后还是活了"几个月",这体现了她身体的韧性。[4]这可能也体现了她继续生活的强大意志。她毕竟才 49 岁,而且最近家族又增添了新的继承人。

尾　声

1784年7月，女儿生下儿子，跟着他父亲取名乔治·希。小乔治·希是"你见过的最优秀的调皮小孩之一"，作为他的祖母，伊丽莎白·马什理应活下去，她一直坚持到了1785年4月30日。[5]

没有文字记录她的死亡或者最后一刻她的身边有谁陪着。第二天，他们将她埋葬在后来被称为南公园街公墓的地方，距离加尔各答老城以南约一英里，那里树木茂密。她的儿子布里希·克里斯普似乎为她撰写了墓志铭。他称她为"最好的母亲"，还提到她面对"最残酷的外科手术之一"时的意志力。但他没有提伊丽莎白·马什的游记或著作，没有提与她有关的任何地方、国家或宗教，也没有提詹姆斯·克里斯普。他撰写的墓志铭不全面，几乎没有意义。南公园街公墓里大多数简陋的墓碑早已消失，伊丽莎白·马什的结局一样，只[291] 有那些有钱有权的人的墓碑还留在那里。[6]

伊丽莎白生命中的这一片段被抹杀了，要复盘这段往事既充满乐趣又充满挑战。传记作者不可能找到主人公的所有经历，伊丽莎白·马什也是这样。她生命中的某些要素已经彻底消失了，比如她的遗骨、她的样貌。那我们应该如何认识她呢？她去世之后又发生了什么呢？

在她去世十多年后，乔治·马什开始编写家谱，讲述他自己和他亲人的逸事、故事和所见所闻。毫无疑问，他们生活的世界已经发生了变化同时仍在继续改变，他尝试了各种技巧以便更好地用文字突出这些变化的规模。他提供的第一个衡量变化规模的指标是皇家海军的扩张速度，这在情理之中，因为皇家海军是连接全球各地的重要力量，同时他本人也在皇家海军担任要职。家书的封面和封底用羊皮纸制成，打开第一页就可以看到相关数据。乔治写道，1741年共有740名海军上将、上尉、船长、指挥官和中尉在海军服役，到1756年7月，也就是伊丽莎白·马什乘坐安号从直布罗陀出发的那个月，海军军官的人数已经增加到929人。根据他的计算，到1790年将近3000人。

乔治·马什在家谱中描述了一连串物品和手工艺品，透过它们可以看出他和他的侄女生活在一个更加暴力、联系更加紧密的世界，其中侄女对这个世界的体验更为深入。有些物品他就放在身边、放在家里或办公室的架子上。比如"价值70英镑的德累斯顿瓷器"，1776年他从汉堡返回英格兰时贿赂了海关官员，让他不要对这件宝贝收税。再比如"印度 [292] 人制作的银锤潘趣碗"，他把碗放在书房，它的原主人是米尔伯恩·沃伦。1764年，沃伦的货物在搭乘诺福克号从马尼拉返回马德拉斯途中掉入大海，船员为了补偿他给了他这个碗。然后是尼古拉斯·欧文记录西非奴隶贸易的手稿，乔治·马

尾 声

什在海军委员会任职期间获得了它。除了这些他看得见、摸得着的东西，还有一些物品已经丢失了，或者他只是从别人口中听说过。他提到了伊丽莎白·马什的手镯，"由银子制成，特别像马蹄铁"，镯子是她在马拉喀什时西迪·穆罕默德的女人送她的。他还回忆起一匹阿拉伯种马，"购买和饲养成本都很高"。这匹种马来自开罗，原本是作为礼物送给马什在梅诺卡岛的一位亲戚，但不知何故最终去了马什在伦敦的家。他还提到了自己为约翰·拜伦1764年太平洋航行准备的方案和供给，以及他投资了（也损失了）1000 英镑购买东佛罗里达州的土地，这段回忆着实不那么愉快。[7]

乔治·马什的家谱覆盖了欧洲、印度次大陆、东南亚、西非、北非、地中海、太平洋和北美。18 世纪初，他的父母小心翼翼地保存着象征家族历史的重要物品，比如蒙特罗斯侯爵的版画，再比如弗朗西斯·马什的《圣经》，他遭遇海难被冲到怀特岛海难时紧紧抓着它。但乔治·马什父母的视野始终局限在大不列颠岛及其邻近海域，他们的物品也来自这些地方。乔治·马什则不一样，虽然他几乎从未离开过英国，但 1790 年之前他的视野就远及全球各大洲。

伊丽莎白·马什生命中大部分时间都在旅行，与多片大陆和大洋的接触深刻塑造、影响了她。尽管她在性格上并不像乔治·马什，她的旅行经验也大大超过了他，但我们对她的理解离不开她叔叔，因此在本书中他们的故事频繁交织在一起。他们都没有受过正规教育，然而他们都通过记录去理解他们所经历的冲击和转变，帮助自己弄清楚面对这些冲击和转变时他们将成为什么样的人。侄女和叔叔还有其他共同点。因为乔治·马什为积极扩张的英国政府服务，他能够通过他的想象力和英属殖民地培养全球视野。伊丽莎白·马什也是如此，但这并不是全部真相。

如果没有大英帝国以及它的海上霸权和奴隶贸易，她永远不会来到这个世界。如果没有她的叔叔和其他男性亲戚，她就无法多次接触大英帝国的资源——军舰、海军基地、领事馆、港口、不断扩大的殖民地以及东印度公司，她的经历就不可能如此丰富。她死后，她的许多亲戚继续和大英帝国捆绑在一起。他们中的一些人只是参与了文字工作并没有直接参与帝国扩张，比如她的弟弟约翰·马什。为表彰他在美国独立战争期间在西班牙和爱尔兰所作的贡献，1783 年他被任命为伦敦五人委员会成员，负责调查难民索赔问题，他们来自前殖民地，自称仍效忠英国。在接下来的七年时间中，约翰·马什面谈了近 3000 名来自美洲的白人和黑人，了解到他们生活的诸多细节。当他进行此类调查时，他给自己制定了一条规定，他后来写道："要求自己掌握与主题相关的每一件事。"约翰·马什做事非常认真，这次任务结束后他很快接到了新任务，调查

尾　声

1787 年从米斯基托海岸（Mosquito Shore）"转移"到西班牙的英国人的损失情况。米斯基托海岸长 400 英里，从北部的格拉西亚斯迪奥斯角一直延伸到圣胡安河（今哥斯达黎加）。[8]

[294]其他马什家族成员直接参与了帝国扩张，乔治·马什的几个孙子就是这样。其中一个孙子也叫乔治·马什（1790—1868），他移民去了好望角，当地莫塞尔湾的一条街道就用他的姓氏命名。他娶了一个荷兰女人，似乎还收留了一个名叫约翰·华盛顿的美国黑人水手，约翰从船上退役，想回到他祖辈生活的地方。[9]虽然乔治·马什的这个孙子是私生子，"一个非常糟糕的年轻人"，但家族里属他行得最远。为了摆脱他，马什家族把他送去当水手。1787 年 5 月，他跟着海军第一舰队从朴次茅斯出发前往新南威尔士，船上还有 750 名准备流放到澳大利亚的罪犯。因此，马什家族的一名成员，尽管是一个不受欢迎的成员，到达了澳大利亚。然而，新南威尔士只是这个年轻人旅程的第一站。1788 年 8 月，他跟着斯卡伯勒号从杰克逊港（Port Jackson，现在的悉尼）出发前往中国。乔治·马什在家谱中悲伤地记录道，他还进行了"其他几次航行，不带丝毫犹豫"，并"最终成为东印度公司服役的一名士兵"。[10]在他从印度次大陆消失之前，这个不受欢迎的孙子在未征得家族同意的情况下，将他的名字从乔治·马什改成了乔治·史密斯。[10]当初护送伊丽莎白·马什探索次大陆的那个

　　　　　　伊丽莎白·马什的磨难：一个女人的世界史

男人也叫乔治·史密斯，由此可见这个名字不仅很常见，还常被用作化名。伊丽莎白的女儿伊丽莎白·玛丽亚和她的丈夫乔治·希通过为大英帝国服务，获得了许多好处。1788 年，他们和年幼的儿子一起离开孟加拉前往英国。当时伊丽莎白·玛丽亚将她母亲的一些手稿、她的摩洛哥游记以及她的印度日记交给了约翰·马什。[11] 乔治·希现在很富有，他自信地扮演着一位荣归故里的要人。1794 年，他获得了男爵爵位，1797 年他花了 1300 多英镑买下爱尔兰一个破败不堪的自治镇，1800 年他支持爱尔兰和英国之间签署联合法案，他认为这对"整个帝国有利"。乔治·希相信联合法案将使爱尔兰和他的天主教徒同胞受益，他写道："我此生从未拥有过比这更坚定的信念。"其实，他也通过拥护联合法案捞到了好处。由于他的功劳，他拿到了 8000 英镑的特勤服务费，还担任了一系列政府职位。比如 1806 年，他成为负责战争和殖民地事务的二把手。[12]

[296]

伊丽莎白·马什的女儿没有辜负母亲对她的期望，她过上了母亲不敢奢望的生活。他们在爱尔兰戈尔韦有一处房产，在英格兰赫特福德郡还有一处房产，面积更大，取名"洛克莱伊斯"。这座房子有一个"漂亮的主楼梯……一个 20 英尺 × 16 英尺的图书馆，一个 24 英尺 × 16 英尺的餐厅"，八间卧室（外加四个用人房），一个教室兼儿童室，一个马车屋，一个砾石铺的露台和一个游乐花园。[13] 乔治·希夫妇有时会离开

尾　声

这里去伦敦的另一所房子住，那里藏有许多版画和油画，以及伊丽莎白·玛丽亚的各种乐器。他们的长子小乔治·希就读于剑桥的圣约翰学院。他在学校结交了不少好友，其中一位叫亨利·约翰·坦普尔，为帕默斯顿子爵，也是未来的英国首相。船匠米尔伯恩·马什的这个曾孙，也就是小乔治·希，今后将成为国会议员、职业外交官（帕默斯顿子爵贡献了部分力量）、艺术收藏家以及无可救药的浪子。[14]

　　伊丽莎白·马什的一生并非全部由大英帝国塑造。诚然，没有大英帝国，她不会来到这个世界，也不会漂泊四方，但还有一些其他因素共同影响着伊丽莎白的生命轨迹。这个女人所经历的各种变化和文化差异也不单单归咎于"历史的主_[297]要推手——无所不能的西方世界"。[15]她年幼的时候，欧洲以外的人决定了她生命中的几个关键阶段。她的父母害怕出逃种植园的非洲奴隶，于是下定决心离开牙买加，她才能在英格兰朴次茅斯出生。倘若她的父母一直待在加勒比，她不仅可能身体虚弱，还可能根本活不到成年。

　　欧洲以外的民族和社会对她的影响并不是偶然的。1756年西迪·穆罕默德命令他的海盗船劫掠英国船只，从而引发了一系列事件。它们破坏了伊丽莎白·马什的第一次订婚，

　　　　　　　　伊丽莎白·马什的磨难：一个女人的世界史

让她走进了不同的婚姻和不同的未来。然而，这位了不起的统治者在本书中的意义远不止于此。西迪·穆罕默德在摩洛哥的统治说明了，在那个时期也就是18世纪中叶，不仅仅是西方强国在寻求与遥远的地区建立经济和文化联系，伊斯兰国家也是如此。苏丹的世界观根植于伊斯兰世界和非洲，即使如此，苏丹治下的摩洛哥仍寻求与西欧、东欧以及美国之间进行商品、服务和信息交流。1774年，伊丽莎白·马什和詹姆斯·克里斯普在孟加拉定居，他们得以接触到一个欧洲以外的重要工业中心。有一段时间，他们以不同的方式——丈夫通过贸易，妻子通过丈夫的收入旅行——从达卡的纺织业及其全球市场中获利。

回想起来，伊丽莎白·马什的一生可谓在世界历史的多个风口浪尖飞舞。一方面，她被卷入一些重大变化中，这些变化在一段时间内促成一个由西方主导的世界的形成：英国海军力量的崛起、七年战争带来的领土变化、美国革命和美利坚合众国的成立，以及1750年后欧洲对太平洋的联合入侵。另一方面，她的故事也清楚地表明她在世时西方强国的一些局限，同时西方世界以外的创新和交流中心在持续释放创造力。 [298]

1800年，这些西方世界以外的充满活力的中心中有许多正在衰落。1790年西迪·穆罕默德去世之前，欧洲贸易公司和外交官就已经开始策划颠覆他对摩洛哥海外贸易的控制。到18世纪末，达卡的纺织业和孟加拉的棉花贸易萎靡不振

尾 声

（有多萎靡仍存在争议）。[16]孟加拉的纺织业受到双重压力，第一重来自英国棉纺业的机械化，第二重压力来自大英帝国和拿破仑统治的法兰西帝国之间的冲突，这导致了大规模毁灭性战争，不仅严重扰乱了海外市场，还有大量人员伤亡。18世纪50年代和60年代，詹姆斯·克里斯普能够和塞法迪犹太商人和银行家合作，利用他们横跨亚洲、北非、加勒比和欧洲自由港（比如里窝那和汉堡）的商业网络和人脉赚钱。17世纪和18世纪，塞法迪犹太人有意愿也有能力调解不同社会和不同文化，因为蓬勃发展。但到了1800年，他们的商业也明显衰落。那时的世界更加官僚化、更具侵略性，帝国张牙舞爪，民粹主义崛起。他们作为调解人的重要性在下降，只有少数例外。[17]

　　这本书的隐含主题之一便是帝国的野心和国际贸易之间的紧张关系（如果亚当·斯密能看到这句话，他不会感到惊讶）。帝国的使命在于不断扩大其在海洋和陆地上的势力范围，并管控这些势力范围，因此大英帝国会因其加强了全球经济联系以及促进了原始全球化而受到赞誉。[18]然而在现实 [299] 中，大英帝国的扩张所引发的冲突和战争也会破坏国际贸易以及英国自身的海外贸易，这一点可以从詹姆斯·克里斯普两次生意失败中看出。可以说詹姆斯·克里斯普"成也帝国败也帝国"，这里的帝国包括大英帝国和西班牙帝国。通过帝国，他接触到了加勒比产品并最终接触到非洲奴隶。通过帝国，他的

伊丽莎白·马什的磨难：一个女人的世界史

腌制鱼有了市场，他能在东佛罗里达州拥有一处庄园，他在一段时间内靠孟加拉纺织品贸易收割可观利润。但是帝国以及它给世界带来的变化也夺走了他的一切。1767年克里斯普破产，一是因为七年战争扰乱了经济，二是因为大英帝国越发激进，决定打压马恩岛的自由贸易。1775年后另一场帝国战争带来的混乱以及东印度公司维护其垄断地位的决心，一起夺走了他的生命。

　　大陆之间、相距甚远的社会之间的联系和往来日益频繁，这给一些人提供了更多机会，也给他们带去了可怕的风险。这是贯穿本书的另一主题。1824年，乔治·马什的长子威廉·马什连同他位于伦敦伯纳斯街的"马什、斯泰西、法恩特罗伊和格雷厄姆银行"一起宣布破产，部分原因是马什一位合伙人的造假行为，除此之外还有一个更重要的原因。当时英国的银行大规模放贷给拉丁美洲国家，这些国家刚从西班牙帝国造成的废墟中崛起，这给英国银行系统造成了压力。正如威廉所写，他的父亲发了大财，他却败光了。乔治·马什为世界上最强大的海军服务了60多年，从水手一跃成为富豪。而威廉·马什因在世界上最大、最外向的资本市场上冒险而陷入了困境。[19]

　　小说家约翰·高尔斯华绥曾说，追踪一个家族多个成员 [300] 的命运可能是压缩和讲述历史的好方法。[20] 当某段历史涉及多

尾　声

片领土和海洋时，这种以小见大的策略——利用一个家族的故事——出乎意料地有价值。伊丽莎白·马什所处时代的一些历史变化如此之大、如此重要，影响如此深远，似乎只能通过一些晦涩难懂的抽象术语进行理解。然而，通过这种纯抽象的方式获得的关于国际变化和影响的理解并不完整。世界历史不可能也不应该有且仅有一个宏观抽象的版本，我们可以从一个更微观、更易把握的视角观察它。在这本书中，我始终致力于研究一个大家族在世界历史某个阶段的经历，这个阶段极其重要、极其危险。我尝试着去揭示"宏观的、全球性的转变"与"人类的个人特点"之间纷繁复杂的联系。[21]

在伊丽莎白·马什的故事中，她并不是一个受外界因素支配的提线木偶。虽然她经历过磨难，但她不应当被视为受害者。虽然她经常受到外部事件的威胁和挑战，但她也主动作出了选择，让自己冲出界限、陷入危险。尽管她的生活有时是严酷的，她经常感到恐惧和不安，但她也获得了诸多令她兴奋的发现，"生活是崭新的，甚是愉快"。如果她留在英国，她的生活不会这么丰富多彩。她和詹姆斯·克里斯普偶尔会雇用苦力，她的日子可比这些苦力滋润多了，同样比西迪·穆罕默德宫殿的奴隶的生活滋润多了。

我试图从伊丽莎白·马什非凡的行为和文字中提取出她的复杂性格特质，这些特质反映了她破碎的出身和生活。她不

[301]

缺胆识和进取心，但又常常懵懂无知；她具有强烈的好奇心，精明且喜欢探索，但同时又被偏见左右；她在社交中缺乏安全感，渴望得到认可，但时机一到她又会无视淑女的行为规范；她致力于为她的原生家庭和后代争取利益，但有时又渴望摆脱他们；她既自私又冷酷，总是有能力在危机和灾难之后振作起来，继续尝试新事物。我们对她个人世界的了解仍然存在两处空白，一是她母亲出生时的身份，二是她自己的婚姻质量。虽然我们可以推测出她与詹姆斯·克里斯普在渐行渐远，但无法完全予以解释。我们也无从得知她经常离开他，是不是想将两地分居作为一种简单有效的节育手段。按照 18 世纪的标准，四口之家属于非常小的家庭。

这位"魅力四射、能力出众的女性"也对其他人施加了显而易见的强大影响。她与西迪·穆罕默德的相遇（尽管她对相关文字进行了修饰）表明了这一点，她与皇家海军上将和上尉的交往也表明了这一点。她有魅力也有能力让别人为自己提供帮助，这一点从她与男性的关系上得到了体现。伊丽莎白·马什在经济上一直依赖着她的男性亲属，但他们非但没有限制她，反而竭尽全力帮助她。虽然乔治·马什不认可她，但还是给她提供了钱和船只。约翰·马什妥善保管了她的部分作品，同时可能进行了改动。理查德·史密斯将军利用他的影响力让她的亚洲之行没有那么艰难。为了她，乔

尾 声

治·史密斯上尉不惜违抗军令。米尔伯恩·马什多次向女儿伸出援手，甚至为了她牺牲自己的事业。詹姆斯·克里斯普不顾自己的生意前景，选择在 1756 年 12 月再次向她求婚。

[302] 还有一个男人也在守护着伊丽莎白·马什，并且为她作出了重大牺牲，这个人就是她的儿子布里希·克里斯普。为了死后能挨着母亲，他将自己的墓地安排在她附近。1779 年，父亲病入膏肓，母亲不在他身边。为了返回达卡照顾垂死的父亲，他不得不放弃沃伦·黑斯廷斯伸出的橄榄枝。自此以后，他再也没有得到第二次机会去用自己出众的语言能力赢得公司高层的赏识。布里希·克里斯普后来成为亚洲学会的创始成员，该学会云集了加尔各答的欧洲先进知识分子。虽然他翻译了一些重要书籍，但在他的余生中，他只是一名商人，在达卡担任一名不那么重要的司法官员。[22] 他和一位印度女子生育了两个孩子，一男一女，然而我们对这个女子一无所知。

似乎可以以这位神秘的印度女子来结束伊丽莎白·马什的故事，因为家谱中给予马什生命的那位女性也很神秘。她的母亲伊丽莎白·布歇尔（或布歇、布尔歇尔）可能有非洲血统，也可能（自称）有英国血统，正如伊丽莎白·马什在一些场合宣称自己是正统的英国人。布里希·克里斯普的印度女伴更难以捉摸，因为我们连她的名字都不知道。1794 年，布里希在加尔各答为他的儿子洗礼并取名为约翰·亨利·克

　　　　　　伊丽莎白·马什的磨难：一个女人的世界史

里斯普（John Henry Crisp）时，并没有提及孩子的母亲。[23]
伊丽莎白·马什这个有一半印度血统的孙子与她的另一个孙子小乔治·希截然不同。尽管1791年之后欧亚人不能在东印度公司任职，但约翰·亨利·克里斯普却成为马德拉斯军队的上尉。和他的父亲（也许还有他的印度母亲）一样，他天生勤奋好学，聪明绝顶，"特别勤奋地研究印度语"，"科学素养出类拔萃"。多亏了他的科学能力，1822年他受命前往苏门答腊（Sumatra）执行一项特殊任务。结合他在马德拉斯天文台积累的西方和印度的天文知识，约翰·亨利·克里斯普在苏门答腊进行了800次实验，随后发表了一篇长篇论文， [303]
标题为《通过月球赤经确定地球经度》。[24]

在这次科学任务展开之前或结束之后，他也给自己找了一个印度女伴，她的名字同样未知，他们生了一个女孩。之后，这个女孩被送到马德拉斯孤儿院，该机构专门负责照顾"为国王和公司服务的欧洲官兵的私生子"。约翰·亨利·克里斯普将女儿扔在孤儿院之前，他给她取了布里希·克里斯普的母亲的婚名，也就是他那位了不起的祖母的婚名，尽管他们从未谋面。然而这个女孩儿流淌着不安分的血液。据档案显示，1829年至1838年之间的某一天，她逃离了孤儿院。[25] 就在那一天，那个身体里几乎全部流淌着印度血液、名叫伊丽莎白·克里斯普的女孩推开了关押她的马德拉斯孤儿院的大门，她踏上街道，踏上了一段属于自己的崭新旅程。

尾 声

家谱图

这些是简化后的家谱图，相关成员详情请登录 http://www.jjhc.info/。本书详细讨论过的人物的姓名会提供其生卒年。个别成员生卒年不详，要么是因为他们的种族、性别或贫穷，要么是因为他们本人或父母迁移到了其他国家或大陆，缺乏记录。

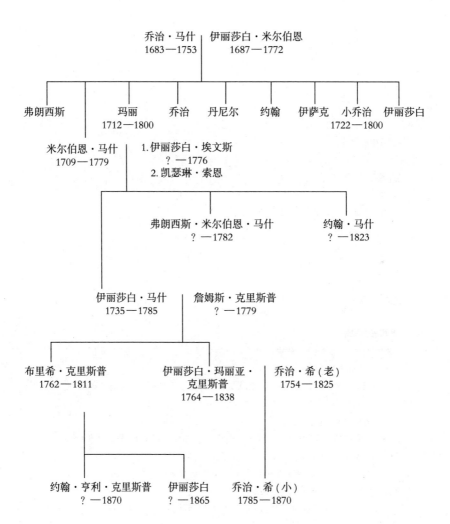

注　释

注释中的缩写

人名缩写

EM（Elizabeth Marsh）：伊丽莎白·马什

GM（George Marsh）：乔治·马什

GS（George Shee）：乔治·希

JC（James Crisp）：詹姆斯·克里斯普

JM（John Marsh）：约翰·马什

MM（Milbourne Marsh）：米尔伯恩·马什

家族著作缩写

CB（Commonplace Book）：

摘记簿。乔治·马什的摘记簿，包含了各种主题、各类文学和报纸的摘录，现由伦敦威康图书馆收藏。

FB（Family Book）：

家谱。记载马什家族的历史，乔治·马什在18世纪90年代编纂，目前为私人所有。

FC（*The Female Captive*）：

《女俘房》。伊丽莎白发表于1769年，取自 Khalid Bekkaoui 编辑版本。

FCMS（Manuscript draft of *The Female Captive*）：

《女俘房》草稿。现藏于加州大学洛杉矶分校 Charles E.Young 图书馆。

IJ（Indian Journal）：

印度日志。伊丽莎白·马什在1774年12月至1776年7月在印度次大陆东部和

伊丽莎白·马什的磨难：一个女人的世界史

南部地区旅行时所写，现藏于 Charles E.Young 图书馆。

档案馆和图书馆缩写

AHPB（Arxiu Històric de Protocols，Barcelona）:《巴塞罗那历史协议》

BL（British Library）: 英国国家图书馆，伦敦，英国

GL（Guildhall Library）: 市政图书馆，伦敦，英国

IOL（India Office Library）: 印度事务部图书档案馆，位于英国国家图书馆

IRO（Island Record Office）: 岛屿档案办公室，特威克纳姆，牙买加

JA（Jamaica Archives）: 牙买加档案馆，西班牙镇，牙买加

LC（Library of Congress）: 国会图书馆，华盛顿特区，美国

MNHL（Manx National Heritage Library）: 马恩岛国家遗产图书馆，马恩岛

NA（National Archives）: 国家档案馆，邱园，英国

NAS（National Archives of Scotland）: 苏格兰国家档案馆，爱丁堡，苏格兰

NMM（National Maritime Museum）: 国家海事博物馆，格林威治，英国

RO（Record Office）: 英国公共档案馆，伦敦，英国

HMC（Reports of the Royal Commission on Historical Manuscripts）:
皇家历史手稿委员会的报告

ODNB（*Oxford Dictionary of National Biography*）:
《牛津国家人物传记大辞典》

Parl. Hist.（The Parliamentary History of England from the Earliest Period to 1803）:
威廉·科贝特,《从早期到 1803 年的英国议会历史》

引 言

1 *The Theory of Moral Sentiments* (4th edn, 1774), p.272.

2 See V. Carretta, *Equiano the African: Biography of a Self-Made Man* (2006).

3 Quoted in P. Horden and N. Purcell, *The Corrupting Sea: A Study of Mediterranean History* (Oxford, 2000), p.27.

4 J.L. Abu-Lughod, *Before European Hegemony: The World System A.D. 1250–1350* (New York, 1989); D.O. Flynn and A. Gira´ldez, 'Born With a "Silver Spoon": The Origin of World Trade in 1571', *Journal of World History* 6 (1995), pp.201–21.

5 关于 18 世纪中叶这一时期在全球交流史上的重要意义，见 R. Koselleck, *Futures Past: On the Semantics of Historical Time*, trans. K. Tribe (Cambridge, Mass., 1985); *Philosoph-*

注 释   355

ical and Political History of the Settlements and Trade of the Europeans in the East and West Indies, trans. J.O. Justamond (6 vols, 1798 edn), I, p.2; T.W. Copeland *et al.* (eds), *The Correspondence of Edmund Burke* (Cambridge, 10 vols, 1958–78), III, pp.350–1。

6　早在现代以前，太平洋海盆地区就有频繁的交流，但交流主体为非欧洲籍水手群体：见 E. Manke, 'Early Modern Globalization and the Politicization of Oceanic Space', *Geographical Review* 89 (1999), pp.225–36; *The Universal Pocket Companion* (1760), p.3。

7　C. Tang, 'Writing World History: The Emergence of a Modern Global Consciousness in the Late Eighteenth Century', Columbia University Ph.D. diss., 2000, p.102.

8　Thomas Salmon, *A New Geographical and Historical Grammar: Wherein the Geographical Part is Truly Modern* (12th edn, Dublin, 1766), preface.

9　我对这点的理解因为以下论著得到了提高：Emma Rothschild's Tanner Lectures on 'The Inner Life of Empires' at Princeton University in April 2006。

10　有两项大型科研项目正在进行中，见 R. Grew, 'Expanding Worlds of World History', and M. Lang, 'Globalization and its History', *Journal of Modern History* 78 (2006), pp.878–98 and 899–931。伊丽莎白·马什的经历挑战了一种观点，即全球史往往只是将西方经验普遍化，但该看法却得到了以下支撑：F. Cooper, 'What is the Concept of Globalization Good For? An African Historian's Perspective', *African Affairs* 100 (2001), pp.189–213。

11　C. Geertz, *Local Knowledge: Further Essays in Interpretive Anthropology* (New York, 1983), pp.68–9.

12　C. Wright Mills, *The Sociological Imagination* (New York, 1959), pp.4–5, 7.

第一章　离开加勒比

1　See the Lieutenant's log: NMM, ADM/L/K 40A.

2　'State of Jamaica', c.1735: NA, PC 1/58/3. 关于岛上土地所有权的变更以及糖种植业，见 B.W. Higman, *Jamaica Surveyed: Plantation Maps and Plans of the Eighteenth and Nineteenth Centuries* (Kingston, 1988); and R.S. Dunn, *Sugar and Slaves: The Rise of the Planter Class in the English West Indies, 1624–1713* (Chapel Hill, NC, 1972)。

3　关于加勒比地区"早期现代化"的例证，见 P.D. Morgan, 'The Caribbean Islands in Atlantic Context, circa 1500–1800', F. Nussbaum (ed.), *The Global Eighteenth Century* (Baltimore, MD, 2003), pp.52–64, and R. Drayton, 'The Collaboration of Labour: Slaves, Empires and Globalization in the Atlantic World, c.1600–1850', in A.G. Hopkins (ed.), *Globalization in World History* (2002), pp.98–114。

4　D. Eltis, The Rise of African Slavery in the Americas (Cambridge, 2000), p.136; T. Burnard and K. Morgan, 'The Dynamics of the Slave Market and Slave Purchasing Patterns in Jamaica, 1655–1788', William and Mary Quarterly 58 (2001), pp.205–28.

5　M. Pawson and D. Buisseret, *Port Royal, Jamaica* (Oxford, 1975), pp.98–9 and *passim;* and see N. Zahedieh, 'Trade, Plunder, and Economic Development in Early English Jamaica, 1655–89', *Economic History Review* 39 (1986), pp.205–22; and her 'The Merchants of Port Royal, Jamaica, and the Spanish Contraband Trade, 1655–1692', *William and Mary Quarterly* 43 (1986), pp.570–93. 目前有必要将罗亚尔港置于更广阔的语境中研究，该语境涉及美洲、非洲、欧洲和亚洲。

6　A Philosophical and Political History of the Settlements and Trade of the Europeans, trans. J.O. Justamond (6 vols, 1788 edn), VI, pp.340–1.

7　C. Leslie, A New History of Jamaica (1740), p.25.

8　A.D. Meyers, 'Ethnic Distinctions and Wealth Among Colonial Jamaican Merchants, 1685–1716', Social Science History 22 (1998), pp.47–81.

9　Quoted in Morgan, 'Caribbean Islands', p.63; H.C. De Wolf, 'Chinese Porcelain and Seventeenth-Century Port Royal, Jamaica', Texas A & M University Ph.D. diss., 1998.

10　T. Burnard, 'European Migration to Jamaica, 1655–1780', William and Mary Quarterly 53 (1996), pp.769–96.

11　关于现代早期牙买加地区的高死亡率，见 V.A. Brown, 'Slavery and the Spirits of the Dead: Mortuary Politics in Jamaica, 1740–1834', Duke University Ph.D diss., 2002。

12　*NMM,* ADM /L/K 40A: 1732 年 7 月 22 日录入；Edward Long 随后声称，1734 年总共有 4570 名奴隶到达罗亚尔港：*BL* Add.MS 12435, fol. 17。

13　Quoted in K. Brathwaite, The Development of Creole Society in Jamaica, 1770–1820 (Kingston, 2005 edn), p.223.

14　1732 年至 1733 年的金斯敦号名册提供了证据，证明人类所遭受伤害的程度：*NA*, ADM 36/1662; *BL* Add.MS 12427, fol. 102。

15　N.A.M. Rodger, The Wooden World: An Anatomy of the Georgian Navy (1986), pp.98–9.

16　Regulations and Instructions Relating to His Majesty's Service at Sea (1746 edn), p.113; and see Rodger, The Wooden World, pp.20–1, 39, 66.

17　NA, ADM 36/727 and ADM 36/3166: muster books of Deal Castle and Rupert.

18　IRO, Kingston copy register 1721–1825: Marriages, I, fol. 9. 在他妻子位于教堂的墓碑上，米尔伯恩·马什称他的第一任妻子于 1776 年去世，享年 68 岁。但目前无材料佐证。

19　*IRO,* Court wills, Liber 19, Part 2, fol. 188. 这份遗嘱的登记日期为 1734 年 12 月 4，

因此埃文斯在数周前就已经去世了。T. Burnard, 'Inheritance and Independence: Women's Status in Early Colonial Jamaica', *William and Mary Quarterly* 48 (1991), pp.95–6.

20 *JA*, 2/19/1–4 (unfol.): 根据记录, 获批时间为 1734 年 8 月 13 日。

21 See T. Burnard, 'Slave Naming Patterns: Onomastics and the Taxonomy of Race in Eighteenth-Century Jamaica', *Journal of Interdisciplinary History* 31 (2001), pp.325–46; Evans' inventory is at *JA*, 1B/11/3/17, fols 132–3.

22 "一份清单……每一位黑奴", JA, 2/19/1–4 (unfol.)。

23 *JA*, Letters Testamentary, 1B/11/18/4, fol. 91; *IRO*, Kingston Copy Register 1721–1825: Marriages, I, fol. 91.

24 她的名字未出现在以下资料中: J. and M. Kaminkow, *A List of Emigrants from England to America, 1718–1759* (Baltimore, MD, 1964); or in David Galenson's addendum: 'Agreements to Serve in America and the West Indies, 1727–31', *Genealogists' Magazine* 19 (1977), pp.40–4。

25 *FB* (unfol.).

26 这些细节可能不太重要, 如约翰·吉利斯所写, 在现代早期的英国, "墓志铭的目的不在于纪念某一个人, 而是纪念某一类人"。*A World of Their Own Making* (New York, 1996), p.35.

27 *JA* 2/19/1–4: 'A list of the white inhabitants of this parish'; 一位名叫布歇的寡妇出现在波特罗亚尔 1739 年、1740 年和 1741 年的人头税清单中。

28 1678 年, 一位名为简·布尔歇尔的女士在该岛登记拥有 1020 英亩土地: JA, 1B/11/1, index to patents; 关于查尔斯·布尔歇尔位于圣凯瑟琳教区的土地, 见 IRO, Court wills, Liber 17, Part I, fol. 60。

29 Brathwaite, *Development of Creole Society*, p.301.

30 Sir John Fielding quoted in P. Earle, *Sailors: English Merchant Seamen 1650–1775* (1998), preface.

31 P. Wright, *Monumental Inscriptions of Jamaica* (1966), p.vi. 关于水手独特生活的经典描述, 见 M. Rediker, *Between the Devil and the Deep Blue Sea: Merchant Seamen, Pirates, and the Anglo-American Maritime World, 1700–1750* (Cambridge, 1987)。

32 Raynal, *Philosophical and Political History* (4 vols, 1776, Dublin edn), IV, p.464.

33 皇家海军的开放性让诸多人受益, 其中一位尤其出名, 见 V. Carretta, *Equiano the African* (2006); and W.J. Bolster, *Black Jacks: African American Seamen in the Age of Sail* (Cambridge, Mass., 1997)。

34 *NA,* ADM 33/342: 鲁伯特号的薪水支出。

35　H. Lee, *Body Parts: Essays in Life-Writing* (2005), p.6; 原始图像为 Julian Barnes。

36　K. Wilson, *The Island Race: Englishness, Empire and Gender in the Eighteenth Century* (2003), p.148.

37　B. Anderson, *Imagined Communities* (rev. edn, 1991), p.166.

38　See T. Burnard, 'A Failed Settler Society: Marriage and Demographic Failure in Early Jamaica', *Journal of Social History* 28 (1994), pp.63–82; *IRO*, Port Royal copy register, 1725–1835, I: 1730 年 7 月 2 日录入.

39　*JA*, House of Assembly journals, 1B/5/1//10, fols 197 and 204; Michael Craton, *Testing the Chains: Resistance to Slavery in the British West Indies* (New York, 1982).

40　关于库乔的离开，见 the muster book of the *Rupert: NA*, ADM 36/3167。1738 年，一个名叫 "约翰·库乔" 的奴隶在罗亚尔港为海军工作，岗位是捻缝工：*NA*, ADM 106/901, fol. 22。

41　See *Calendar of State Papers Colonial Series; America and West Indies... 1734–1735* (1953), pp.32, 49–51, 91, 102–3, 188–90, 257–8, 321–2, and 407–9。牙买加殖民地精英阶层越来越焦虑。

42　米尔伯恩·马什可能在罗亚尔港暂时保留了一些财产，1737 年，他的一位朋友还帮他在该地缴纳地方税：'A list of the deficiency tax for the parish and precincts of Port Royal', *JA*, 2/19/1–4 (unfol.)。

43　Log of the *Kingston*, *NMM*, ADM L/K 40A：关于乘坐皇家海军军舰的女性，见 Rodger, *The Wooden World*, pp.67–76。

44　除非特别说明，本书涉及的关于出生、洗礼取名、婚姻、死亡及葬礼的细节均出自 Familysearch.org 网站。

45　*NA*, ADM 6/14, fol. 221；伊丽莎白·马什乘坐迪尔城堡号和剑桥号的相关记录，见 *NA*, ADM 36/730, 736, and 437。

46　C.R. Markham (ed.), *Life of Captain Stephen Martin 1666–1740*, Navy Records Society (1895), p.210.

47　D.A. Baugh, *British Naval Administration in the Age of Walpole* (Princeton, NJ, 1965), pp.262–340; J. Coad, *The Royal Dockyards 1690–1850: Architecture and Engineering Works of the Royal Navy* (Aldershot, 1989), pp.1–13.

48　Quoted in J.H. Thomas, *Portsmouth and the East India Company 1700–1815* (1999), p.34.

49　Coad, *Royal Dockyards*, p.3.

50　见 Thomas, *Portsmouth and the East India Company*, *passim*; 关于 Anson 环游世界后带回国的贵重佛塔，见 J.J. Cartwright (ed.), *The Travels Through England of Dr. Richard Pococke*, Camden Society (2 vols, 1888–89), II, p.115。

51 *FC*, p.43.

52 该段以及接下来几段参考了 "Memorandums that I have heard of father's and mother's families" in *FB*。关于老乔治·马什，见 *NA*, ADM 7/810, fol. 15。

53 这个版本可能提供了一些事实，约翰·米尔恩在遗嘱中称自己为"绅士"，却只留了五先令给米尔伯恩·马什的母亲：*Hampshire RO*, 1722, A 56。

54 1749 年，有史料将他描述为朴次茅斯众多"疲惫不堪的船匠"之一：*NA*, ADM 7/658, fol. 49。

55 关于让·杜瓦尔，见 *NA*, PROB 11/844；伊丽莎白·马什对自己法语能力的评价，在 *FC*, p.90。

56 J. DeVries, 'The Industrial Revolution and the Industrious Revolution', *Journal of Economic History* 54 (1994), pp.249–70.

57 MM to Navy Board, 30 May 1765 (copy), *NMM* ADM/B/177.

58 *Regulations and Instructions*, pp.113–14.

59 R. Campbell, *The London Tradesman* (1747), p.299.

60 *IJ*, p.3.

61 *NA*, ADM 106/938, fols 222, 234–8.

62 关于米尔伯恩·马什对指控的回应, *ibid.*, fol. 236.

63 *Ibid.*

64 关于米尔伯恩·马什在土伦的工作，见他的报告，在 *NA*, ADM 1/381; and ADM 36/2098: muster book of *Namur*。

65 Minutes of court martial of Admiral Thomas Mathews, 1746, evidence of Milbourne Marsh: *NA*, ADM 1/5279. 关于土伦战役的背景和争论，见 N.A.M. Rodger, *The Command of the Ocean: A Naval History of Britain, 1649–1815* (2004), pp.242–5。

66 *NA*, ADM 1/5279: evidence of Milbourne Marsh; *A Narrative of the Proceedings of His Majesty's Fleet* (1744), p.63.

67 M. Hunt, 'Women and the Fiscal-Imperial State in the Late Seventeenth and Eighteenth Centuries', in K. Wilson (ed.), *A New Imperial History: Culture, Identity and Modernity in Britain and the Empire, 1660–1840* (Cambridge, 2004), pp.29–47.

68 *NA*, ADM 106/938, fol. 236. 根据我的推断，伊丽莎白·马什的两个兄弟是在海上出生的，因为他们似乎没有在任何陆上教区登记。

69 Quoted in C. Flint, *Family Fictions: Narrative and Domestic Relations in Britain, 1688–1798* (Stanford, CA, 1998), p.143. 关于那个时期米尔伯恩·马什在查塔姆船坞的工资收入，见 *NA*, ADM 42/42 and 43。

70 *FB*, 1737 年 2 月以及 1744 年 5 月录入。乔治·马什对自己职业生涯早期的描述在某些细节上有别于 J.M. Collinge，*Navy Board Officials, 1660–1832* (1978), p.121。

71　*FB*，1745 年 10 月 10 日录入。

72　D.M. Peers, 'Between Mars and Mammon: The East India Company and Efforts to Reform its Army, 1796–1832', *Historical Journal* 33 (1990), p.389.

73　乔治・马什手稿（未整理）。

74　J.B. Hattendorf *et al.* (eds), *British Naval Documents, 1204–1940*, Navy Records Society (1993), p.461.

75　GM, 'Rough memorandum book', c.1799, included in *FB*.

76　*CB*, fols 47, 79, and prayer at the back of the volume; *FB*, fol. 78. 关于乔治・马什圆滑性格的例证，见他 1785 年 5 月 13 日写给桑威奇伯爵的信："您在各种场合中都展现出伟大和高尚，我将通过自己的行动证明我对您的敬意，这是我的荣幸。我对您永远抱以最崇高的敬意，我愿意做您最听话、最忠诚的仆人。"*NMM*, SAN/F/40/27。那个时候，桑威奇还欠乔治・马什钱。

77　*FB*, 1755 年录入；*NA*, ADM 6/18, fol. 120.

78　*NA*, ADM 7/813, fol. 25.

第二章　被俘非洲　体验异域

1　关于英国人在该岛的活动，见 D. Gregory, *Minorca, the Illusory Prize* (1990)。

2　*FC*, p.43, 关于 1756 年伊丽莎白・马什的骑马服和音乐素养，见 pp.78 and 109。关于马什一家在梅诺卡岛的居住地"医院岛"（又称血腥岛），见 *The Importance of the Island of Minorca and Harbour of Port-Mahon* (1756), pp.25–6 and 60。

3　*Importance of the Island*, p.26; J.G. Coad, *The Royal Dockyards 1690–1850: Architecture and Engineering Works of the Sailing Navy* (Aldershot, 1989), pp.329–40.

4　*Importance of the Island*, p.40.

5　Quoted in Gregory, *Minorca*, p.108.

6　北美莫农加希拉河堡垒战失败后，1755 年 9 月初，英国皇家海军开始扣押地中海地区的法国船只：D. Syrett, 'A Study of Peacetime Operations: The Royal Navy in the Mediterranean, 1752–5', *Mariner's Mirror* 90 (2004), pp.42–50; P. Gould, 'Lisbon 1755: Enlightenment, Catastrophe, and Communication', in D. Livingstone and C.W.J. Withers (eds), *Geography and Enlightenment* (Chicago, 1999)。

7　H.W. Richmond, *Papers Relating to the Loss of Minorca in 1756*, Navy Records Society (1913), pp.208–9; Desmond, *Minorca*, pp.172–8.

8　Richmond, *Papers Relating to the Loss of Minorca*, pp.xxxi and xxxiv.

9 *NA*, ADM 1/383, fol. 335; Desmond, *Minorca*, pp.168–78.

10 'Boscawen's Letters to his Wife, 1755–1756', in *The Naval Miscellany*, 4, ed. C. Lloyd (1952), p.214. 根据乔治·马什撰写的《家谱》，法国人登陆梅诺卡岛时，伊丽莎白·马什最先逃到巴塞罗那。在本书中，我遵照她自己的说法。

11 *NMM*, ADM B/153, letter of 11 June 1756.

12 *NMM*, MRF/14: Journal of the siege of Menorca (microfilm) and ADM/L/P/327: Log of *Princess Louisa*.

13 *NA*, ADM 1/383, fol. 388; 米尔伯恩·马什的报告，见 *The Trial of the Honourable Admiral John Byng* (1757), p.9。

14 James Lind, *Three Letters Relating to the Navy, Gibraltar, and Port Mahon* (1757), p.115.

15 See, for instance, *BL*, Add.MS 35895, fol. 252.

16 *NA*, ADM 1/383, fol. 388.

17 *Ibid.*, fol. 473; 关于马什一家的薪水，见 *NA*, ADM 7/813, fol. 25 and 7/814, fol. 29。

18 关于安号乘客和船长名单，in *NA*, ADM 1/2108。

19 戈斯波特号从普利茅斯到直布罗陀的航海日志：*NA*, ADM 51/406, and *NMM*, ADM/L/G/77。

20 *FC*, p.44.

21 *FC*, pp.45–7.

22 *NA*, SP 71/20, fol. 183.

23 *FC*, pp.47–53.

24 关于更早时候詹姆斯·克里斯普和约瑟夫·波帕姆在摩洛哥的一些通信，见 *NA*, SP 71/20, Part I, fols 65, 67 and 69; *FB*, fol. 21。

25 18世纪中期，英语人士用"深"（dark）来描述肤色，和"黑"（black）的用法相同，不一定含有种族歧视的意味，*FC*, p.54。

26 这类中间人经过专门的筛选和培训，可以在马格里布地区自由行动，游走在各种基督教势力以及游说团体之间。这一群体本身以及西迪·穆罕穆德如何招募他们都值得深挖。

27 *FC*, pp.59–60.

28 *NA*, SP 71/20, Part I, fols 183, 187.

29 关于其对英格兰以及不列颠的航运、宗教和政治观的影响，见 *Captives: Britain, Empire, and the World, 1600–1850* (2002), pp.23–134。

30 See the sources listed in *ibid.*, p.391, and R.C. Davis, 'Counting European Slaves on the Barbary Coast', *Past and Present* 172 (2001), pp.87–124.

31 'Boscawen's Letters to his Wife', p.236.

32 Colley, *Captives*, pp.65–72.

33 General Thomas Fowke, Governor of Gibraltar, to London, 2 January 1756: *NA*, CO 91/12 (unfol.).

34 *NA*, ADM 1/383, fol. 279; 关于阿尔沃纳，见 Fowke to Henry Fox, 12 March 1756: *NA*, CO 91/2 (unfol.)。

35 *NA*, ADM 1/383, fol. 279.

36 Höst is quoted by Khalid Bekkaoui in *FC*, p.8; P.G. Rogers, *A History of Anglo-Moroccan Relations to 1900* (1970), pp.95–104.

37 *FC*, pp.65–73.

38 *FC*, pp.68–9, 72.

39 *FC*, p.73.

40 *FC*, pp.73–4.

41 关于相关经典描述，E.P.Thompson, 'Rough Music', in *Cultures in Common: Studies in Traditional Popular Culture* (1991)，pp.467–538; *FC*, pp.74–5。

42 关于这一时期摩洛哥的宫殿礼仪，见 A. El Moudden, 'Sharifs and Padishahs: Moroccan–Ottoman Relations from the Sixteenth Through the Eighteenth Centuries', Princeton University Ph.D diss., 1992; *FC*, pp.75–7。

43 John Stimson, 'Misfortunes that Befell HMS Lichfield on the Coast of Barbary', a näive but extraordinary slave account: *NMM*, JOD/7 (unfol.). 关于另一位欧洲人提供的西迪·穆罕穆德独特外貌的描述，见 *FC*, p.87n。

44 Stimson 对苏丹日常生活的描述：*NMM*, JOD/7; F. Harrak, 'State and Religion in Eighteenth-Century Morocco: The Religious Policy of Sidi Muhammad B'Abd Allâh 1757–1790', London University Ph.D diss., 1989, pp.231–4。

45 A.K. Bennison, 'Muslim Universalism and Western Globalization', in A.G. Hopkins (ed.), *Globalization in World History* (2002), p.84; and see El Moudden, 'Sharifs and Padishahs', pp.224–300.

46 报告见 *NA*, SP 71/19, fol. 251; Bennison, 'Muslim Universalism', pp.74–97。

47 *FC*, p.77; R.L. Diaz, 'El sultán 'Alawi Sîdi Muhammad... y sus sueños de hegemonía sobre el Islam Occidental', in J.M. Barral (ed.), *Orientalia Hispanica* (Leiden, 1974).

48 See J. Caillé, *Les Accords internationaux du sultan Sidi Mohammed ben Abdallah* (Paris, 1960).

49 P.H. Roberts and J.N. Tull, 'Moroccan Sultan Sidi Muhammad Ibn Abdallah's Diplomatic Initiatives Towards the United States, 1777–1786', *Proceedings of the American Philosophical Society* 143 (1999), pp.233–65; *NA*, FO 52/1, fol. 47.

50 在这里我要感谢 2005 年 Frank Stewart 教授在普林斯顿大学举办的一场讲座，

注　释

题为 "The Tribal Background to the Contemporary Arab World"; *FC*, p.66。

51 Harrak, 'State and Religion', p.287.

52 *NMM*, JOD/157/1–3, fol. 2; Bennison, 'Muslim Universalism', p.93.

53 E.R. Gottreich, 'Jewish Space in the Moroccan City: A History of the *Mellah* of Marrakech, 1550–1930', Harvard University Ph.D diss., 1999; *FC*, pp.77, 113.

54 *FC*, p.78.

55 See *infra*, pp.134–60.

56 *FC*, pp.78–80;伊丽莎白·马什对婚戒的反应，见 *FB*, fol. 26。

57 *FC*, pp.81–3.

58 *FC*, pp.83–4.

59 *FC*, p.84.

60 John Stimson 从奴隶视角对宫殿内部的描述：*NMM*, JOD/7。西迪·穆罕穆德对西方出口和再出口商品的品位，见 Bennison, 'Muslim Universalism', p.85。

61 *FC*, pp.87 and note, and 88.

62 *FC*, p.89.

63 *NMM*, JOD/7 (unfol.); *FC*, p.89.

64 *FC*, pp.90–3.

65 See my 'The Narrative of Elizabeth Marsh: Barbary, Sex and Power', in F. Nussbaum (ed.), *The Global Eighteenth Century* (Baltimore, 2003), pp.140–1.

66 W. Lempriere, *A Tour from Gibraltar to Tangier, Sallee, Mogodore, Santa Cruz, and Tarudant* (3rd edn, Richmond, 1800), p.259；这一叙述（毫无疑问带有偏见）的准确性受到了质疑：A. Farouk, 'Critique du livre de Lempriere par un temoin de l'epoque', *Hésperis-Tamuda* (1988–89), pp.105–37。

67 *FC*, p.92；英国俘虏在摩洛哥的遭遇以及他们被囚禁在摩洛哥的时间，见 *Captives*, pp.48–72, 88–98。

68 Madeline Zilfi 教授拟推出一部著作，讨论中东奥斯曼帝国的女性奴隶，我从与她的交流中学到了很多。关于其他同主题书籍，见 the essays in C.C. Robertson and M.A. Klein (eds), *Women and Slavery in Africa* (Madison, Wisc., 1983), and J.O. Hunwick, 'Black Slaves in the Mediterranean World', in E. Savage (ed.), *The Human Commodity: Perspectives on the Trans-Saharan Slave Trade* (1992)。

69 *FC*, p.91.

70 我感谢 Madeline Zilfi 教授说明了这一点。关于阿尔沃纳的克制行为的例证，见 *NA*, ADM 1/383, fols 510 and 512。

71 伊丽莎白·马什似乎一直对阿尔沃纳心存感激之情，见 *FC*, p.94。

伊丽莎白·马什的磨难：一个女人的世界史

72 *FC*, pp.95–6.

73 The order, dated 7 October 1756, is at *NMM*, HWK/4 (unfol.).

74 Logs of the *Portland*, at *NA*, ADM 51/3941, and *NMM*, ADM/L/P/205.

75 *NA*, ADM 1/383, fols 508, 512.

76 见 its log: *NA*, ADM 51/3941；与西迪·穆罕穆德的交流，*NA*, ADM 1/383, fol. 514。

77 FC, pp.112, 116, 118.

78 FC, p.117.

79 FC, p.103.

80 FC, pp.83, 104.

81 FC, p.105.

第三章 伦敦经商 展望美洲

1 FC, pp. 119–20.

2 FB, fol. 20; FC, pp.43 and 120.

3 L. Namier and J. Brooke (eds), The House of Commons 1754–1790 (3 vols, 1964), II, pp.220–1; NA, PROB 11/829.

4 FC, p. 120.

5 FB, fol. 20.

6 FC, pp. 43–4, 120.

7 R. Porter, 'The Crispe Family and the African Trade in the Seventeenth Century', Journal of African History 9 (1968), pp.57–77; P.E.H. Hair and R. Law, 'The English in Western Africa to 1700': N. Canny (ed.), The Oxford History of the British Empire. Vol I: The Origins of Empire (Oxford, 1998), pp. 241–63.

8 关于这个家族的复杂情况和散居情况，见 F.A. Crisp, *Collections relating to the family of Crispe... 1510–1760* (1882), pp. 1–76。

9 A. Farrington *et al.* (eds), *The English Factory in Taiwan 1670–1685* (Taipei, 1995), pp.3–16, 50–118.

10 关于布里希的人脉（克里斯普和马什给儿子起的名字体现了对她的尊敬），见 *NA*, PROB 11/958; there were Crisp relations in Menorca: John Crisp's letter from Mahón to John Russell, 12 January 1734: *NMM*, MS 83/135 (unfol.)。

11 M. Ogborn, *Spaces of Modernity: London's Geographies, 1680–1780* (New York, 1998), p.20

12 P. Gauci, *The Politics of Trade: The Overseas Merchant in State and Society, 1660–1720* (Oxford, 2001), p.74. 对那个时期商人生活和工作的有价值的讨论包括：J.M. Price, 'What Did Merchants Do? Reflections on British Overseas Trade, 1660–

1790', *Journal of Economic History* 49 (1989), pp. 267–84, and D. Hancock, *Citizens of the World: London Merchants and the Integration of the British Atlantic Community, 1735–1785* (Cambridge, 1995)。

13　*FB*, fol. 97; *NA*, PROB 11/1053.

14　*FC*, p.120；1757 年 2 月 26 日，伊丽莎白从直布罗陀进入布里斯托尔。我要感谢 Kenneth Morgan 教授提供这一信息。

15　*NA*, ADM 1/3833, fols 97 and 252.

16　*FB*, fol. 20; K. Ellis, *The Post Office in the Eighteenth Century* (1958), pp.34–6; *Postal Museum and Archive*, POST 103/5 and 1/8.

17　C.J. French, 'London's Overseas Trade with Europe 1700–1775', *Journal of European Economic History* 23 (1994), pp. 475–501.

18　J.K.J. Thomson, *A Distinctive Industrialization: Cotton in Barcelona, 1728–1832* (Cambridge, 1992); 关于拉瓦莱，见 *AHPB*, Sebastià Prats, 272v。

19　关于那个时期在里窝那和意大利其他地方经商的英国人，见 the diplomatic reports contained in G. Pagano de Divitiis and V. Giura (eds), *L'Italia del secondo settecento nelle relazioni segrete di William Hamilton, Horace Mann e John Murray* (Naples, 1997)。

20　K. Newman, 'Hamburg in the European Economy, 1660–1750', *Journal of European Economic History* 14 (1985), pp.57–93. 詹姆斯·克里斯普在汉堡的贸易目前所知甚少，但是 1766 年他在一份备忘中将汉堡称为他的主要市场之一：*NA*, T1/453, fol. 304。

21　D.J. Withrington, *Shetland and the Outside World 1469–1969* (Oxford, 1983).

22　*Speech of Edmund Burke, Esq. on American Taxation* (2nd edn, 1775), p.34; R.H. Kinvig, *The Isle of Man: A Social, Cultural, and Political History* (Liverpool, 1975).

23　*NA*, T1/434, Pt 2, fol. 60.

24　*AHPB*, Sebastià Prats, 32 r–v, 35 r–v, 67r–68r, 440r–441r.

25　罗兰德·克里斯普的航行，在 *NA*, CO 142/18; and *Boston Evening Post*, 31 December 1759。

26　*Lloyd's Register 1764* (1963 repr.), unpag. 船只公布的目的地数量不一定等于其实际停泊的港口数量总和。

27　*AHPB*, Sebastià Prats, 135, 8 April 1763; 同时可查阅到克里斯普家族在巴塞罗那公证处的文件中的其他战时信函。

28　*AHPB*, Sebastià Prats, 21, 343v–345v.

29　Divitiis and Giura, *L'Italia del secondo settecento*, pp. 285 and 288; F. Trivellato, 'Trading Diasporas and Trading Networks in the Early Modern Period: A Sephardic Partnership of Livorno in the Mediterranean, Europe and Portuguese India c.1700–1750', Brown University Ph.D. diss., 2004.

30　有迹象表明，詹姆斯·克里斯普破产后，这三个男人很快便步其后尘：见 *London Gazette*, 7–11 July 1767。

31　乔治·摩尔写给詹姆斯和塞缪尔·克里斯普的信，比如 1752 年 10 月 4 日的那封：*MNHL*, MSS 501C; and F. Wilkins, *George Moore and Friends: The Letters from a Manx Merchant (1750–1760)* (Kidderminster, 1994)。

32　*MNHL*, Acc no. MS 09591: 1760 年至 1765 年詹姆斯·克里斯普以及雅各布·埃默里写给约翰·陶布曼的信；1764 年和 1765 年约翰·陶布曼的账目。

33　F. Wilkins, *The Smuggling Trade Revisited* (Kidderminster, 2004), p. 14.

34　F. Wilkins, *Manx Slave Traders* (Kidderminster, 1999).

35　后来阿索尔公爵声称，约翰·陶布曼 "大规模走私" 牵涉的地域范围过广、经济影响过大，这是导致英国政府对该岛施加控制的主要原因：Wilkins, *Smuggling Trade*, p. 22. 36 *FB*, fol. 28。

36　*FB*, fol. 28.

37　我感谢 Michela D'Angelo 教授和 Gigliola Pagano de Divitiis 教授提供了这一信息。

38　Egmont to J. Grant, 1 Sept. 1768, *LC*, microfilm 22671, box 16.

39　我感谢 Derek Keene 教授为我提供了对伦敦这一地区的专业分析。关于该地区的复杂性，见 the poor relief books for St Botolph Without Bishopsgate: *GL*, MS. 5419, vols 262–5。

40　她在 1769 年订购了伊丽莎白·马什的《女俘房》：*BL*, 1417.a.5。关于朱森一家和克里斯普一家的邻居关系：*GL* MS 5419, vols 262–4。

41　*GL*, MS. 05038, vol. 4.

42　根据我的猜测，这位大卫·奥姆和《女俘房》订购名单中的奥姆是同一人：*BL*, 1417.a.5。

43　*London Evening Post*, 28 February–3 March 1767.

44　*FB*, fol. 28, and concluding jottings.

45　*FB*, fol. 153.

46　*Ibid.*, fol. 189.

47　1763 年，詹姆斯·克里斯普向一名能够 "用法语和意大利语写信" 的文员支付年薪 100 英镑：Liverpool R.O., D/Earle/3/3/5。关于英国商人应具备的语言能力，以及法语、西班牙语、德语和意大利语如何帮助他们把业务范围拓展到欧洲之外的地区，见 W. Beawes, *Lex mercatoria rediviva: Or, the Merchant's Directory* (2nd edn, 1761), pp. 30–1。

48 *FCMS* (unfol.).

49 A.S. Skinner and R.H. Campbell (eds), *An Inquiry into the Nature and Causes of the Wealth of Nations* (2 vols, Oxford, 1976), I, p.426.

50 关于相关争论，见 P.N. Miller, *Defining the Common Good: Empire, Religion and Philosophy in Eighteenth-Century Britain* (Cambridge, 1994), pp.88–213。

51 Raynal, *A Philosophical and Political History* (1788 edn, 8 vols.), VIII, pp.195–6.

52 关于其对那个时期另外一名伦敦商人的影响，见 A.H. John, 'Miles Nightingale – Drysalter', *Economic History Review* 18 (1965), pp.152–63。

53 *Speech of Edmund Burke*, p.34; *NA*, T1/434, fols 65 and 67.

54 Wilkins, *Smuggling Trade Revisited*, p.149.

55 *NA*, T1/453, fol. 302 *et seq.*; Wilkins, *Smuggling Trade*, p.149.

56 *NA*, T1/453, fols 302–4, 310.

57 *NA*, T1/442, fol. 25.

58 *NA*, T1/453, fols 302–4.

59 詹姆斯·克里斯普职业生涯中这段插曲的更多细节，见 *NA*, SP 79/23 (unfol.), especially in his memorial dated 13 June 1764。

60 *Ibid.*, translation of statement by Genoa's magistrates, 7 July 1764; *NA*, SP 44/138, fol.267.

61 *NA*, SP 79/23 (unfol.): Lord Halifax to the British Consul in Genoa, 25 September 1764, enclosing JC's reply.

62 JC to William Burke, 10 January 1766: *NA*, SP 46/151, fol. 5.

63 关于汇票在国际贸易中的详细描述，见 L. Neal and S. Quinn, 'Networks of Information, Markets, and Institutions in the Rise of London as a Financial Centre, 1660–1720', *Financial History Review* 8 (2001), pp. 7–26。

64 Wilkins, *Smuggling Trade*, p.149; printed delivery notice dated 26 September 1765, *MNHL*, Acc 09591, James Crisp and Jacob Emery letters.

65 *AHPB*, Sebastia` Prats, e.g. 26r–v, 10r–v and 406v–407v.

66 *Ibid.*, 24, 67r–68r, 74v–77r, 115v–116r; James Clegg to JC, 18 May 1764, *NA*, SP79/23 (unfol.).

67 *London Gazette*, 14–17 March 1767; and see the notices on 18–21 April and 28 April–2 May 1767.

68 *NAS*, CS/226/5171/7.

69 See J. Hoppit, *Risk and Failure in English Business 1700–1800* (Cambridge, 1987); and M.C. Finn, 'Women, Consumption and Coverture in England, c.1760–1860', *Historical Journal* 39 (1996), pp.703–22.

70 See R. Boote, *The Solicitor's Guide, and Tradesman's Instructor, Concerning Bankrupts* (3rd

edn, 1768). 1767 年詹姆斯·克里斯普的受让人中包括约翰·莫蒂厄，他后来成为东印度公司的董事。这表明在这个阶段詹姆斯·克里斯普已经开始拓展亚洲贸易：*NAS*, CS226/5171/3。

71 *London Evening Post*, 26–28 May 1767; *FB*, fol.28.

72 *FB*, fols 97–109; 关于食品供应委员会，见 D.A. Baugh, *British Naval Administration in the Age of Walpole* (Princeton, NJ, 1965), pp.373–451。

73 *FB*, fol. 136; C. Wilkinson, *The British Navy and the State in the Eighteenth Century* (Rochester, NY, 2004), p.118.

74 C.L. Mowat, 'The First Campaign of Publicity for Florida', *Mississippi Valley Historical Review* 30 (1943), pp.361–2.

75 *FB*, fol. 116; D.L. Schafer, 'Plantation Development in British East Florida: A Case Study of the Earl of Egmont', *Florida Historical Quarterly* 63 (1984), p.172.

76 1765 年詹姆斯·克里斯普的信函：*MNHL*, Acc no. 09591。

77 关于詹姆斯·克里斯普所购土地的情况，见 the Earl of Egmont's file in *NA*, T77/5 (East Florida Claims Commission); C.L. Mowat, *East Florida as a British Province 1763–1784* (Berkeley, CA, 1943)。

78 Schafer, 'Plantation Development', pp.172–83.

79 Egmont to J. Grant, 5 January 1767, *LC*, microfilm 22671, box 13; Schafer, 'Plantation Development'.

80 Egmont to J. Grant, 1 September 1768, *LC*, microfilm 22671, box 16.

81 *To the King's Most Excellent Majesty, the Memorial of John Earl of Egmont* (1764), p.21; Schafer, 'Plantation Development'.

82 Egmont to J. Grant, 1 September 1768, *LC*, microfilm 22671, box 16; 关于这些土地的规划方案，见 http://www.floridahistoryonline.com/Plantations。感谢 Daniel Schafer 教授向我推荐了这个网站，并提供了其他帮助。

83 W. Stork, *A Description of East Florida* (3rd edn, 1769), pp.v–vii, 2, 21.

84 e.g. *NA*, T77/5/5, fol.104.

85 *Gentleman's Magazine* 37 (1767), p.21; 1769 年年底弗朗西斯·沃伦在东佛罗里达州的圣奥古斯丁去世：见 *NA*, ADM B/183。

86 D. Schafer, ' "A Swamp of an Investment"? Richard Oswald's British East Florida Experiment', in J.G. Landers (ed.), Colonial Plantations and Economy in Florida (Gainesville, FL, 2000); cf. B. Bailyn, Voyagers to the West: A Passage in the Peopling of America on the Eve of the Revolution (New York, 1988), pp.430–74.

87 NA, T77/9, file 7, fol.57; Egmont to J. Grant, 1 September 768, LC, microfilm 22671, box 16.

88 NA, T77/5/5, fol.88.

89 FC, p.41.

90 Ibid.; P. Mathias, 'Risk, Credit and Kinship in Early Modern Enterprise', in J.J. McCusker and K. Morgan (eds), The Early Modern Atlantic Economy (Cambridge, 2000), p.29.

第四章　撰写游记　移居印度

1 John Locke 对游记魅力的描绘，见 J. Lamb, Preserving the Self in the South Seas, 1680–1840 (Chicago, 2001), p.55。18 世纪 50 年代游记的流行度上升，见 P.J. Marshall and G. Williams, The Great Map of Mankind: British Perceptions of the World in the Age of Enlightenment (1982)。

2 关于威廉森，见 L. Colley, Captives: Britain, Empire and the World, 1600–1850 (2002), pp.188–92。

3 J. Raven, British Fiction 1750–1770 (1987), p.19.

4 Letters of the Right Honourable Lady M—y W—y M—e written during her travels in Europe, Asia and Africa (3 vols, 1767), I, p.viii; and see I. Grundy, Lady Mary Wortley Montagu (Oxford, 1999), pp.117–78, 625–6.

5 关于布鲁克、金德斯利、帕克以及法尔肯布里奇，见 the articles in ODNB; for Schaw: E.W. Andrews and C. McLean Andrews (eds), Journal of a Lady of Quality (New Haven, CT, 1934)。

6 威廉·马斯格雷夫爵士购买的《女俘虏》（书中有他的手写注释），BL, 1417.a.5, 关于它在图书馆的保存时间，见 for instance A Catalogue of the Minerva General Library, Leadenhall-Street, London (1795), p.76。

7 Critical Review 28 (1769), pp.212–17; see too Monthly Review 41 (1769), p.156. A. Forster, Index to Book Reviews in England 1749–1774 (Carbondale, Ill., 1990), p.203.

8 P. Hulme and T. Youngs (eds), The Cambridge Companion to Travel Writing (Cambridge, 2000), p.6.

9 根据伦敦出版商的习惯，"由本人执笔"这几个字表明，出于某些原因，本书作者并不属于平常会写作和出版的群体。

10 Navy Board to Philip Stephens, 1 October 1764: NMM, ADM/B/175; 关于更早期米尔伯恩·马什的直布罗陀计划，见 NA, ADM 140/1263 and 140/1264。

11 Commodore Spry to Navy Board, 5 March 1767, NA, ADM 106/1160/30; J.G. Coad, The Royal Dockyards, 1690–1850: Architecture and Engineering Works of the Sailing Navy (Aldershot, 1989), pp.331–3.

12 Coad, Royal Dockyards, p.4.

13　*Ibid.*, pp.13–17.

14　*NA*, ADM 7/660, fol. 55; 'Plan of the Agent's dwelling-house and offices', *BL* Add.MS 11643.

15　*NA*, CO 91/12 (unfol.).

16　The Master of the *Dolphin* in 1766, as quoted in R. Cock, 'Precursors of Cook: The Voyages of the *Dolphin, 1764–8*', *Mariner's Mirror* 85 (1999), p.42.

17　对查塔姆供应站的仓库和屠宰工作的描述基于 GM's notes in *CB*, I, fols 61–70, and evidence he gave to Parliament in 1779, as reported in T. Baillie, *A Solemn Appeal to the Public, from an Injured Officer* (1779), pp.30–3。

18　See Khalid Bekkaoui's introduction to *FC*, p.20.

19　关于女作家撰写的发生在美洲殖民地的俘虏故事，见 *Captives: Britain, Empire and the World, 1600–1850* (2002), pp.137–67; *FC*, p.41。

20　Epilogue by Aaron Hill to Eliza Haywood's *The Fair Captive* (1721), p.xv; 关于"巴巴里"俘虏叙事中性侵主题的讨论，见 'The Narrative of Elizabeth Marsh: Barbary, Sex and Power', in F. Nussbaum (ed.), *The Global Eighteenth Century* (Baltimore, MD, 2003), pp.138–50。

21　*Critical Review* 28 (1769), p.213.

22　P.M. Spacks, *Imagining a Self: Autobiography and Novel in Eighteenth-Century England* (Cambridge, Mass., 1976), p.72; extract on 'Woman', in *CB*, I, fol. 79.

23　H.R. Plomer *et al.* (eds), *A Dictionary of the Printers and Booksellers who were at Work in England, Scotland and Ireland from 1726 to 1775* (Oxford, 1932), p.20; and see J. Raven, 'The Book Trades', in I. Rivers (ed.), *Books and Their Readers in Eighteenth-Century England: New Essays* (Leicester, 2001).

24　《女俘虏》是 1769 年在英格兰以订购方式出版的 36 本书中的一本：R.C. Alston *et al.*, *Eighteenth-Century Subscription Lists* (Newcastle upon Tyne, 1983); 关于该制度，see J. Brewer, *The Pleasures of the Imagination: English Culture in the Eighteenth Century* (1997), p.164。

25　*BL*, 1417.a.5.

26　该书保存在悉尼新南威尔士州立图书馆米切尔阅览室，上面还有马什的藏书票。

27　见 J. Mullan, *Sentiment and Sociability: The Language of Feeling in the Eighteenth Century* (Oxford, 1988).

28　*FC*, pp.41–2, 60, 64, 67, 71, 92, 104, 106, 111.

29　*FB*, fol. 25.

注　释

30　*FC*, p.66.

31　*FC*, pp.47, 49 and 93.

32　*FC*, pp.49, 83, 121; *FCMS* (unfol.).

33　*FC*, pp.54, 69.

34　*FC*, pp.43, 95, 103.

35　*FC*, 109; Spacks, *Imagining a Self*, p.58.

36　*FC*, pp.108–9, 118.

37　*FC*, pp.118–19; 1757 年至 1760 年，伊丽莎白·马什的出版商查尔斯·巴瑟斯特参与发行了蒲柏的著作，共九卷。

38　*FC*, p.108.

39　关于《女俘虏》扉页罗列的订购者，见 *BL*, 1417.a.5。关于考特，见 *NA*, PROB 11/1183。

40　*FC*, p.103 (my italics).

41　*FCMS* (unfol.); *FC*, p.88.

42　T. Shadwell to J. Marsh, 5 April 1774, *William L. Clements Library*, Thomas Shadwell letterbook. 我感谢 Maya Jasanoff 为我抄写这封信。F. Nussbaum, *Torrid Zones: Maternity, Sexuality, and Empire in Eighteenth-Century English Narratives* (Baltimore, MD, 1995), pp.11–12。

43　*FC*, p.103; S. Tomaselli, 'The Enlightenment Debate on Women', *History Workshop Journal* 20 (1985), pp.101–24.

44　关于《帕梅拉》的书评，见 M.C. Finn, *The Character of Credit: Personal Debt in English Culture, 1740–1914* (Cambridge, 2003), pp.26–34; and C. Flint, *Family Fictions: Narrative and Domestic Relations in Britain, 1688–1798* (Stanford, CA, 1998), pp.171–80。

45　*FB*, fols 24–5.

46　在这一问题上，我从与 Jonathan Spence 的讨论中受益。

47　*Kent's Directory for 1766*, pp.7, 34 and 54.

48　我感谢英格兰文化遗产机构的 Gareth Hughes 提供这一信息。

49　D. Hancock, *Citizens of the World: London Merchants and the Integration of the British Atlantic Community, 1735–1785* (Cambridge, 1995), pp.144, 213; 关于加勒比地区的"玩家"，见 the entries in ODNB。

50　约翰·克里斯普住在卡麦尔街附近，这也是詹姆斯·克里斯普和伊丽莎白·马什在伦敦的最后居住地。直到 1770 年，仍然有史料提到"克里斯普位于伦敦的种植园产品公司"：*The Massachusetts Spy*, 27–30 October 1770。

51　See *http://floridahistoryonline.com/Plantations*, under 'English Plantations on the St. John's River'.

52　Hancock, *Citizens of the World*, pp.68n, 112–13.

53　*NA*, T77/5/5, fol. 104; Hancock, *Citizens of the World*, pp.203–4.

54　S.J. Braidwood, *Black Poor and White Philanthropists* (Liverpool, 1994), pp.103–4; 乔治·马什拥有尼古拉斯·欧文的奴隶贸易日记手稿，见 E. Martin (ed.), *Nicholas Owen: Journal of a Slave-Dealer* (Boston, Mass., 1930)。

55　*FC*, p.60.

56　C. Hesse, *The Other Enlightenment: How French Women Became Modern* (Princeton, NJ, 2001), p.76.

57　L. Sterne, *A Sentimental Journey . . . to which are added the Journal to Eliza*, ed. I. Jack (Oxford, 1968), p.167.

58　他在《女俘虏》中的注释：*BL*, 1417.a.5。

59　*IOL*, B/86, fol. 53.

60　关于威廉·希基对迪格比·登特以及海豚号的描述：*IOL*, Photo Eur 175/1, fol. 369; R.F. Mackay (ed.), *The Hawke Papers... 1743–1771*, Navy Records Society (1990), pp.441 and 447n。

61　*NA*, ADM 36/7581.

62　Quoted in N. Papastergiadis, *The Turbulence of Migration* (2000), p.21.

63　E. Rothschild, 'A Horrible Tragedy in the French Atlantic', unpublished paper; 关于 1763 年后两种截然不同的对 "动荡世界" 的研究，见 B. Bailyn, *Voyagers to the West: A Passage in the Peopling of America on the Eve of the Revolution* (New York, 1988); and R. Blackburn, *The Making of New World Slavery: From the Baroque to the Modern, 1492–1800* (1997)。

64　*IOL*, O/5/29, Pt II, fols 119 *et seq.* 人们对种族和肤色的态度始终是主观的——正如当时的人们所感知的那样——在这个时期，这种主观性在次大陆上尤其突出：Gender, Race, and Subjectivity in Colonial India', *Journal of Colonialism and Colonial History* 6 (2005)。

65　Bailyn, *Voyages to the West*, pp.126–203; N. Canny, *Europeans on the Move: Studies on European Migration, 1500–1800* (Oxford, 1994), p.274.

66　Cock, 'Precursors of Cook', pp.30–52; A. Frost, *The Global Reach of Empire: Britain's Maritime Expansion in the Indian and Pacific Oceans, 1764–1815* (Carlton, VA, 2003), pp.51–9.

67　*FB*, 1770 年 3 月录入。

68　P.J. Marshall, *The Making and Unmaking of Empires: Britain, India and America c.1750–1783* (Oxford, 2005), pp.119–228; and see R. Travers' forthcoming *Ideology and Empire in Eighteenth-Century India: The British in Bengal, 1757–93*.

注　释

69 *HMC: Report on the Palk Manuscripts* (1922), p.158; James Rennell writing 31 March 1771: *IOL*, MSS Eur D.1073 (unfol).

70 D. Dent to P. Stephens, 17 December 1771, *NA*, SP 89/71, fols 92 and 94.

71 *NA*, ADM 51/259: Captain's log of the *Dolphin; JJ*, p.5.

72 关于 18 世纪初克里斯普家族成员与伦敦公司的往来，见 *IOL*, L/AG/1/1/8, fols 76, 85, 379 and 427; and L/AG/1/1/10, fol. 352。我感谢 Anthony Farrington 提供这些资料。关于皮桑特·克里斯普：*NA*, PROB 11/739。

73 *ODNB* (Eyre Coote); *FB*, fol. 28.

74 *IOL*, G/15/20, fol. 74, and B/84, fols 262–3, 318 and 326.

75 JC to John Taubman, 15 November 1768, *MNHL*, Acc. no. MS.09591; R.P. Patwardhan (ed.), *Fort William–India House Correspondence... 1773–1776* (New Delhi, 1971), p.38.

76 *IOL*, Photo Eur 175/1, fol. 277; *IOL*, E/4/304, fol. 31.

77 *FB*, fols 29–30.

78 See L. Lockhart, 'European Contacts with Persia, 1350–1736', in his and P. Jackson (eds), *The Cambridge History of Iran: The Timurid and Safavid periods* (Cambridge, 1986).

79 W. Jones, *A Grammar of the Persian Language* (2nd edn, 1775), p.x.

80 Patwardhan, *Fort William–India House Correspondence*, pp.274–5.

81 Hon. Robert Lindsay as quoted in *Lives of the Lindsays; or, A Memoir of the Houses of Crawford and Balcarres by Lord Lindsay* (2nd edn, 3 vols, 1858), III, p.159. 位于加尔各答、伯万、穆尔希达巴德、达卡、迪纳普尔和巴特那的这些省级议会都属于临时性的。

82 近期有价值的研究包括 S.U. Ahmed, *Dacca: A Study in Urban History and Development* (1986), and N.K. Singh (ed.), *Dhaka: The Capital of Bangladesh* (Delhi, 2003)。根据克里斯普一家的了解，在英国人之中，John Taylor 对达卡的记述最为详细，1800 年他在那里经商：*IOL*, H/456f。

83 1765 年 8 月 3 日詹姆斯·伦内尔对达卡的描述：*IOL*, MSS Eur D 1073 (unfol.); B. Barui, *The Salt Industry of Bengal, 1757–1800* (Calcutta, 1985)。

84 A. Prasad (ed.), *Fort William–India House Correspondence... 1752–81* (Delhi, 1985), p.104; *Lives of the Lindsays* (2nd edn, 3 vols, 1858), III, p.160.

85 *IOL*, H/456f, fol. 121.

86 关于那个时期棉花的国际意义，见 the invaluable Cotton Textiles as a Global Industry' section of the London School of Economics online Global Economic History Network (GEHN). 我感谢 Giorgio Riello 博士向我推荐了这个网站。

87 *IOL*, E/1/60, fols 420–34; see also R. Datta, *Society, Economy and the Market: Commercialization*

in Rural Bengal, c. 1760–1800 (Delhi, 2000).

88 Prasannan Parthasarathi, 'Cotton Textile Exports from the Indian Subcontinent, 1680–1780', on the GEHN 'Cotton Textiles as a Global Industry' website; A. Karim, *Dacca: The Mughal Capital* (Dhaka, 1964), pp.1–108. 这本书的附录提供了1774 年达卡一户贵族人家的房产清单，该清单表明了当地精英阶层的财富规模以及多样化的消费观 (*ibid.*, pp.487–94)。

89 O. Prakash and D. Lombard (eds), *Commerce and Culture in the Bay of Bengal, 1500–1800* (New Delhi, 1999); P. Parthasarathi, 'Global Trade and Textile Workers, 1650–2000', on the GEHN 'Cotton Textiles as a Global Industry' website.

90 Philip Francis in 1776: *IOL*, L/MAR/C/891, fols 37–8.

91 *FB*, fol. 29.

92 克里斯普一家在达卡的房子及衣柜的细节来自1780 年3 月6 日至8 日的拍卖清单：*IOL*, L/AG/34/27/2, fol. 51 *et seq.*。关于加尔各答的房租，见 P.J. Marshall, *East Indian Fortunes: The British in Bengal in the Eighteenth Century* (Oxford, 1976), p.159。

93 *IOL*, L/AG/34/27/2, fol. 51 *et seq*; and see A. Jaffer, *Furniture from British India and Ceylon* (2001), pp.28, 34, 54 and *passim*.

94 Jaffer, *Furniture from British India*, p.40; cf. W. Dalrymple, *White Mughals: Love and Betrayal in Eighteenth-Century India* (2002).

95 *IOL*, L/AG/34/27/2, fol. 51 *et seq.*

96 *IOL*, G/15/20, fols 67–9.

97 J.B. Esteve to G. Ducarel, 23 February 1785, *Gloucestershire RO*, D2091/ F14.

98 *Ibid.*

第五章 探索亚洲 重启人生

1 Indian Journal (subsequently *IJ*), pp.1, 4, 8; *IOL*, P/2/9, fol. 32.

2 See, for instance, A.K. Srivastava, *India as Described by the Arab Travellers* (Gorakhpur, 1967); and J.P. Rubies, *Travel and Ethnology in the Renaissance: South India Through European Eyes, 1250–1625* (Cambridge, 2000).

3 J. Rennell, *Memoir of a Map of Hindoostan* (1788 edn), pp.5 and 207.

4 J. Kindersley, *Letters from the Island of Teneriffe, Brazil, the Cape of Good Hope and the East Indies* (1777); E. Fay, *Original Letters from India* (Calcutta, 1821); 关于普劳登的游记，见 *IOL*, MSS Eur F 127/94。

5 Kindersley, *Letters from the Island of Teneriffe*, p.1.

6　关于这一点，见 G. Becker, *Disrupted Lives: How People Create Meaning in a Chaotic World* (Berkeley,CA, 1997); *IJ*, p.38。在孟加拉，1 克斯通常等于 2 英里，但在不同地区，1 克斯所代表的长度不尽相同。当时，英里这个单位所代表的长度在欧洲内部也未统一。

7　D.A. Washbrook, 'Eighteenth-Century Issues in South Asia', *Journal of the Economic and Social History of the Orient*, 44 (2001), pp.372–3.

8　*IOL*, P/2/11, fol. 161; *IJ*, pp.1–3.

9　*IJ*, pp.2, 4.

10　*IJ*, pp.3–5, 13. 关于海豚号的使命，见 *IOL*, H/122, fol. 5；关于索尔兹伯里号：*NA*, ADM。

11　*J*, pp.1, 5.

12　*IJ*, p.3.

13　"纳瓦布"原本是莫卧儿帝国时期省长官的头衔，该词的拼写英语化为 "Nabob"，用于形容在英国或爱尔兰出生、被认为展现了"东方做派"和在亚洲聚敛不义之财的男性。S. Foote, *The Nabob* (Dublin, 1778 edn), pp.4 and 31; L. Namier and J. Brooke (eds), *The History of Parliament: The House of Commons 1754–1790* (3 vols, 1964), III, pp.449–51.

14　*Parl. Hist.* 21 (1780–81), pp.1201–2.

15　*NA*, PROB 11/1396. 理查德·史密斯自称是阿米莉亚·卡斯伯特的生父。1776 年，阿米莉亚出生于马德拉斯，1785 年她嫁给小乔治·马什，"史密斯"这个姓氏十分常见，因此无法确定理查德·史密斯与马什家族的关系。1705 年，马什家族中另一位名为"乔治·马什"的成员在罗切斯特娶了一位名为伊丽莎白·史密斯的女子，这可能就是两者亲属关系的起源。尽管如此，理查德·史密斯和伊丽莎白·马什两人均理所当然地认为他们之间存在亲属关系。

16　奥姆写道，1770 年 5 月 30 日这天，他与史密斯将军一起用餐，他提到"一位年轻女士，他（迪格比·登特）以为她是乘客"，他补充道："保护好你的心脏。"除了伊丽莎白·马什和她六岁的女儿，没有其他女性乘坐过海豚号：*IOL*, MSS EUR/Orme OV., 202, fol. 37. 关于乔安娜·罗斯和伊丽莎白·马什，见 *IOL*, P/154/57, fol. 77。

17　*IJ*, pp.6–7.

18　S.M. Neild, 'Colonial Urbanism: The Development of Madras City in the Eighteenth and Nineteenth Centuries', *Modern Asian Studies* 13 (1979), pp.217–46.

19　*IJ*, pp.7–8.

20　G. Quilley (ed.), *William Hodges 1744–1797: The Art of Exploration* (2004), p.36.

21 *IJ*, pp.6, 20.

22 *Guide to the Records of the Ganjam District from 1774 to 1835* (Madras, 1934), pp.105–6.

23 Boswell is quoted in P.M. Spacks, *Imagining a Self: Autobiography and Novel in Eighteenth-Century England* (Cambridge, Mass., 1976), p.16.

24 *IJ*, p.10; F. Nussbaum, *Torrid Zones: Maternity, Sexuality, and Empire in Eighteenth-Century English Narratives* (Baltimore, MD, 1995), p.175.

25 *IJ*, pp.1, 7, 10, 26, 36, 39–40; 关于这个舞蹈的意义，见 J. Eglin, *The Imaginary Autocrat: Beau Nash and the Invention of Bath* (2005), pp.43, 72–3。

26 H.F. Thompson, *The Intrigues of a Nabob* (1780), p.32. 生活在印度次大陆上的名义上的英国人通常用 "欧洲人" 这个表达形容彼此，但也存在例外。

27 See D. Ghosh, 'Who Counts as "Native"？ Gender, Race, and Subjectivity in Colonial India', *Journal of Colonialism and Colonial History* 6 (2005).

28 1789 年，一位小说家曾写下一段人物描述，加尔各答剧院里 "几位英国出生的女士在包厢里给人留下深刻印象，她们举止文雅、着装华丽"。M. Clough (ed.), *Hartly House Calcutta* (1989 edn), p.204; L.E. Klein, 'Politeness and the Interpretation of the British Eighteenth Century', *Historical Journal* 45 (2002), p.879。

29 *IJ*, p.25.

30 *IOL*, MSS Eur E 25, fol. 19; *IJ*, pp.30, 33–4.

31 *IJ*, pp.16, 30, 33.

32 *IJ*, pp.8–9.

33 自 1765 年起，一位名叫乔治·史密斯上尉的人经常出现在马德拉斯军队名单中。*IOL*, L/MIL/11/1, fols 28, 43, 74, 126, 177。关于他身世的推测，见 *IOL*, N/2/1, fol. 455。

34 *IJ*, p.55; 关于现代早期 "堂亲" 这个表达在使用上的灵活性，见 N. Tadmor, *Family and Friends in Eighteenth-Century England* (Cambridge, 2001), especially pp.149–52。

35 我感谢 Felicity Nussbaum 提供了一些关于伊丽莎白·马什的《印度日志》的细节。

36 *IJ*, pp.4 and 38.

37 'A Letter from a Lady in Calcutta to her Friend in England'，发表于 1784 年 8 月 12 日：W.S. Seton-Karr *et al.* (eds), *Selections from Calcutta Gazettes* (6 vols, Calcutta, 1864–69), I, pp.23–4; P.J. Marshall, 'The White Town of Calcutta Under the Rule of the East India Company', *Modern Asian Studies* 34 (2000), pp.326–7。

38 Clough, *Hartly House*, p.51. 关于聚焦 19 世纪殖民地欧洲女性的深入讨论（当时女性的选择和价值观在某些方面受到更大的限制），见 A.L. Stoler, *Carnal Knowl-*

edge and Imperial Power: Race and the Intimate in Colonial Rule (Berkeley, CA, 2002)。

39 Marshall, 'White Town of Calcutta'.

40 J.M. Faragher, *Women and Men on the Overland Trail* (1979), passim.

41 P.J. Marshall, 'The Private Fortune of Marian Hastings', *Bulletin of the Institute of Historical Research* 37 (1964), pp.245–53.

42 A. Wright and W. Sclater (eds), *Sterne's Eliza* (1922), pp.85, 95–6; 关于罗斯，见 *IOL*, P/154/57, fol. 77; 关于克罗斯和波斯的贸易：*IOL* G/29/20, fols 62 and 71。

43 *IOL*, MSS Photo Eur 32, I, fol. 89, and III, fol. 3.

44 J.S. Cotton *et al.*, *Catalogue of Manuscripts in European Languages Belonging to the Library of the India Office...The Mackenzie... Collections* (1992 edn), p.x; IJ, p.38.

45 F. Plowden, *An Investigation of the Native Rights of British Subjects* (1784), pp.108 and 159.

46 *IOL*, MSS Eur. E.4, fol. 157.

47 *IJ*, p.8; *Sterne's Eliza*, p.162.

48 See Francis Milbourne Marsh's will: *NA*, PROB 11/1095.

49 关于米尔伯恩·沃伦的故事，见 *FB*, fols 35–7；关于他的离婚诉讼，见 *Lambeth Palace Library*, G139/114 and E41/65。

50 关于从 16 世纪末期开始马尼拉的地位不断提高，见 D.O. Flynn and A. Giráldez, 'Born with a "Silver Spoon": The Origin of World Trade in 1571', *Journal of World History* 6 (1995), pp.201–21; N.P. Cushner (ed.), *Documents illustrating the British Conquest of Manila, 1762–1763* (1971)。

51 *Lambeth Palace Library*, G139/114 and E41/65.

52 *IJ*, p.9.

53 Q. Craufurd, *Sketches Chiefly Relating to the History, Religion, Learning and Manners of the Hindoos* (1790), advertisement, and pp.8, 61; *IJ*, pp.9–10.

54 *IJ*, pp.10–11.

55 *IJ*, pp.7, 11, 13, 15, 17, 18, 24, 44, 62. 这个类比是 Edward Said 提的，见他的著作 *Culture and Imperialism* (New York, 1993)。

56 比如詹姆斯·克里斯普的信件：*NA*, SP 46/151, fol. 5。

57 'Translation from the Persian Respecting Slavery', c.1774, printed in S. Islam (ed.), *Bangladesh District Records: Chittagong 1760–1787* (Dhaka, 1978), pp.227–8; 关于东印度公司及其在次大陆的奴隶制，见 I. Chatterjee, *Gender, Slavery and Law in Colonial India* (Oxford, 1999), pp.176–224。

58 *IJ*, p.28; cf. E.A. Bohls, *Women Travel Writers and the Language of Aesthetics 1716–1818* (Cambridge, 1995), p.61.

59　*FCMS* (unfol), and see *infra*, p.152.

60　*FC*, pp.101, 106. 18 世纪，"fair"一词有时用来描述肤色白皙，与深肤色相对，但更多时候该词用以描述女子的美貌。伊丽莎白·马什和她的出版商选择这个词是想强调她的肤色吗？答案只能进行推测。此外，笔者怀疑他们之所以使用这个词，可能和伊莱莎·海伍德的著名戏剧《美丽的俘虏》(*The Fair Captive*, 1721) 有关。

61　*IJ*, pp.18, 20 and 51.

62　*Bodleian Library*, Dep.d.485, fol. 140 obverse; Kindersley, *Letters from the Island of Teneriffe*, p.72.

63　*Bodleian Library*, Dep. d.485, fol. 49; Kindersley, *Letters from the Island of Teneriffe*, frontispiece and pp.220–1；关于普劳登，见 Maya Jasanoff, *Edge of Empire: Conquest and Collecting in the East 1750–1850* (2005), pp.60–2。

64　*IJ*, pp.51–2.

65　J. Rennell, *Memoir of a Map*, p.57；关于这些著作以及其他现代早期欧洲作家关于次大陆的著作，见 K. Teltscher, *India Inscribed: European and British Writing on India 1600–1800* (Delhi, 1997), pp.12–108。

66　*IJ*, pp.21–2.

67　*IJ*, pp.26, 28, 31.

68　*IJ*, pp.37–8, 41, 44.

69　*IJ*, p.44; *Guide to the Records of the Ganjam District*, pp.1, 93–107.

70　*IJ*, pp.42–3, 45–6.

71　18 世纪末，刚到次大陆的人常常抱怨："印度人不愿意解释自己的宗教。"见 S. Chaudhuri (ed.), *Proceedings of the Asiatic Society* (Calcutta, 1980), pp.64–5; *IJ*, pp.46–7。

72　欧洲人一直认为朝圣者有时会心甘情愿地让扎格纳特神的战车碾过自己，这其实是谣言，伊丽莎白·马什显然无法认识到这一点。

73　我感谢 Susan Bayly 提供了关于普里的信息。关于当地宗教信仰的专业分析，见 H. Kulke and B. Schnepel, *Jagannath Revisited* (New Delhi, 2001)。

74　网上有一篇文章图文并茂地描述了普里的宗教庆典，见 http://www.archaeologyonline.net/artifacts/british-view-india.htm。

75　*IJ*, pp.47–9, 56.

76　*IJ*, pp.50–2.

77　*IJ*, pp.54, 56–7; *cf.* C.A. Bayly, 'The Origins of *Swadeshi* (Home Industry): Cloth and Indian Society, 1700–1930', in A. Appadurai (ed.), *The Social Life of Things* (Cambridge, 1986).

78　*IJ*, pp.27, 57–8.

79　*IJ*, pp.60–1.

80 *IJ*, pp.24–5, 58–60, 64.

81 一些英国政府的忠实支持者认为，那时东印度公司很少在次大陆举办此类庆典，他们根本不重视，见 H.E. Busteed, *Echoes from Old Calcutta* (1972 repr.), p.101。

82 关于 1776 年夏季到来前，詹姆斯·克里斯普欠乔安娜·罗斯的"债券"，见 *IOL*, L/AG/34/27/1, item 71。

83 我感谢 Om Prakash 教授确认这一身份的可能性（私下交流），*IJ*, pp.1, 64–5。

84 *IJ*, pp.12, 15, 18–19, 28, 51.

85 B.S. Cohn, *Colonialism and its Forms of Knowledge* (Princeton, NJ, 1996), p.9.

86 *IJ*, p.19.

第六章　世界大战　家族变迁

1   关于这场冲突在全球的规模和影响，见 C.A. Bayly, *The Birth of the Modern World 1780–1914* (2004), pp.86–96; D. Armitage, 'The Declaration of Independence and International Law', *William and Mary Quarterly* 59 (2002), pp.39–64。还有 Maya Jasanoff 的研究，该研究关注 1783 年后全球忠诚主义者流亡的情况。

2   M. Kurlansky, *Salt: A World History* (2002), p.347. 在不同时期和不同地方，盐这种矿物对人类和贸易都很重要。

3   P.J. Marshall, *East Indian Fortunes: The British in Bengal in the Eighteenth Century* (Oxford, 1976), pp.114–40; B. Barui, *The Salt Industry of Bengal, 1757–1800* (Calcutta, 1985).

4   詹姆斯·克里斯普盐代工作的相关记录（以及布卢阿的盐业政治）可以在他与达卡省议会的通信中找到：*IOL*, G/15/ 8–17, *passim*。

5   *IOL*, G/15/ 9, fol. 241.

6   *IOL*, P/49/61, fol. 321.

7   关于东印度公司一位负责在"孟加拉地区征税"的军官使用的波斯语术语表，见 *BL*, King's MS 197。

8   T.R. Travers, '"The Real Value of the Lands": The Nawabs, the British and the Land Tax in Eighteenth-Century Bengal', *Modern Asian Studies* 38 (2004), p.551; 埃德蒙·伯克对东印度公司官员的描述，见 *The Writings and Speeches of Edmund Burke*, V, ed. P.J. Marshall (Oxford, 1981), p.430。

9   *IOL*, G/15/ 9, fol. 320; G/15/10, fols 646–50; G/15/12, fols 416–17.

10 *Lives of the Lindsays; or, A Memoir of the Houses of Crawford and Balcarres, by Lord Lindsay* (2nd edn, 3 vols, 1858), III, p.164; Marshall, *East Indian Fortunes*, p.140.

11 Kurlansky, *Salt*, pp.335–6.

12　*IOL*, G/15/9, fols 456, 610–11, 634–5.

13　*IOL*, G/15/12, fols 277–8.

14　M. Kwass, *Privilege and the Politics of Taxation in Eighteenth-Century France* (Cambridge, 2000), p.33; 关于这场 "全球危机"，见 Bayly, *Birth of the Modern World*, pp.86–120。

15　*Infra*, pp.66–9.

16　Travers, 'The Real Value of the Lands', *passim*.

17　P.J. Marshall, *The Making and Unmaking of Empires: Britain, India, and America c.1750–1783* (Oxford, 2005), pp.330–1.

18　*IOL*, G/15/12, fols 277–8; G/15/9, fol. 315; G/15/10, fol. 57.

19　*IOL*, G/15/ 9, fol. 197.

20　C.A. Bayly, *Rulers, Townsmen and Bazaars* (Cambridge, 1983), pp.144, 236.

21　H. Furber, *John Company at Work* (Cambridge, Mass., 1951), p.159.

22　Register of private trade outwards, 1772–5: *IOL*, H/21, fols 90 and 91; and *IOL*, P/49/62, fol. 754.

23　*IOL*, P/49/63, fols 643–51.

24　*IOL*, G/15/12, fols 243, 257; 关于这件事的信函，见 *IOL*, P/49/63。

25　*IOL*, H/224, fol. 81.

26　*IOL*, P/49/63, fols 647–59, *passim*.

27　*IOL*, P/49/63, fols 652–6.

28　这一段和下一段内容主要参考了 Bishnupriya Gupta 博士的一篇论文：Competition and Control in the Market for Textiles: The Indian Weavers and the East India Company。感谢 Gupta 博士允许我参考这篇论文。

29　关于那段时期东印度公司生意困境的其中一面，见 H. Bowen, 'Tea, Tribute and the East India Company', in S. Taylor, R. Connors and C. Jones (eds), *Hanoverian Britain and Empire: Essays in Memory of Philip Lawson* (Woodbridge, 1998), pp.158–76。

30　Gupta, 'Competition and Control'.

31　*An Inquiry into the Nature and Causes of the Wealth of Nations*, ed. R.H. Campbell and A.S. Skinner (2 vols, Oxford, 1976), II, pp. 636–41, 731–58.

32　詹姆斯·克里斯普可能是迫不得已才去罗基布尔的，并不是主动为之。1776 年年中，达卡一些私商抱怨道，由于经济困难，东印度公司变着法子垄断该地区的布料贸易。据说公司代理人曾抱怨道，它在周边地区出产的每一段布料上都盖上了自己的印章。见 *IOL*, E/1/60, fols 421–2。

33　*IOL*, P/49/68, fol. 388.

34　1776 年 12 月 3 日，达卡省议会得知将接替詹姆斯·克里斯普的职位的人选：

IOL, G/15/14, fol. 642; G/15/15, fols 106–7, 154。

35 Philip Francis to John Bourke, 21 November 1777: *IOL*, MSS Eur F5, fol. 266.

36 *IOL*, G/15/20, fol. 69.

37 *IOL*, P/154/57, fol. 77.

38 现代早期，无论是在英国还是在世界上其他地方，已婚妇女所创办企业的规模远远超过法律文件或者规定性文件所述。

39 M. Hunt, 'Women and the Fiscal-Imperial State in the Late Seventeenth and Early Eighteenth Centuries', in K. Wilson (ed.), *A New Imperial History* (Cambridge, 2004), pp.29–47.

40 e.g. John Marsh to Baron Grantham, 5 March 1776, *Bedfordshire and Luton Archives and Record Service*, L30/14/243/5.

41 *FB* (unfol.).

42 *NA*, PROB 11/803.

43 *NA*, PROB 11/1095.

44 伊丽莎白·马什可能再一次动用了她在海军的关系。1778 年 5 月，海军上将爱德华·休斯（她在亚洲旅行时结识了他）从加尔各答驶往朴次茅斯，她获得了船上一个铺位，见 the *Egmont*, the *Europa* or the *Stafford*。

45 *NA*, PROB 11/1053.

46 1773 年查塔姆食品供应站，见 1773: *NA*, ADM 7/660, fol. 55。

47 e.g. *NA*, T77/5/5, fol. 104.

48 *FB* (unfol.); *NA*, WO 17/211.

49 约翰·马什在回忆录中叙述了自己战时服役的故事，*NMM*, BGR/35。他定期收集、上交情报，见 *NA*, CO 91/21–25, and *BL* Add. MSS 24168–24173。港口城市的领事在国家和帝国情报系统、文化网络以及商业版图中扮演何种角色还需深挖。

50 See for instance '"That Historical Family": The Bakunin Archive and the Intimate Theater of History in Imperial Russia, 1780–1925', *Russian Review* 63 (2004), pp.574–93.

51 *CB*, I, fol. 53; *FB* (unfol.).

52 *Fifth Report of the... Several Public Officers Therein Mentioned. Commissioners of the Navy* (1793), p.5; D. Syrett, *Shipping and the American War 1775–83: A Study of British Transport* (1970), pp.24–35.

53 N.A.M. Rodger, *The Command of the Ocean: A Naval History of Britain, 1649–1815* (2004), p.615.

54 乔治·马什对汉堡工作的回忆，*FB*，1776 年 2 月 18 日至 6 月 4 日录入。

55 *Ibid.*; Syrett, *Shipping and the American War*, pp.80–1.

伊丽莎白·马什的磨难：一个女人的世界史

56 *FB*, fol. 147.

57 *FB*，1778 年 5 月 2 日以及 1790 年 3 月 15 日录入。

58 我感谢 Andrew Graciano 提供有关本杰明·威尔逊的信息。

59 关于约克号，见 *FB* (unfol.) and the captain's log: *NA*, ADM 51/4402。我感谢 Roger Knight 教授帮助我确认这艘船的身份，见 EM's transporting of 'wrought plate' is at *IOL*, B/94, fol. 538。

60 关于这些跨大陆旅行家，见 M.H. Fisher, *Counterflows to Colonialism: Indian Travellers and Settlers in Britain, 1600–1857* (2003), pp.10, 57–61。

61 *IOL*, B/94, fol. 409.

62 T.A.J. Abdullah, *Merchants, Mamluks, and Murder: The Political Economy of Trade in Eighteenth-Century Basra* (New York, 2001); *IOL*, L/MAR/C/891, fol. 158.

63 H.V. Bowen, *The Business of Empire: The East India Company and Imperial Britain, 1756–1833* (Cambridge, 2006), 238–9; S. Conway, *The British Isles and the War of American Independence* (Oxford, 2000), pp.63–4.

64 *HMC: Report on the Palk Manuscripts* (1922), p.307; D.B. Mitra, *The Cotton Weavers of Bengal, 1757–1833* (Calcutta, 1978), pp.18–20; Marshall, *East Indian Fortunes*, p.56.

65 *FB* (unfol.).

66 关于詹姆斯·克里斯普与卡托和罗斯的关系，见 *IOL*, L/AG/34/27/1, item 71; and L/AG/34/29/1, fol. 11。

67 *IOL*, G/15/20, fol. 275; though see G/15/21, fol. 161.

68 *FB* (unfol.).

69 *IOL*, E/4/624, fols 13 and 359.

70 *IOL*, G/15/21, fols 315 and 374; P.J. Marshall, 'Warren Hastings as Scholar and Patron', in A. Whiteman *et al.* (eds), *Statesmen, Scholars and Merchants* (Oxford, 1973).

71 *IOL*, L/AG/34/29/1, fol. 11; *FB* (unfol.).

72 关于拍卖清单：*IOL*, L/AG/34/27/2。

73 *IOL*, L/AG/34/27/1, fol. 70.

74 *Ibid.* 在英国南亚墓地协会档案中，达卡现存的墓地档案中没有提到詹姆斯·克里斯普的墓碑，*IOL*, MSS Eur F370。

75 *FB*, fol. 28 *et seq.*

76 *Ibid.*

77 *Travels of Mirza Abu Taleb Khan*, trans. C. Stewart (Delhi, 1972 repr.), p.67; T.W. Copeland *et al.* (eds), *Correspondence of Edmund Burke* (10 vols, Cambridge, 1958–78), VI, p.11.

78 *Hicky's Bengal Gazette*, 21–28 April 1781, 16–23 March 1782; H.E. Busteed, *Echoes from*

Old Calcutta (1972 repr.), p.210.

79 关于伯克和希，见 *Correspondence of Edmund Burke*, III, p.280; VI, p.11; *IOL*, H/21, fol. 24。

80 GS's memorial c.1788, *BL* Add.MS 60338, fol. 25; *IOL*, MSS Eur E13C, fol. 655.

81 关于菲利普·弗朗西斯的政治观，见 R. Guha, *A Rule of Property for Bengal* (1996 edn)。但作者提供这一描述的时机过早，未能触及他对妇女地位的观点如何从更宏观的角度揭示他的政治观。

82 S. Weitzman, *Warren Hastings and Philip Francis* (Manchester, 1929), p.288.

83 *IOL*, MSS Eur E13C, fol. 654; MSS Eur E19, fol. 32.

84 J. Parkes and H. Merivale (eds), *Memoirs of Sir Philip Francis* (2 vols, 1867), II, p.16; *IOL*, MSS Eur E14, fols 415–16.

85 这一段以及下一段基于 Busteed, *Echoes from Old Calcutta*, pp.242–59 的资料。这是目前为止对格兰德 - 弗朗西斯事件最为全面的描述。但书中既存在不准确的信息，也存在一些偏见。我感谢 Sadan Jha 代表我翻阅了由 Hyde 法官主持的审判的庭审记录，他是最高法院的三名首席法官之一。国家图书馆的稀有书籍以及加尔各答的维多利亚纪念图书馆都保存着这些庭审记录的微缩胶片。Hyde 法官还编写了一本更为详细的庭审笔记，但已丢失。

86 Busteed, *Echoes from Old Calcutta*, p.265.

87 *Ibid.*, p.260.

88 在前往好望角之前，乔治·格兰德在巴特那为东印度公司工作。其间，他收到了 198 条"来自当地居民的不同投诉，控诉他的各种勒索和压迫行为"。*IOL*, O/6/1, fols 200–1。

89 关于弱势群体眼中的城市，见 D. Ghosh, 'Household Crimes and Domestic Order: Keeping the Peace in Colonial Calcutta, c.1770–c.1840', *Modern Asian Studies* 38 (2004), pp.599–623。

90 Parkes and Merivale, *Memoirs*, I, 399. 这些观察基于弗朗西斯对意大利"堕落"女性的看法。

91 *IOL*, MSS Eur E 13A, fol. 15; *BL* Add.MS 47781, fol. 17.

92 *IOL*, P/2/28, fols 278–81; Busteed, *Echoes*, p.252.

93 Busteed, *Echoes*, pp.242–51, 259.

94 关于庭审现场的主要男性人物，包括弗朗西斯、格兰德以及他们的首席法官，见 Guha, *A Rule of Property*, pp.58–90; B.N. Pandey, *The Introduction of English Law into India: The Career of Elijah Impey in Bengal, 1774–1783* (Calcutta, 1967); and G.F. Grand, *Narrative of the Life of a Gentleman* (Cape of Good Hope, 1814). Catherine

Grand merits, but has yet to receive, a transcontinental study to herself。

95　*IOL*, MSS Eur Photo Eur 175/2, fol. 201; Busteed, *Echoes*, pp.252–7.

96　*IOL*, MSS Eur E14, fol. 414; MSS Eur E23, fols 298 and 302.

97　*Hicky's Bengal Gazette*, 2–9 February 1782.

98　Syrett, *Shipping and the American War*, pp.44, 140–50; *Correspondence of Edmund Burke*, VI, p.11.

99　GS to EM, March 1783, *BL* Add.MS 60338, fols 54–5.

100　*Ibid*；关于婚姻，见 *IOL*, N/1/2, fol. 243, and MSS Eur E4, fols 231–8。

101　M.A. Shee, *The Life of Sir Martin Archer Shee* (2 vols, 1860), I, p.104; *Correspondence of Edmund Burke*, VI, p.11. 102 B. Francis and E. Keary (eds), *The Francis Letters* (2 vols, 1901), II, pp.368–9.

102　B. Francis and E. Keary (eds), *The Francis Letters* (2 vols, 1901), II, pp.368–9.

103　*BL* Add.MS 60338, fol. 164; 关于 18 世纪 80 年代乔治·希的商业利润，见他与 G.G. Ducarel 的信件，*Gloucestershire RO*, D2091/F14/10, 16–17。

尾　声

1　*FB*, fols 28–32; 布里希·克里斯普在他母亲的墓志铭中提供了她患癌的一些细节：*The Complete Monumental Register* (Calcutta, 1815), p.34。

2　因此在 1776 年，吉大港的玛丽·玛斯特尔在遗嘱中留了 200 卢比给她的印度医生：*IOL*, P/154/58, fol. 45。

3　Frances Burney, *Journals and Letters*, ed. P. Sabor and L.E. Troide (2001), pp.442–3; 关于手术过程，见 J.S. Olson, *Bathsheba's Breast: Women, Cancer and History* (Baltimore, MD, 2002)。

4　*FB*, fols 28–32; *Complete Monumental Register*, p.34.

5　GS to G. Ducarel, 27 November 1784, *Gloucestershire RO*, D2091/F14/10, 14; 1785 年 5 月 5 日，《加尔各答公报》刊登了伊丽莎白·马什的死讯。

6　*Complete Monumental Register*, p.34. 加尔各答的南公园街公墓显示了伊丽莎白·马什的墓地的最初位置，即 1094 号地块，在 *South Park Street Cemetery, Calcutta: Register of Graves and Standing Tombs, from 1767* (BACSA, Putney, 1992)。我感谢 Rosie Llewellyn Jones 提供有关伊丽莎白·马什墓碑消失的信息。学者在分析南公园街公墓的图像和意义时，有时未能意识到大量朴素的墓碑已经消失，然而它们占据了公墓的大部分面积。

7　*FB, passim.* 马什家族的后人也有类似喜好，即通过收集、布置手工艺品来展现他们曾涉足的广阔地域、彰显自己的智慧。1884 年，詹姆斯·米尔伯恩·马什在澳大利亚房产的物品清单见 *Mitchell Library*, MSS. 1177。

8 约翰·马什对自己职业的描述：*NMM*, BGR/35; JM is quoted in R. White, *The Case of the Agent to the Settlers on the Coast of Yucatan* (1793), pp.35–6。

9 马什这位孙儿，见 http://www.jjhc.info/marshgeorge1868.htm。

10 *FB*, 1790 至 1791 年录入；M. Gillen, *The Founders of Australia: A Biographical Dictionary of the First Fleet* (Sydney, 1989), p.236。

11 Note by JM, dated 20 September 1791, at the front of *IJ*.

12 关于乔治·希对联合法案的支持，见 *BL* Add.MS 33106, fols 159–60; and D. Wilkinson, '"How Did They Pass the Union?": Secret Service Expenditure in Ireland, 1799–1804', *History* (1997), p. 240。

13 *Particulars of a Very Improvable Estate, Lockley House* (1812), Hertfordshire RO, D/EJnZ21.

14 青年时期乔治·希的职业生涯以及与帕默斯顿的友谊，见 *BL* Add.MSS 60341–2; the contents of the Shees' London house are listed in *GL*, MS 11936/471/921679。

15 S. Bose, *A Hundred Horizons: The Indian Ocean in the Age of Global Empire* (Cambridge, Mass., 2006), p.7.

16 一份报告以夸张的口吻描述了 1800 年前后达卡纺织业的衰落，见 *IOL*, H/456f。关于西迪·穆罕默德承受的巨大压力，见 N.A. Stillman, 'A New Source for Eighteenth-Century Moroccan History', *Bulletin of the John Rylands University Library* 57 (1975), pp. 463–86。

17 关于衰落的具体时间略有争议，in J. Israel, *Diasporas Within a Diaspora: Jews, Crypto-Jews and the World Maritime Empires (1540–1740)* (Leiden, 2002), and F. Trivellato, 'Trading Diasporas and Trading Networks in the Early Modern Period: A Sephardic Partnership of Livorno in the Mediterranean, Europe and Portuguese India c.1700–50', Brown University Ph.D diss., 2004. 两位学者一致认为，在 18 世纪晚期，塞法迪犹太人在跨大西洋和国际贸易网络的重要性总体显著下降。

18 Most recently in N. Fergusson, *Empire: The Rise and Demise of the British World Order and the Lessons for Global Power* (New York, 2003); 有关帝国与跨洲贸易之间紧张关系的一些建议性评论，见 H. James, 'The Vulnerability of Globalization', *German Historical Institute Bulletin* 35 (2004), pp.1–11。

19 F.G. Dawson, *The First Latin American Debt Crisis: The City of London and the 1822–25 Loan Bubble* (New Haven, CT, 1990); 我感谢 J. Heath-Caldwell 提供有关威廉·马什的信息。

20 Galsworthy 认为，家庭作为社会的组成单位，其成员之间的纽带简直就是社会缩影：*The Forsyte Saga* (New York, 1933), p.3。

伊丽莎白·马什的磨难：一个女人的世界史

21 C. Wright Mills, *The Sociological Imagination* (New York, 1959), pp.4–5. Mary Midgley 认为，没有任何一部世界史完整真实地呈现了历史，每一部世界史只描述了历史的某些方面: B. Mazlish and R. Buultjens (eds), *Conceptualizing Global History* (Boulder, Co., 1993), p.43。

22 1804 年，他成为达卡上诉法庭的第二法官。他的遗嘱见 *IOL*, L/AG/34/29/23。

23 *IOL*, N/1/4, fol.125; 根据这一记录，约翰·亨利出生于 1789 年。

24 约翰·亨利·克里斯普的职业生涯概述，见 *Historical Records of the Survey of India. Volume III: 1815 to 1830* (Dehra Dun, U.P., 1954), pp.434–5。他在苏门答腊进行的实验以及他与 Stamford Raffles 的亲密合作，见 *IOL*, MS Eur G51/30 and F/4/760, item 20656。

25 *IOL*, F/4/1855, item 78480; and see D.Ghosh, 'Making and Un-Making Loyal Subjects: Pensioning Widows and Educating Orphans in Early Colonial India', *Journal of Imperial and Commonwealth History* 31 (2003), pp.1–28.

致 谢

这本书的内容横跨全球，我由衷感谢多位朋友的专业知识、建议和帮助，以及许多博学友好的陌生人的善意。

感谢 Vincent Carretta、Richard Drayton、Barry Higman、Nuala Zahedieh，尤其感谢 James Robertson 和 Trevor Burnard，你们帮助我了解到伊丽莎白·马什的加勒比血统。

感谢 Daniel Baugh、Jonathan Coad、Margaret Hunt、N.A.M. Rodger，尤其感谢 Roger Knight，你们为我提供了皇家海军和海事的相关信息。

感谢 Amira Bennison、Khalid Bekkaoui、Wolfgang Kaiser、Frank tewart 以及 Madeline Zilfi 的专业知识，你们帮助我了解到伊丽莎白所经历的地中海和马格里布世界。

感谢 Michela D'Angelo、Josep Fradera、Christopher French、Derek Keene、Kenneth Morgan、Gigliola Pagano de Divitiis、Daniel Schafer、Francesca Trivellato，尤其感谢 James Amelang 和 David Hancock，你们帮助我重构了詹姆斯·克里斯普的欧洲

贸易和跨大西洋贸易。

感谢 Susan Bayly、Anthony Farrington、Peter Marshall、Om Prakash、Giorgio Riello 和 John Styles，当我撰写亚洲部分时，你们在不同时间向我提供了宝贵的帮助，我特别感谢 Maya Jasanoff 和 Durba Ghosh，感谢你们仔细阅读了相关内容。

感谢 Chris Bayly、Peter Coclanis、Paul Kennedy 和 Patrick O'Brien，是你们鼓励我站在全球高度进行思考。

感谢 Natalie Zemon Davis、Hermione Lee、Felicity Nussbaum、Cassandra Pybus、Emma Rothschild 和 Jonathan Spence，从与你们的交流中，我对传记、生活记录和历史有了更清晰的认识。

感谢 J.J. Heath-Caldwell，一直以来你慷慨地与我分享你关于马什家族的渊博知识，感谢你向我推荐了精彩的家谱网站 http://www.jjhc.info。

感谢 Benjamin Heller、Antonio Garcia、Sadan Jha、Katrina Olds、Suzanne Podhurst 和 Hannah Weiss，感谢你们的研究成果，感谢你们校对此书。

当我在伦敦经济学院欧洲研究所担任利弗休姆基金会资深教授同时承担科研和教学任务时，我开始撰写这本书。我非常感谢我所有的同事，特别是 Tony Giddens 和 Barry Supple。2005 年，当我在堪培拉澳大利亚国立大学人文研究中心担任研究员时，我完成了这本书的关键部分，感谢 Ian Donaldson 和

Iain McCalman 给我提供了在研究所工作的机会。2006 年，我获得了北卡罗来纳州国家人文中心"葛兰素史克"奖学金，感谢 Geoffrey Harpham、Kent Mullikin 以及全体同事和工作人员为我提供了一个绝佳的环境去思考、去创作。感谢普林斯顿大学，这是最具备人文精神的大学之一，感谢历史系的同事和同学们，当我撰写这本书时，你们为我提供了无限支持、耐心和灵感。

当我历经千辛万苦追踪伊丽莎白·马什的磨难时，我得到了众多档案保管员的帮助，这一点可以从我的史料清单中看出，很遗憾我无法一一列出他们的名字。他们来自世界各地的档案室和图书馆，他们不怕麻烦，愿意投入巨大的时间和经历帮助像我这样的陌生人，这让我肃然起敬。

感谢我在伦敦和纽约的出版经纪人 Gill Coleridge、Michael Carlisle 以及 Emma Parry，感谢你们帮助我出版此书。感谢哈珀柯林斯出版集团的编辑 Arabella Pike，同时感谢 Helen Ellis、Robert Lacey、Alice Massey、Caroline Noonan，感谢万神殿书局的 Dan Frank、Fran Bigman 和 Katharine Freeman，谢谢你们的热忱、投入和专业。

琳达·柯利

2007 年写于普林斯顿

索　引

（页码为原书页码，即本书边码）

A

伊丽莎白·马什的磨难：一个女人的世界史

伊丽莎白·马什的磨难：一个女人的世界史

E

伊丽莎白·马什的磨难：一个女人的世界史

G

伊丽莎白·马什的磨难：一个女人的世界史

伊丽莎白·马什的磨难：一个女人的世界史

伊丽莎白·马什的磨难：一个女人的世界史

伊丽莎白·马什的磨难：一个女人的世界史

伊丽莎白·马什的磨难：一个女人的世界史

R

伊丽莎白·马什的磨难：一个女人的世界史

伊丽莎白·马什的磨难：一个女人的世界史

伊丽莎白·马什的磨难：一个女人的世界史

Y